新编21世纪远程教育精品教材

• 经济与管理系列 •

中国税制

（第三版）

主　编　杨　虹

中国人民大学出版社
· 北京 ·

主编简介

杨虹，中央财经大学财政税务学院教授，经济学博士，硕士生导师，中国注册会计师。兼任财税法学研究会理事。从事税收理论研究与教学工作 30 余年，主要研究方向为税收理论与税收实务、税收筹划。主讲中国税制、税收学、税法、中国税收制度与政策和企业税务筹划等课程。出版专著两部；主编教材数十部；发表论文几十篇；主持（参与）省部级、地方政府和企业委托的课题几十项。

内容简介

本书及时吸收我国最新的税制改革内容，根据成人教育的教学特点，突出介绍与实际工作联系密切的实务知识，有利于学生掌握中国税制相关知识。第三版的修改、补充内容主要有以下几个方面：增加营改增试点的相关制度规定；增加资源税改革的制度规定；增加环境保护税制度；增加了船舶吨税和烟叶税的征收管理制度；重新调整、补充了“背景知识”栏目的内容。

总　　序

我们正处在教育史尤其是高等教育史上的一个重大的转型期。在全球范围内，包括在我们中华大地，以校园课堂面授为特征的工业化社会的近代学校教育体制，正在向基于校园课堂面授的学校教育与基于信息通信技术的远程教育相互补充、相互整合的现代终身教育体制发展。一次性学校教育的理念已经被持续性终身学习的理念所替代。在高等教育领域，从1088年欧洲创立博洛尼亚（Bologna）大学以来，21世纪以前的各国高等教育基本是沿着精英教育的路线发展的，这也包括自19世纪末创办京师大学堂以来我国高等教育短短一百多年的发展史。然而，自20世纪下半叶起，尤其在迈进21世纪时，以多媒体计算机和互联网为主要标志的电子信息通信技术正在引发教育界的一场深刻的革命。高等教育正在从精英教育走向大众化、普及化教育，学校教育体系正在向终身教育体系和学习型社会转变。在我国，党的十六大明确了全面建设小康社会的目标之一就是构建学习型社会，即要构建由国民教育体系和终身教育体系共同组成的有中国特色的现代教育体系。

教育史上的这次革命性转型绝不仅仅是科学技术进步推动的。诚然，以电子信息通信技术为主要代表的现代科学技术的进步，为实现从校园课堂面授向开放远程学习、从近代学校教育体制向现代终身教育体制和学习型社会的转型提供了物质技术基础。但是，教育形态演变的深层次原因在于人类社会经济发展和社会生活变革的需求。恰在这次世纪之交，人类社会开始进入基于知识经济的信息社会。知识创新与传播及应用、人力资源开发与人才培养已经成为各国提高经济实力、综合国力和国际竞争力的关键和基础。而这些仅仅依靠传统学校校园面授教育体制是无法满足的。此外，国际社会面临的能源、环境与生态危机，气候异常，数字鸿沟与文明冲突，对物种多样性与文化多样性的威胁等多重全球挑战，也只有依靠世界各国进一步深化教育改革与创新，促进人与自然的和谐发展才能得到解决。正因为如此，我国党和政府提出了“科教兴国”“可持续发展”“西部大开发”“缩小数字鸿沟”以及“人与自然和谐发展”的“科学发展观”等基本国策。其中，对教育作为经济建设的重要战略地位和基础性、全局性、前瞻性产业的确认，对高等教育对于知识创新与传播及应用、人力资源开发与人才培养的重大意义的关注，以及对发展现代教育技术、现代远程教育和教育信息化并进而推动国民教育体系现代化，构建终身教育体系和学习型社会的决策更得到了教育界和全社会的共识。

在上述教育转型与变革时期，中国人民大学一直走在我国大学的前列。中国人民大学是一所以人文、社会科学和经济管理为主，兼有信息科学、环境科学等的综合性、研究型大学。长期以来，中国人民大学充分利用自身的教育资源优势，在办好全日制高等教育的同时，一直积极开展远程教育和继续教育。中国人民大学在我国首创函授高等教育。1952年，校长吴玉章和成仿吾创办函授教育的报告得到了刘少奇的批复，并于1953年率先招生授课，为新建的共和国培养了一大批急需的专门人才。在20世纪90年代末，中国人民大学成立了网络教育学院，成为我国首批现代远程教育试点高校之一。经过短短几年的探索和发展，中国人民大学网络教育学院创建的“网上人大”品牌，被远程教育界、媒体和社会誉为网络远程教育的“人大模式”——面向在职成人，利用网络学习资源和虚拟学习社区，支持分布式学习和协作学习的现代远程教育模式。成立于1955年的中国人民大学出版社是新中国建立后最早成立的大学出版社之一，是教育部指定的全国高等学校文科教材出版中心。在过去的几年中，中国人民大学出版社与中国人民大学网络教育学院合作策划、创作出版了国内第一套极富特色的“新编21世纪远程教育系列教材”。这些凝聚了中国人民大学、北京大学、北京师范大学等北京知名高校学者教授、教育技术专家、软件工程师、教学设计师和编辑们广博才智的精品课程系列教材，以印刷版、光盘版和网络版立体化教材的范式探索构建全新的远程学习优质教育资源，实现先进的教育教学理念与现代信息通信技术的有效结合。这些教材已经被国内其他高校和众多网络教育学院所选用。中国人民大学出版社基于“出教材学术精品，育人文社科英才”理念的努力探索及其初步成果已经得到了我国远程教育界的广泛认同，是值得肯定的。

2005年4月，我被邀请出席《中国远程教育》杂志与中国人民大学出版社联合主办的“远程教育教材的共建共享与一体化设计开发”研讨会并做主旨发言，会后受中国人民大学出版社的委托为“新编21世纪远程教育精品教材”撰写“总序”，这是我的荣幸。近几年来，我一直关注包括中国人民大学网络教育学院在内的我国高校现代远程教育试点工程。这次，更有机会全面了解和近距离接触中国人民大学出版社推出的“新编21世纪远程教育精品教材”及其编创人员。我想将我在上述研讨会上发言的主旨做进一步的发挥，并概括为若干原则作为我对包括中国人民大学出版社、中国人民大学网络教育学院在内的我国网络远程教育优质教育资源建设的期待和展望：

● 新编21世纪远程教育精品教材的教学内容要更加适应大众化高等教育面对在职成人、定位在应用型人才培养上的需要。

● 新编21世纪远程教育精品教材的教学设计要更加适应地域分散、特征多样的远程学生自主学习的需要，培养适应学习型社会的终身学习者。

● 在我国网络教学环境渐趋完善之前，印刷教材及其配套教学光盘依然是远程教材的主体，是多种媒体教材的基础和纽带，其教学设计应该给予充分的重视。要在印刷教材的显要部位对课程教学目标和要求做明确、具体、可操作的陈述，要清晰地指导远程学生如何利用多种媒体教材进行自主学习和协作学习。

● 应组织相关人员对多种媒体的远程教材进行一体化设计和开发，要注重发挥多种媒体教材各自独特的教学功能，实现优势互补。要特别注重对学生学习活动、教学交互、学习评价及其反馈的设计和实现。

● 要将对多种媒体远程教材的创作纳入对整个远程教育课程教学系统的一体化设计和开发中去，以便使优质的教材资源在优化的教学系统、平台和环境中，在有效的教学模式、学习策略和学习支助服务的支撑下获得最佳的学习成效。

● 要充分发挥现代远程教育工程试点高校各自的学科资源优势，积极探索网络远程教育优质教材资源共建共享的机制和途径。

中华人民共和国教育部远程教育专家顾问
丁兴富

前　言

自 2016 年 5 月 1 日起，建筑业、房地产业、金融业、生活服务业等全部营业税纳税人纳入营业税改征增值税（以下简称“营改增”）的试点范围，标志着我国在全国范围内全面推开了营改增的试点工作。

营改增是我国财税改革的重要里程碑，也是全国“十三五”财税体制改革的重点内容。营改增分三步走：第一步，在部分行业部分地区进行营改增试点。2012 年 1 月 1 日起，上海作为首个试点城市正式启动交通运输业和部分现代服务业开展营业税改征增值税。继上海率先启动营改增后，2012 年 7 月 31 日，财政部、国家税务总局颁发《关于在北京等 8 个省市开展交通运输业和部分现代服务业营业税改征增值税试点的通知》，确定将交通运输业和部分现代服务业营业税改征增值税试点范围从上海分批扩大到北京等 8 个省（直辖市），扩大了营改增的试点地区。第二步，选择部分行业在全国范围内进行试点。2013 年 4 月 10 日召开的国务院常务会议决定在 2013 年进一步扩大营改增试点，将交通运输业和部分现代服务业营改增试点在全国范围内推开，并择机将铁路运输和邮电通信等行业纳入营改增。2013 年 8 月 1 日起在全国范围内开展交通运输业和部分现代服务业营改增试点，营改增试点在全国范围内推开，同时将广播影视服务纳入营改增应税服务范围。第三步，2016 年 5 月 1 日起，在全国范围内将建筑业、房地产业、金融业、生活服务业纳入试点范围。至此，我国全面推开营改增的试点工作。

2016 年 7 月 1 日实施的资源税全面改革，是营改增改革推开后，又一项全面、重要的税制改革。全面推进资源税改革是党的十八届三中全会明确提出的重要改革任务，是深化财税体制改革的重要内容。资源税的改革不仅利于对自然资源的开采和利用产业的规范管理及健康发展，而且利于运用税收杠杆促进环境保护，意义重大、影响深远。通过全面实施清费立税、从价计征改革，理顺资源税费关系，建立规范公平、调控合理、征管高效的资源税制度，有效发挥其组织收入、调控经济、促进资源节约集约利用和生态环境保护的作用。资源税改革的主要内容包括：（1）扩大资源税征收范围；（2）实施矿产资源税从价计征改革；（3）全面清理涉及矿产资源的收费基金；（4）合理确定资源税税率水平；（5）加强矿产资源税收优惠政策管理，提高资源综合利用效率。

为了保护和改善环境，减少污染物排放，推进生态文明建设，第十二届全国人民代表大会常务委员会第二十五次会议于 2016 年 12 月 25 日通过了《中华人民共和国环境法》，该法自 2018 年 1 月 1 日起施行。

上述税制改革的内容，特别是关乎重大的社会经济问题的税制改革，应当及时补充到教材中，使读者能尽早地掌握税制改革的最新动态，了解国家的税收方针政策。

本教材第三版的修改、补充内容主要有以下几个方面：（1）增加营改增试点的相关制度规定；（2）增加了资源税改革的制度规定；（3）增加了环境保护税制度；（4）增加了船舶吨税和烟叶税的征收管理制度；（5）重新调整、补充了“背景知识”栏目的内容。

“中国税制”是一门系统反映我国现行税收政策和税收制度的学科，也是我国经济管理类课程体系中的一门骨干课程。本教材在编写过程中，力求体现以下四个特点：（1）实用性。根据成人教育的教学特点，突出介绍与实际工作联系密切的实务知识，在保证学生学好实务知识的前提下，简化相关理论部分的介绍。（2）专业性。本书是由有着丰富税收理论知识、税收实务知识，并具有多年教学经验的高等学校的教师编写的，可以保证本书的专业性和权威性。（3）前沿性。本书可以及时吸收我国最新的税制改革内容。（4）简明性。本书在编写中遵循简明扼要的原则，力求做到语言表述通俗易懂，文字简练。

为了帮助学生更好地学习中国现行税收制度，准确把握各个税种的基本法规，熟练掌握各税种应纳税额的计算，全书在介绍各个税种的税收制度时都配有例题解析、案例分析和背景知识等栏目，并在每章后附有复习思考题。

全书共分十章，分别介绍了税收制度概述、增值税、消费税、企业所得税、个人所得税、资源税类和环境保护税、财产税类、行为税类、附加税和烟叶税以及关税和船舶吨税。

本教材是由中央财经大学从事税收教学工作 30 余年的杨虹教授编写。本次修改由杨虹教授和中央财经大学的六位税务专业的研究生共同完成，六位研究生分别是李烟雨、魏晓璐、郑明慧、闪琦慧、赵梓亦、梁倩茹。她们不仅对文字进行了认真的校对，还修改、补充了教材的相关内容。

限于编写者的水平有限，书中的不足之处在所难免，我们恭候您的批评指正。

杨　虹

2017 年 8 月

目录

第一章

税收制度概述

- 税收制度
- 税法
- 税收法律关系
- 税收制度的组成要素
- 税制体系

第一节　税收制度的概念和特质

一、税收制度的基本概念

税收制度，简称税制，是一个历史的、财政的范畴，是国家财政经济制度的重要组成部分，是国家处理税收分配关系的规范。它既是国家向纳税人征税的法律依据和税务机关税收工作的规程，又是纳税人履行纳税义务的法定准则。

（一）广义的税收制度和狭义的税收制度

税收制度的概念可从广义和狭义两个角度理解。广义的税收制度是指税收的各种法律制度的总称，包括国家的各种税收法律法规、税收管理体制、税收征收管理制度以及税务机关内部管理制度，具体可分为：(1) 税收法律制度，即调整税收征纳关系的规范性法律文件，包括各种税法、条例、实施细则、规定、办法和协定等。(2) 税收管理体制，即在中央和地方之间划分税收立法、税收执法和税收管理权限的制度。(3) 税收征收管理制度。(4) 税务机构和人员制度，即有关税务机构的设置、分工、隶属关系以及税务人员的职责、权限等的制度。(5) 税收计划、会计、统计工作制度。狭义的税收制度是指国家的各种税收法规和征收管理制度，包括税法条例、实施细则、征收管理办法和其他有关的税收规定等。

税收制度还有另一种含义，即指一个国家在一定的历史条件下所形成的税收制度的结构体系，即各税种之间相互配合、相互协调共同构成的税制体系，如分别以所得税或流转税为主体的税制、以流转税和所得税并重为主体的税制等。它是根据一个国家现实的生产力发展水平和经济结构等情况，将税种、税目、税率的配置和设计作为研究对象，为税制改革、税收立法提供理论依据。

税收制度的上述两种含义既有明显区别，又有内在联系。前者是税收的法律形式，是税收分配活动的法律规范；后者是指一个国家根据其经济条件和财政需要所采用的税制的构造体系。

（二）广义的税收制度的四个层次

按广义的税收制度理解，税收制度可以分为税收法律、税收法规、税务规章和税务行政规范四个层次。

1. 税收法律

税收法律是指享有国家立法权的国家最高权力机关，依照法律程序制定的有关税收分配活动的基本制度。按照《中华人民共和国立法法》的规定，只有全国人民代表大会及其常务委员会能够制定法律。我国的税收法律也是由全国人民代表大会及其常务委员会制定的，其法律地位和法律效力仅次于宪法，而高于税收法规、规章。在我国现行税制体系中，属于全国人民代表大会及其常务委员会通过的税收法律有《中华人民共和国个人所得税法》《中华人民共和国税收征收管理法》等。

2. 税收法规

税收法规是指国家最高行政机关根据其职权或国家最高权力机关的授权，依据宪法和税收法律，通过一定法律程序制定的有关税收活动实施的规定或办法。税收法规的效力低于宪法、税收法律，但高于税务规章。目前，在我国现行税制体系中，绝大多数税种和税收法律的实施细则，都是国务院以税收行政法规的形式制定的，如《中华人民共和国增值税暂行条例》《中华人民共和国个人所得税法实施条例》等。

3. 税务规章

税务规章是指国家税务总局根据法律或者国务院的行政法规、决定、命令，在国家税务总局职权范围内制定的，在全国范围内对税务机关、纳税人、扣缴义务人及其税务当事人具有普遍约束力的税收规范性文件。

4. 税务行政规范

税务行政规范是对税务机关制定和发布的除税务规章以外的其他税务行政规范性文件的统称。税务行政规范多表现为税务机关对法律、行政法规和规章的说明及阐述，是对法律、行政法规和规章的含义、界限以及税务行政中具体应用相关法律规范所做的说明，如《关于增值税几个税收政策问题的通知》《关于消费税若干征税问题的通知》《对〈关于企业亏损弥补问题的请示〉的答复函》及《关于金融、保险企业所得税问题的补充通知》等。税收涉及经济生活的方方面面，并且对于所有复杂、特殊的情况都应在税收上进行相应的规定，但由于经济社会生活的复杂性和立法上的原因，并非所有的问题都能通过基本法来反映，有些方面也不便写在基本法中，因此需要通过单独行文的方式来加以规定。这既可以维护税收法律的稳定性和严肃性，也有利于税收制度与经常变化的现实经济情况相适应。但这种方式只能在一定程度上采用，如果频繁使用则表明对经济情况的把握不够、认识不足，出台的法律缺陷较多，对具体问题的单独规定成了弥补税法缺陷的手段，有损税收法律的严肃性，不利于保持税收制度的相对稳定。

二、税收制度的特质

（一）税收制度是税收分配关系的体现方式

税收分配关系是国家在征税过程中与各种纳税人之间发生的经济关系。我国现阶段的税收分配关系，主要包括国家与国有企业、国家与集体企业、国家与私营企业、国家与个体企业、国家与外资企业以及国家与劳动者个人等几个方面的关系。在现实经济生活中，这些分配关系是通过一部分社会产品由各种纳税人向国家转移体现出来的。而这种社会产品的转移，又是通过税收制度加以规定的，是按照税收制度的有关规定进行的，离开了税收制度的规定，就没有这些社会产品的转移，税收分配关系自然也就无法体现，因此，税收制度是税收分配关系的体现形式。正确处理税收分配关系，必须建立合理完善的税收制度。

（二）税收制度是税收作用的实现形式

税收作用是税收分配所产生的效果，包括筹集财政资金、调节生产与消费、调节企业利润水平、调节不同经济成分收入水平、维护国家主权和经济利益、监督各项经济活动正常进行等方面。在现实经济生活中，税收分配过程都是按照税收制度的具体规定进行的，而且不同的税制规定所产生的效果也不完全相同。离开了这些规定，税收的作用只能是一种潜在的功能，而无法现实地发挥出来。因此，税收制度是税收作用的实现形式，只有建立合理完善的税收制度，才能更好地发挥税收所具有的作用。

（三）税收制度是税收征纳工作的依据

税收分配关系的实现和税收作用的发挥，都离不开税收征纳工作。税收征纳工作包括征税和纳税两个方面。征税是国家税务机关依法向纳税人征收税款，纳税是纳税人依法履行纳税义务。征税和纳税都必须有所依据、有所遵循，而不能凭主观意志进行，税收制度是税收征纳工作的依据。

第二节　税收制度和税法

税收制度的确定总是以法律形式加以体现，这种法律就是税法，它是国家与纳税人之间权利与义务关系的规范。税法付诸实施后，就转化为税收制度，成为社会经济秩序的有机组成部分。

一、税法的概念和特征

（一）税法的概念

税法是税收制度的法律体现形式，它是国家制定的用于调整税收征纳关系的法律规范的总和。国家在参与社会产品或国民收入分配、取得财政收入的过程中，必然会发生社会财富的所有权在国家与纳税人之间转移的问题，发生税收征纳关系问题，税法就是确立和调整这种税收征纳关系的法律规范。税收的这种法律规范一旦制定和颁布之后，国家就可以根据税法的规定标准向纳税人征收税收，并将之作为征税的行为准则；纳税人就可以根据税法的规定标准向国家缴纳税收，履行自己的纳税义务。

任何法律都有一定的调整对象，法律的调整对象是该法律之所以需要设置和之所以发挥作用的前提，也是区别不同法律部门的主要标志。在法律调整人们行为过程中形成的各自的权利和义务，就是通常所说的法律关系。税法的调整对象就是税收征纳主体之间所发生的经济关系。我们把这种税法调整的经济关系称为税收征纳关系。税收征纳关系是一种税收分配关系，这种分配关系由于是在国家与纳税人之间发生的，因而它又不同于一般的分配关系，是一种特殊的经济分配关系。

(二) 税法的特征

税法除具有一般法律规范的共同特征之外，还具有区别于其他部门法的特征，税法的基本特征表现在以下方面。

1. 税收法律关系的公共性与公益性

税法是征税主体与纳税主体之间有关税收的法律。从征税主体方面而言，总是期待更充分确保财政上必要的收入，并以最小的稽征成本征税；而从纳税主体方面来说，则期望尽可能减轻税收的负担，按照经济负担能力公平课税。为调整两者间的冲突，以实现税收征收的目的，税法具有公共性和公益性。凡涉及税收关系的，均应统一以税法加以规范，严格地受税收法定主义原则①的支配。

2. 税法结构的规范性与统一性

税收的固定性直接决定了税法结构的规范性与统一性，表现在税种与税法的相对应性，国家一般按单个税种立法，作为征税时具体的、具有可操作性的法律依据。它还表现在税收要素的固定性，如税法主体、征税对象、税率等税收的基本要素是每一部单个税种的税法都必须予以规定的。②

3. 税法的经济性与规制性

在现代市场经济条件下，税收构成国家提供公共产品的经济来源，税收除了承担满足财政收入的职能外，还承担了调节宏观经济的职能。税法反映经济规律的要求，引导市场主体从事合理的经济行为，不断解决效率与公平的矛盾，具有“经济性”。税法的规制性特征体现在税法能够把对社会经济活动的鼓励、保护与限制、禁止相结合，审时度势，灵活规制，以实现预期的经济、社会和法律目标。③

税法的上述基本特征，源于税法调整对象的特殊性。

二、税收制度与税法的关系

税收制度与税法密不可分，二者存在很多一致的方面，主要表现在：两者都是以税收征纳关系为调整对象；两者的构成要素一致，即无论是税收制度还是税法，都是由纳税人、课税对象、税率等共同要素构成的。

税收制度与税法的区别仅仅表现为税收基本制度和实施细则方面的立法权限的不同以及由此产生的法律效力的差别。从立法权限看，凡是由我国最高权力机关——全国人民代表大会及其常务委员会通过并发布的，才能成为税法。凡是由权力机关授权行政机关包括最高行政机关和地方行政机关制定并发布的，则称为税收行政法规和行政规章。从法律效

① 税收法定主义原则指的是税法主体及其权利和义务必须由法律加以确定，税法的各类构成要素皆必须且只能由法律予以明确规定。没有法律依据，任何主体不得征税，国民也不得被要求缴纳税款。

② 刘剑文．税法学（第2版）．北京：人民出版社，2003：29.

③ 张守文．税法原理（第2版）．北京：北京大学出版社，2001：25-26.

力来看，税法的地位和效力最高，仅次于宪法；行政法规次之，但高于行政规章。

从以上分析可以看出，税收制度与税法所涉及的范围不同。一般来说，所有的税收法律规范都可称为税收制度，具体包括税收法律、法规和规章三种形式；而税法一般仅指税收法律这一种形式。例如，《中华人民共和国个人所得税法》不仅是一部税收法律，而且是一种税收制度；《中华人民共和国增值税暂行条例》是一种税收制度，但不是税收法律，仅仅是一部税收法规。

三、税收法律关系

提到税收制度与税法的概念，还涉及另外一个概念——税收法律关系。税收法律关系是指由税收法律规范确认和调整的国家与纳税人之间发生的权利与义务的关系。国家征税表现为国家与纳税人之间的利益分配关系，在通过法律明确双方的权利与义务后，这种关系上升为一种特定的法律关系。这一税收法律关系主要包括以下三个方面。

（一）权利主体

权利主体是指税收法律关系中享有权利和承担义务的当事人。按当事人行为性质的不同，权利主体可分为征税主体和纳税主体。

在我国，征税主体是代表国家行使征税职责的国家税务机关，具体包括各级税务机关、海关和财政机关。纳税主体是指履行纳税义务的单位和个人，具体包括法人、自然人和其他经济组织等。在我国，税收法律、法规中所规定的负有代扣代缴或代收代缴义务的单位和个人也可列为纳税主体。

值得注意的是，在税收法律关系中由于权利主体双方是行政管理者与被管理者的关系，所以双方的权利与义务是不对等的。这与一般民事法律关系中主体双方权利与义务是平等的不同，这是税收法律关系的一个重要特征。

（二）权利客体

税收法律关系中的权利客体是指权利主体的权利和义务所共同指向的对象，具体是指税法要素中的征税对象。例如，流转税法律关系客体是货物销售收入或劳务收入，所得税法律关系客体是生产经营所得和其他所得，财产税法律关系客体是财产。

税收法律关系客体也是国家利用税收杠杆调整和控制经济的目标，例如国家在一定时期根据客观经济形势发展的需要，通过扩大或缩小征税范围调整征税对象，以达到鼓励或限制国民经济中某些产业、行业发展的目的。

（三）税收法律关系的内容

税收法律关系的内容是指权利主体依法享有的权利和承担的义务，这是税收法律关系中最实质的东西，也是税法的灵魂。

征税主体的权利主要表现在依法征税、进行税收检查以及对违章者进行处罚；其义务主要是向纳税人宣传税法，及时把征收的税款解款国库，依法受理纳税人对税收争议的申诉等。

纳税主体的权利主要有多缴税款申请退还权、延期纳税权、依法申请减免税权、申请复议和提起诉讼权等；其义务主要是按税法规定办理税务登记、进行纳税申报、依法缴纳税款和接受税务检查等。

第三节　税收制度的组成要素

税收制度的组成要素，简称税制要素，是指构成每一具体税种的必要元素。税制要素具体包括纳税人、征税对象、税率三个基本要素和纳税环节、纳税期限、减免税优惠、违章处理等要素。

一、纳税人

纳税人是指税法规定的直接负有纳税义务的单位和个人。对纳税人的规定解决了对谁征税或者谁应该交税的问题。纳税人是交纳税款的主体。

（一）自然人和法人

纳税人可以是自然人，也可以是法人。

所谓自然人是指在法律上成为一个权利和义务的主体的普通人，他们以个人身份来承担法律所规定的纳税义务。

所谓法人是指具有民事权力能力和民事行为能力，依法独立享有民事权利和承担民事义务的组织。相对于自然人而言，法人是社会组织在法律上的人格化。法人应当具备以下四个条件：

（1）正式在工商行政管理部门注册备案。

（2）有必要的财产和经费。“财产”一般是针对企业法人而言，“经费”一般是针对机关、事业单位和社会团体法人而言。为了保障社会经济秩序和交易的安全，法人必须有一定的财产或经费作为清偿债务、承担风险的后盾。

（3）有自己的名称、组织机构和场所。这个规定主要是为了防止“皮包公司”的合法化。

（4）能够独立承担民事责任，能独立起诉和应诉。

（二）扣缴义务人

扣缴义务人是指税法规定的，在其经营活动中负有代扣税款并向国家交纳税款义务的单位和个人。税务机关按规定应付给扣缴义务人代扣税款一定比例的手续费。同时，扣缴义务人必须依法履行代扣、代收税款义务。如果不履行义务，就要承担法律责任。除按《中华人民共和国税收征收管理法》及其实施细则的规定给予处罚外，还应当责成扣缴义务人限期将应扣未扣、应收未收的税款补扣或补收。

（三）负税人

负税人是指最终负担税款的单位或个人。负税人和纳税人是两个不同的概念。有的税种，如各种所得税，由于税负不能转嫁，纳税人就是负税人。有的税种，如增值税、消费税等，由于税负能够转嫁，纳税人与负税人就不一致。税法中并没有负税人的规定，但在制定税收政策和设计税收制度时，要认真考虑和研究负税人的税收负担问题。

二、征税对象

征税对象是指根据什么征税，是征税的标的物，也就是缴纳税款的客体。征税对象是税收制度组成要素中最基本的要素。每一种税的征税对象都规定或体现它的征税范围，即凡是列入征税对象的，就属于该税的征收范围，因此，不同税种在性质上的差别，主要取决于不同的征税对象（如商品、所得、财产、行为）。在征税对象这一要素中有两个相关的概念，一个是税目，另一个是计税依据。

（一）税目

税目是征税对象的具体化，反映具体的征税范围，体现征税的广度。在税收制度组成要素中规定税目，是征税技术上的需要，税目是划分征免界限和征税高低界限的准绳。制定税目有两种基本方法：一种是列举法，即按照每一种商品或经营项目分别设计税目，必要时还可以在税目之下划分若干个细目。列举法的优点是界限明确，便于掌握；缺点是税目过多，不便查找。另一种是概括法，即按照商品大类或行业设计税目。概括法的优点是税目较少，查找方便；缺点是税目过粗，不便于贯彻合理负担原则。税目设计时，应根据不同税种、不同商品的生产经营情况以及国家在不同时期的政策要求，将两种方法有机地结合起来，灵活地加以运用。

（二）计税依据

计税依据是征税对象的计量单位和征税标准。有的税种的征税对象和计税依据基本一致，如各种所得税，征税对象是所得，计税依据是应纳税所得额。但有的税种的征税对象和计税依据则不一致，如消费税。消费税的征税对象是应税消费品，计税依据则是销售应税消费品取得的销售额。

（三）税源

税源是税款的最终来源。征税对象与税源有密切的联系。一般来说，税源来自物质生产部门劳动者创造的国民收入，但每种税的收入都有其各自的经济来源。有些税的税源与征税对象是一致的，例如企业所得税，它的税源与征税对象都是纳税单位的利润所得。有些税的税源与征税对象不一致，例如对财产的征税，征税对象是财产的数量或价值，而税源则是财产带来的收益或财产所有人的收入。国家税收对经济的调节，一般也是从征税对象入手，而不直接涉及税源，但是，分析税收负担时，则应分析征税对象与税源的关系，这是了解税收负担问题的重要途径。

三、税率

税率是指税额与征税对象之间的比例，反映征税的深度，是税收制度的中心环节。税率的高低，直接关系到国家的财政收入和纳税人的负担，是经济主体推测未来经济活动是否合理的主要依据。由此也可以看出，税率作为税收制度组成要素中的基本要素，其高低是影响企业和个人经济行为的一个极为重要的手段。税率分为以下三种基本形式。

(一) 比例税率

比例税率是指不分征税对象数额的大小，只规定一个百分比的税率。在具体运用上，比例税率又分为以下几种表现形式。

1. 统一比例税率

统一比例税率即一种税只采用一个税率，如现行的车辆购置税采用的就是统一比例税率，现行的企业所得税采用的也是统一比例税率。

2. 行业比例税率

行业比例税率即对同一行业采用一个税率。这种税率形式一般适合于对营业税的课征。

3. 产品比例税率

产品比例税率即对一类产品采用一个税率。其税率的制定主要看各种产品的税源大小及国家对其课税所要达到的目的，在客观上并没有一个固定不变的标准。对同一种商品，若品种、规格、质量或利润水平相差较大的，可分级制定比例税率。

4. 地区差别比例税率

为了照顾不同地区自然资源、生产水平和收益分配上的差别，可根据不同地区制定高低不同的比例税率。

5. 幅度比例税率

在税收制度中规定最低税率和最高税率，由省、自治区、直辖市人民政府在规定的比例税率的幅度内，确定本地区的适用税率。

(二) 累进税率

累进税率是指按照征税对象数额的大小，规定不同等级的税率，征税对象数额越大，税率越高。这种税率制度对调节纳税人收入的作用比较直接、明显，而且适应性强，灵活性大，一般适用于对所得额的征税。

累进税率依照累进依据和累进方法的不同，又分为以下四种形式。

1. 全额累进税率

全额累进税率是指征税对象的全部数额都按其相应等级的累进税率计算征收。

2. 超额累进税率

超额累进税率是指将征税对象按数额大小划分若干等级，对每个等级由高到低分别规定相应的税率，分别计算税额，各个等级税额之和等于应纳税额。

为了解决超额累进税率计算复杂的问题，在实际工作中都采用简化计税方法，即引入“速算扣除数”的方法。所谓速算扣除数是指按全额累进税率计算的税额减去按超额累进税率计算的税额的差额。

3. 全率累进税率

全率累进税率与全额累进税率的累进方法相同，只是税率的累进依据是相对数，如销售利润率、资金利润率、工资利润率等。

4. 超率累进税率

超率累进税率与超额累进税率的累进方法相同，只是税率的累进依据是相对数，如销售利润率、资金利润率、工资利润率等。我国现行的土地增值税就是以土地增值率作为累进依据的，土地增值率越高，适用税率越高。

（三）定额税率

定额税率是按单位征税对象直接规定一定数量的税额，而不是采用比例的形式，所以又称为固定税额。这是税率的一种特殊形式，它一般适用于从量征收的征税范围。定额税率的优点有三：一是由于从量计征，而不是从价计征，有利于企业提高产品质量和改进包装；二是计算简便；三是税额不受征税对象价格变化的影响，负担相对稳定。定额税率的局限是：由于税额一般不随征税对象价值的增长而增长，不能使国家财政收入随国民收入的增长而同步增长，因此，在调节收入和适用范围上具有局限性。

定额税率的表现形式有以下几种：

（1）地区差别税额。如我国过去实行的盐税，对产制成本低、利润大的盐资源税额定得高一些，对产制成本高、利润小的盐资源税额定得低一些。

（2）幅度税额。税法只规定一个税额幅度，由各地根据本地区实际情况，在税法规定的幅度内，确定本地区的适用税额，如我国现行的城镇土地使用税。

（3）分类分级税额。将征税对象划分为若干个类别和等级，对各级、各类征税对象由低到高规定相应的税额。

四、纳税环节

纳税环节是指在商品流转过程中应当缴纳税款的环节。商品从生产到消费，中间要经过许多流转环节，例如工业品要经过工业生产、商业批发和商业零售等环节。

在整个商品流转过程中，按照纳税环节的多少，对商品流转额的征税一般可分为以下三种情况。

（一）一次课征制

同一种税，只在一个环节课征的，称为一次课征制。

（二）两次课征制

同一种税，规定在两个环节课征的，称为两次课征制。

（三）多次课征制

同一种税，在每个流转环节都要征税，称为多次课征制。

总之，纳税环节的确定，主要解决征一道税、两道税，还是需要道道征税的问题，以及确定在哪个环节征税的问题，它关系到税制结构和税种的布局，关系到税款能否及时足额缴入国库，关系到地区间税收收入的分配。

五、纳税期限

纳税期限是指纳税人缴纳税款的法定期限。每一个税种都要明确规定纳税期限，这是由税收的强制性和固定性的特征所决定的。

在确定纳税期限时，主要应考虑以下几个方面的因素：

（1）要根据国民经济各部门生产经营的不同特点和不同的课税对象来确定。

（2）要根据纳税人交纳税额的多少来确定。一般来说，应纳税数额大的，纳税期限可规定得短一些；应纳税额小的，纳税期限可规定得较长一些。

（3）根据纳税行为的发生情况，对有些税种可以实行依次征收。

六、减免税优惠

减税、免税是对某些纳税人或征税对象给予鼓励和照顾的一种特殊规定。减税是对应纳税额少征一部分税额；免税是对应纳税额全部免征。减免税优惠的规定，主要是使税收制度按照因地制宜和因事制宜的原则，更好地贯彻国家税收政策。因为各种税的征收办法和税率的设计是根据经济发展的一般情况和社会平均负担能力来确定，能够适应普遍性、一般性的要求，而不能适应个别的、特殊的要求，因此，在统一税收制度的基础上，需要有一种灵活调节的手段来加以补充，故减免税的存在是必要的，是税收制度构成的一个不可缺少的要素。世界各国的税收法规都有减免税的规定，我国的税收制度也如此。

减免税的基本形式有以下三种。

（一）税基式减免

税基式减免主要是通过直接缩小计税依据的方式实行的减免税优惠，具体包括起征点、免征额、项目扣除以及亏损弥补等。

1. 起征点

起征点是征税对象达到征税数额开始征税的界限。征税对象的数额未达到起征点的，不征税；达到或超过起征点的，就其全部数额征税，而不是仅就超过部分征税。

2. 免征额

免征额是在征税对象总额中免予征税的数额，即按照一定标准从征税对象总额中预先扣除的数额，免征额部分不征税。

3. 项目扣除

项目扣除是指在征税对象中扣除一定项目的数额，以其余额作为计税依据计算税额。

4. 亏损弥补

亏损弥补是指将以前纳税年度的经营亏损在本纳税年度的经营利润中扣除，以其余额作为计税依据计算税额。

（二）税率式减免

税率式减免是指直接通过降低税率的方式实行的减免税优惠，如重新确定税率、选择其他低税率、零税率等。

（三）税额式减免

税额式减免是指直接通过减少应纳税额的方式实行的减免税优惠，如全部免征、减半征收、另定减征税额等。

减免税是一项政策性很强的措施，若运用得当，有利于维持企业的生存或支持其发展；如果运用不当，不仅会直接减少财政收入，而且还会成为一种“保护落后”的手段。

七、违章处理

违章处理是对纳税人违反税法行为所采取的教育处罚措施，是维护国家税法严肃性的一种必要措施。违反税收法令的行为，一般有偷税、欠税、抗税和骗税等不同情况。

（一）偷税的处理

偷税是指纳税人有意识地采取非法手段，不按税法规定缴纳税款的违法行为。例如：伪造或涂改凭证、账册、报表以及转移资产或收入，隐匿应税项目、数量、金额；乱摊成本、费用或擅自提高开支标准。《中华人民共和国税收征收管理法》（以下简称《税收征管法》）第 63 条规定：对纳税人偷税的，由税务机关追缴其不缴或者少缴的税款、滞纳金，并处不缴或者少缴的税款百分之五十以上五倍以下的罚款；构成犯罪的，依法追究刑事责任。《税收征管法》第 64 条规定：纳税人、扣缴义务人编造虚假计税依据的，由税务机关责令限期改正，并处五万元以下的罚款。

（二）欠税的处理

欠税是指纳税人不按规定期限缴纳税款的违章行为。我国《税收征管法》第 65 条规定：妨碍税务机关追缴欠缴的税款的，由税务机关追缴欠缴的税款、滞纳金，并处欠缴税款百分之五十以上五倍以下的罚款。

（三）抗税的处理

抗税是指纳税人对抗国家税法，拒不依法纳税的一种违法行为。我国《税收征管法》

第 67 条规定：情节轻微，未构成犯罪的，由税务机关追缴其拒缴的税款、滞纳金，并处拒缴税款一倍以上五倍以下的罚款。

（四）骗税的处理

骗税是指采取弄虚作假和欺骗手段，骗取出口退（免）税或减免税款的行为。我国《税收征管法》第 66 条规定：骗取国家出口退税款的，由税务机关追缴其骗取的退税款，并处以骗取税款一倍以上五倍以下的罚款。税务机关可以在规定期间内停止为其办理出口退税。

第四节 税收分类

税收分类，是指根据不同的目的，按照一定的标准，对复杂的税制和繁多的税种进行归类。现代社会普遍实行复合税制，一个国家的税制由多种税组成。科学合理的税收分类无论是在理论上还是在实际操作中，都有助于认识和了解不同税制的特点及不同税种的性质与作用，从而为制定科学合理的税收政策和切实有效的税收征管制度提供可靠依据。常用的税收分类方法有以下几种。

一、按税负能否转嫁分类

按税负能否转嫁，可以将税种分为直接税与间接税两大类。

所谓直接税，是指纳税人直接负担的各种税收。通常将所得税和财产税等归为直接税。对于直接税而言，纳税人就是负税人。

所谓间接税，是指纳税人能将税负转嫁给他人负担的各种税。通常把商品税视为间接税。对于间接税而言，纳税人不一定是负税人，最终负担税收的可能是消费者。

二、按课税对象的性质分类

按课税对象的性质，可以把税种分为商品劳务税（也称作流转税）、所得税、财产税、资源税、行为税五类。这一分类方法也是我国税收分类的主要方法。

（一）商品劳务税类

商品劳务税是以商品和劳务的流转额为课税对象的税种。它主要以商品销售额、购进商品的支付金额和营业收入额为计税依据，一般采用比例税率的形式。在我国现行税制中，商品劳务税类的税种主要有增值税、消费税、营业税、关税。

（二）所得税类

所得税是以收益所得额为课税对象的税种。它主要根据纳税人的生产经营所得、个人收入所得和其他所得进行课征。在我国的现行税制中，所得税类的税种主要包括企业所得税和个人所得税。

（三）财产税类

财产税是以财产价值为课税对象的税种。根据不同的课税对象，财产税又可以进一步分为一般财产税、财产转移税、财产增值税等。我国的现行税制中，财产税类的税种主要包括房产税、车船税和契税。

（四）资源税类

资源税是以资源的绝对收益和级差收益为课税对象的税种。前者以拥有某种国有资源的开发和利用权为征收对象；后者是以纳税人占用资源的数量和质量的差额所形成的级差收入为征税对象，征收的目的在于调节级差收入。我国的现行税制中，资源税类的税种主要有资源税、城镇土地使用税、土地增值税和耕地占用税。

（五）行为税类

行为税是以特定的行为为课税对象的税种。行为税的征收是运用税收杠杆并配合国家的宏观经济政策，对社会经济生活中的某些特定的行为进行调节和限制。我国现行税制中，行为税类的税种主要有城市维护建设税、印花税、车辆购置税。

三、按税收收入归属分类

所有实行分税制的国家，采取的分税制不外乎两种类型，即彻底的分税制和不彻底的分税制。

采取彻底的分税制的国家，将税收分为中央税和地方税两类，中央政府和地方政府各有其独立的税收立法和征管权限。

采取不彻底的分税制的国家，将税收分为中央税、地方税、中央与地方共享税三类，其立法权全部归中央政府，地方政府无权立法，中央税和地方税收入分别归属中央和地方，共享税采取在中央与地方之间分征、分成等分享形式。

我国现行税制采取的就是不彻底的分税制。中央税是由国家税务总局负责征收管理，收入归中央政府支配的税种，如我国现行税制中的消费税、关税等。地方税是由地方税务局负责征收管理，收入归地方政府支配的税种，如现行税制中的城市维护建设税、城镇土地使用税等。中央与地方共享税是由国家税务局负责征收管理，收入由中央与地方共同分享的税种，如我国现行税制中的增值税、企业所得税、个人所得税等。

四、按税收与价格的关系分类

按税收与价格的关系分类，可以把税种分为价内税和价外税。

凡是税款构成商品或劳务价格组成部分的，属于价内税。价内税的计税价格为含税价格。凡是税款作为商品或劳务价格以外附加的，则属于价外税。价外税的计税价格为不含税价格。

五、按税收的计量标准分类

按税收的计量标准分类，可把税种分为从价税和从量税。

从价税是以征收对象的价格为计税依据的税收，如我国现行的增值税和企业所得税等。从量税是以征税对象的数量、重量、容积或体积等自然单位为计税依据的税收，如我国的城镇土地使用税等。

从价税的应纳税额是随着商品价格或劳务收费的变化而变化的，从价税能够体现合理负担的税收政策，同时也能保证财政收入与计税价格同比例变化，因此，大部分税种都采用这种计税方法。从量税的应纳税额随着征收对象数量的变化而变化，虽然计算简单，但税收负担和财政收入不能随价格高低而增减，因而税收负担不尽合理，目前只有少部分税种采用这一计税方法。

六、联合国、OECD 和 IMF 的税收分类方法

联合国国民收入核算体系把税收收入分成直接税、间接税、财产收益税、手续费及相关类别。直接税是对私人及团体的财产收入、就业收入或其他任何收入征收的税收类别，它由私人和团体直接支付。间接税是对生产者征收的在生产、销售或物品及劳务使用方面的税收类别。

OECD（经济合作与发展组织）的税收分类采用的是统一税收分类，共为七大类，分别为：对商品和劳务课税；对所得、利润和资本利得课税；社会保险税，按工资表或劳动力对雇主课税；对净财富和不动产课税；对赠与、资本、金融交易课税；印花税；其他税类。

IMF（国际货币基金组织）将税种分为七类：所得税，包括对所得、利润和资本利得的课税；社会保险税，包括对雇员、雇主以及自营人员的课税（按非税收入统计）；薪金及人员税；财产税，包括对不动产、财富、遗产和赠与的课税；商品和劳务税，包括产品税、销售税、增值税、消费税等；进出口关税；其他税收。

七、其他税收分类方法

其他常用的税收分类方法还有：按税收的形态分类，可以分为力役税、实物税和货币税；按税种的存续时间分类，可以分为经常税和临时税；按纳税人的纳税情况和能力分类，可以分为对人税和对物税；按税率的形式和特点分类，可以分为比例税、累进税和定额税。

第五节　税制体系

一、税制体系的概念

税制体系指的是一国在进行税制设置时，根据本国的具体情况，将不同功能的税种进行组合配置，形成主体税种明确，辅助税种各具特色和作用、功能互补的税种体系。由于税制体系涉及的主要是税收的结构模式问题，所以也称为税制结构或税收体系。

在前面所讲到的不同税种中，有的税种可以作为一国税制中的主体税种，有的只能充

当辅助税种。主体税种是普遍征收的税种，其收入在全部税收收入中占较大比重，因而在税收体系中占主要地位。一国税收政策的目标也主要通过主体税种的设置和运行来实现。辅助税种则是作为主体税种的补充，往往为实现某一特定情况下国家的社会经济政策目标而设置，起到一种特殊调节作用。

由于税制体系的设置合理与否在相当程度上决定了一个国家税收政策功能能否发挥，以及政策目标能否实现，因此，如何确定较为适合本国国情的税制体系，是各国普遍关心的问题。一般而言，一国的税制体系并非固定不变，而是会随着社会经济环境的变化不断地调整。在正常情况下，这一过程同时也是一国税制不断优化的过程。

二、影响税制体系设置的主要因素

尽管每一个国家的税制体系都有它形成和发展的具体原因，但从总体上看，影响税制体系的主要因素大致有以下几个。

（一）社会经济发展水平

社会经济发展水平是影响并决定税收体系的最基本因素。这里的社会经济发展水平主要是指社会生产力发展水平，以及由社会生产力发展水平所决定的经济结构。从世界主要国家税制体系的历史发展来看，大致经历了从古老的直接税到间接税，再由间接税发展到现代直接税的进程，这种发展进程是同社会经济发展水平的进程相一致的。在以农业经济为主体的自然经济条件下，必然以农业收入作为税收的主要来源，农业生产的非商品特点又决定了必须以土地和人口作为课税对象。我们把这种以土地、人口的外部标志作为计税依据等额征税，而不考虑纳税人负担能力的税种，称为古老的直接税。随着工业、商业的迅速发展，形成了工商经济为主体的经济结构，同时农业生产也具有了商品经济的特征，在这种以工商经济为主体的商品经济条件下，必然以工商经营收入作为税收的主要课税对象，这就形成了以间接税为主体的税收体系。到了资本主义社会，随着社会生产力的发展，国家在经济和社会事务中的职能和作用得到加强，财政支出增加，相应地也要求增加更多的财政收入。所得税由于在财政上具有较好的收入弹性，在经济上对企业和个人的经济活动及经济行为较少干预，在政策上能较好地实现经济稳定和公平分配的目标，因而在这一时期得到迅速发展，从而在一些发达国家形成了以现代直接税为主体的税收体系。

（二）国家政策导向

税制体系的具体设置，一方面要体现税收的基本原则，另一方面也是为实现国家的税收政策目标服务的。税收作为一个主要的国家宏观经济政策工具，除了发挥其特有的聚财功能之外，还要和其他许多宏观经济政策工具一样发挥调控功能，通过具体税种的设置对社会经济起到调节作用。我国近年来的税制改革很多都是基于这一因素的考虑，如为了缓解社会分配不公，缩小社会贫富差距，所进行的房产税的改革；为了促进宏观经济的发展，所进行的“结构性减税”改革等。

（三）税收管理水平

一国的税收管理水平对该国税制体系的设置也会产生影响。一般来说，流转税由于是对商品销售或劳务服务所取得的收入进行征税，征收管理相对较为简单。而所得税由于是对纳税人所取得的各项所得进行征税，涉及税前扣除以及与会计制度的差异及协调等许多细节问题，征收管理相对较为复杂。因此，一国如果推行以所得税为主体的税收体系，必须有较高的税收管理水平作为基础。

三、不同类型的税制体系及其主要特点

纵观世界各国的税制体系，主要有以下五种类型，即以流转税为主体税种的税制体系、以所得税为主体税种的税制体系、以资源税为主体税种的税制体系、以低税结构为特征的"避税港"税收体系以及以流转税和所得税并重的双主体税制体系。各类税制体系都有各自的特点。

（一）以流转税为主体税种的税制体系及其主要特点

该类税制体系的表现是：在税制体系中，流转税居主体地位，在整个税制中发挥主导作用，其他税居次要地位，在整个税制中只能起辅助作用。由于流转税是以商品、劳务的流转额为课征对象，只要有商品、劳务的流转额发生，就能课征到税款，所以，该类税征税范围广，不受生产经营成本费用变化的影响，税源充裕，不仅具有保证财政收入的及时性和稳定性的特点，而且还有征管简便的特点。在实行价内税的情况下，该类税的税金又是价格的组成部分，因而该类税能够与价格杠杆配合，调节生产和消费，并在一定程度上调节企业的盈利水平。当然，这种税制体系也存在一些缺点：由于该类税只是在生产与流通领域形成收入过程中对国民收入进行调节，所以其调节功能相对较弱，而且容易产生税负转移，其中有些税种还存在累退性，有些税种存在重叠征税等。

（二）以所得税为主体税种的税制体系及其主要特点

这类税收体系的表现是：在税制体系中，所得税居主导地位，在整个税制中发挥主导作用。由于这类税制体系以纳税人的所得额为计税依据，对社会所有成员普遍征收，即不仅对生产经营者征税，而且也对非生产经营但取得收入的人征税。所得税还可与累进税率配合，具有按负担能力大小征收、自动调节经济和公平分配的特点。当然，这类税制体系也存在收入不稳定、计算复杂、要求相适应的社会核算程度较高、征管难度较大等缺陷。

（三）以资源税为主体税种的税制体系及其主要特点

这类税制体系的主要表现是：在税制体系中，资源税居主体地位，在整个税制中发挥主导作用。该类税是对土地、矿产、水力、滩涂、森林等所有资源征税，所以具有保护资源、促进合理配置资源、调节资源级差收入和课税一般不受成本费用变化影响等特点。由于世界上大多数国家的资源分布都有不均匀的现象，所以，除少数石油资源丰富的中东国家外，其他国家很少采用这种税收体系。

（四）以低税结构为特征的“避税港”税制体系及其主要特点

这类税制体系是在该国或地区普遍实行低税甚至免税的税收制度，即人们在这些地方拥有资产或取得收入只负担比在主要工业国家轻得多的税收，或者不必负担税收。这类税收体系有三种具体类型：一是没有个人所得税、没有财产税、没有遗产税或赠与税。二是课征税负较轻的所得税、财产税等直接税，同时实行许多涉外税收优惠。三是实行正常税制，只是有较为灵活的税收优惠办法。“避税港”税制体系的主要特点表现在以下三个方面：有独特的低税结构；以所得税为主，一般很少征收或不征收关税在内的流转税；有明确的避税区域范围。当然，这类税收体系通常是在政治环境比较安定、财政预算支出不太沉重、地理位置靠近高税和经济发达国家、交通方便的小岛国家、地区或某一国中的一个局部范围采用。

（五）双主体税制体系及其主要特点

这类税制体系的主要表现是：在税制体系中，流转税制和所得税制均居主体地位，这两类税收的作用相当，互相协调、配合。这类税制体系的主要特点是：既发挥流转税征收范围广、税源充裕、能保证财政收入的及时性和稳定性、征收简便等的特点，同时也发挥所得税按负担能力大小征收、自动调节经济和公平分配等的特点，两个主体税类优势互补。这类税制体系不仅在发展较快的发展中国家采用，而且也开始引起采用以所得税为主体税种的发达国家的重视。

四、我国现行税制体系

新中国成立以来，我国税制体系经历了从计划经济到有计划的商品经济再到社会主义市场经济条件下的调整与变革的过程，其中，1994 年的税制改革是新中国成立以来范围最广、程度最深、影响最大的一次税制改革。这次税制改革，是适应建立社会主义市场经济体制的要求，按照“统一税制、公平税负、简化税制、合理分权、理顺分配关系、保证财政收入”的指导思想，选择以流转税制和所得税制为重点，建立起一个多税种、多次征、主次分明的复合式税制体系。

经过 1994 年税制改革和此后多年的逐步完善，我国已经初步建立了适应社会主义市场经济体制需要的税收制度。目前，我国的税收制度共设有 18 种税，按照其性质和作用可分为以下六类：

（1）货物与劳务税类，包括增值税、消费税、城市维护建设税、关税和船舶吨税。

（2）所得税类，包括企业所得税和个人所得税。

（3）资源和环境税类，包括资源税、城镇土地使用税、土地增值税、耕地占用税和环境保护税。

（4）财产税类，包括房产税、车船税和契税。

（5）行为税类，包括印花税和车辆购置税。

（6）农业税类，烟叶税。

此外还有属于附加税的教育费附加和地方教育附加。

复习思考题

1. 如何理解税收制度的含义?
2. 如何理解税收制度的特质?
3. 税法的概念和特征是什么?
4. 如何理解税收法律关系?
5. 税收制度的组成要素是什么?
6. 税制体系的概念是什么?

第二章 增值税

- 增值税的概念
- 增值税的特点
- 增值税的作用
- 增值税的征收范围
- 增值税的纳税义务人
- 增值税的税率、征收率
- 销项税额与进项税额
- 增值税的税收优惠
- 增值税的纳税义务发生时间
- 增值税的纳税地点

第一节 增值税概述

一、增值税的概念

由于增值税是以法定增值额为征税对象的一种税，因此，在阐述增值税的概念时，首先要明确什么是增值额、什么是法定增值额。

（一）增值额

增值额是指生产者或经营者在生产经营过程中新创造的价值。从马克思的劳动价值理论来看，增值额相当于商品价值总额扣除在生产上消耗掉的生产资料的转移价值之后的余额。其中生产上消耗掉的生产资料包括固定资产项目（土地、房屋、机器、设备等）和非固定资产项目（原材料、燃料、动力、低值易耗品等）。增值额主要包括工资、利润、利息和其他属于增值性质的费用。

增值额的概念还可以从以下两个方面理解：

（1）就某个生产经营单位而言，增值额就是其商品销售额扣除规定的非增值项目后的余额，这个余额大体上相当于该经营单位活劳动创造的价值。

（2）就商品生产的全过程而言，一个商品从生产到流通各个经营环节的增值额之和，相当于该商品进入最终消费的销售总值。

（二）法定增值额

法定增值额是指以法律形式确定的增值额，是相对理论增值额而言的。从各国实践看，增值额不一定是理论上的增值额。法定增值额的意义在于：

（1）体现本国的经济政策。有的国家出于鼓励扩大投资的考虑，规定外购的固定资产无论是否消耗掉，都可以一次性扣除；有的国家出于财政收入的考虑，规定外购的固定资产全部不给予扣除。

（2）统一计算税额的需要。只有从法律上规定增值额，才能保证增值税税额计算的统一性。

（三）增值税

增值税是以商品的法定增值额为课税对象的一种税。但开征增值税的国家在计算增值税时，都不是直接以增值额为计税依据，而是采用销售额乘以适用税率计算出应纳税额，再扣除外购项目已纳的税额的税款抵扣法。增值税之所以采用这种方法，是因为计算各个生产经营环节的增值额在实际征管中是一件比较困难的事情，会加大税务机关的征收成本和纳税人的纳税成本。

二、增值税的产生与发展

增值税最早是由法国于20世纪40年代末50年代初创立的。实行增值税之前，法国实行的是对商品在各生产环节按全部价值征收的“营业税”，这种税的最大弊端是重复课税，不利于专业化生产的发展。法国于1948年在生产环节实行按从商品全部价值中扣除购进原材料、零部件或半成品所付价款的余额征收的“生产税”；1954年又将扣除范围扩大到购入的固定资产，征税范围扩大到商业批发环节，改称“增值税”，以后征税范围又扩大到商业零售环节以及农业、服务业等。

由于增值税较好地克服了传统的流转税道道全额课税所带来的重复课税问题，有利于生产向专业化、协作化方向的发展，很快在世界各国普遍通行。目前世界上有140多个国家和地区实行了增值税，增值税逐渐成为一个国际通用的税种。

我国自改革开放后才逐步引进和推广增值税。1979年我国首先选择重复课税矛盾突出的机器、机械和农业机具两个行业，在部分城市进行试点；1983年对上述两行业及缝纫机、自行车、电风扇三种产品，在全国范围内统一试行征收增值税；1984年正式颁布增值税条例，征税范围在原有基础上扩大到12类产品，这标志着增值税在我国正式实行。以后继续扩大征税范围，1994年颁布新的增值税条例，征税范围为工业产制环节、商业批发、零售环节和服务业中的加工、修理修配劳务。目前增值税已成为我国的第一大税种。现行增值税的基本规范，是2008年11月5日经国务院第34次常务会议修订通过的《中华人民共和国增值税暂行条例》（以下简称《增值税暂行条例》），自2009年1月1日起开始施行。

实施营业税改征增值税（以下简称“营改增”）的税制改革，是党的十七届五中全会作出的一项重要部署，是“十二五”时期我国税制改革面临的一项重要任务。2011年，经国务院批准，财政部、国家税务总局联合下发了营业税改征增值税试点方案。2012年1月1日起，上海交通运输业和部分现代服务业率先进行营改增。2013年8月1日起，在全国范围内对交通运输业以及部分现代服务业进行营改增试点。2014年1月1日将铁路运输业、邮政服务业纳入增值税征税范围，同年6月1日起试点扩大到电信业。自2016年5月1日起，在全国范围内全面推开营改增试点，将建筑业、房地产业、金融业、生活服务业等全部营业税纳税人纳入试点范围。至此，我国已全面实现营改增。

三、增值税的类型

实行增值税的国家在计算应纳税额时，都允许将纳税人在生产经营过程中消耗的外购原材料、辅助材料、半成品、零部件、燃料、动力等流动资产的已纳税额予以扣除，也就是在计算法定增值额时，允许扣除外购流动资产的已纳税额。但对外购的机器、设备、厂房等固定资产的已纳税额是否给予扣除，各国的增值税法则作出了不同的规定，于是形成了以下三种类型的增值税。

（一）消费型增值税

征收增值税时，允许将纳税期内外购的固定资产的已纳税额一次性扣除，即纳税人用于生产的全部外购生产资料都不课税，就整个社会而言，课税依据实际上只限于消费资料，故称消费型增值税。

（二）收入型增值税

征收增值税时，只允许扣除相当于当期外购的固定资产折旧部分的已纳税额，就整个社会而言，课税依据相当于国民收入，故称收入型增值税。

（三）生产型增值税

征收增值税时，不允许将外购固定资产的已纳税额扣除，就整个社会而言，课税依据既包括消费资料又包括生产资料，课税范围与国民生产总值相一致，故称生产型增值税。

由于上述三种类型的计税依据有所差别，因此不同类型增值税的收入效应和激励效应是不同的。从财政收入的角度看，生产型增值税的效应最大，因为生产型增值税的计税依据较大，在同样的税率条件下，带来的增值税税额也多。从激励投资的角度看，消费型增值税的效应最大，因为消费型增值税在征收增值税时，允许将纳税期内外购的固定资产的已纳税额一次性给予扣除，有利于调动企业的生产积极性，可以彻底消除重复征税带来的各种弊端，将增值税对投资的任何不利影响减少到最低限度，有利于加速设备更新、推动技术进步。同时，消费型增值税与其他两种类型的增值税相比，在计算征收方面更简便，凭发票扣税，既有利于纳税人操作，又可以实现纳税人的交叉审计，便于税务机关的征收管理，被公认为是当前国际上最先进、最能体现增值税制度优越性的一种增值税类型。有的经济不发达国家选择实行生产型增值税，而发达国家则多选择实行消费型增值税。

2009 年之前，我国实行的是生产型增值税。由于生产型增值税，企业外购的机器设备的进项税额不允许抵扣，企业的税负较重。为了减轻企业的税收负担，我国自 2004 年起，分别在东北、中部六省和内蒙古东部试点增值税转型，最终于 2009 年 1 月 1 日在全国范围内实现了增值税由生产型向消费型的转换。

我国增值税的转型

目前世界上实行增值税的国家中，绝大多数国家实行的是消费型增值税。1994 年税制改革时，我国选择实行生产型增值税，一方面是出于财政收入的考虑，另一方面则为了抑制投资膨胀。随着我国社会主义市场经济体制的逐步完善和经济全球化的纵深发展，推进增值税转型改革的必要性日益突出。党的十六届三中全会明确提出适时实施增值税转型改革，“十一五规划”明确在“十一五”期间完成这一改革。

自 2004 年 7 月 1 日起，经国务院批准，首先在我国东北地区选择了 8 个行业，即装备制造业、汽车制造业、高新技术产业、船舶制造业、冶金业、石油化工业、军品工业和农产品加工业，进行增值税由生产型向消费型的改革试点工作。自 2007 年 7 月 1 日起，增值税转型试点进一步扩大到中部六省（河南、山西、湖南、湖北、江西、安徽）的 26 个城市，具体涉及装备制造业、石油化工业、冶金业、船舶制造业、汽车制造业、农产品加工业六大行业。自 2008 年 7 月 1 日起，增值税转型试点进一步扩大到内蒙古东部地区。自 2009 年 1 月 1 日起，在全国范围实现了增值税由生产型向消费型的转型。

四、增值税的特点

（一）只就销售额中的增值部分课税，克服了重复课税

增值税仅就企业销售额中属于本企业创造的、尚未征过税的那部分价值征税，对销售额中在其他企业已纳过税才转移到企业的那部分价值不再征税。这是增值税最本质的特征，也是增值税区别于其他间接税的一个显著特点。

（二）具有同一售价商品税负的一致性

增值税征收不因生产、流通环节的变化而影响税收负担，不同商品只要最后销售的总值相同，不论生产、经营环节多少，税负都是一致的。

【例 2－1】甲商品和乙商品适用的增值税税率均为 10%，其他条件见表 2－1。

表 2－1

商品	环节	售价	增值额	税额	税额合计
甲	1	50	50	5	10
	2	100	50	5	
乙	1	20	20	2	10
	2	50	30	3	
	3	80	30	3	
	4	100	20	2	

甲商品从生产到消费经过两个环节，第一环节的销售价格为 50 单位，增值额为 50 单位；第二环节的销售价格即最终销售价格 100 单位。由于增值税是以增值额为计税依据，所以第一环节的税额是 5（=50×10%）单位，第二环节的税额是 5（=50×10%）单位，两环节的税额共 10 单位。乙商品从生产到消费经过四个环节，第一环节的销售价格为 20 单位，增值额为 20 单位；第二环节的销售价格为 50 单位，增值额为 30 单位；第三环节的销售价格为 80 单位，增值额为 30 单位；第四环节的销售价格为 100 单位，即最终销售价格为 100 单位，增值额为 20 单位。由于增值税是以增值额为计税依据，所以第一环节的税额是 2（=20×10%）单位，第二环节的税额是 3（=30×10%）单位，第三环节的税额是 3（=30×10%）单位，第四环节的税额是 2（=20×10%）单位，四个环节的税额共 10 单位。可见，甲、乙商品的最终销售额都是 100 单位，两商品无论经过两个环节还是经过四个环节，最终负担的税额是一致的。

（三）具有征收上的广泛性和连续性

广泛性是指从生产经营的横向关系看，凡从事生产经营的企业，只要有增值额就征税，而不论这个企业的经营性质、经营方式、经营规模、经营结果如何。连续性是指从生产经营的纵向关系看，增值税延伸到生产、流通各个环节，商品每经过一个环节都要就该环节的增值额纳税。

五、增值税的作用

增值税的上述特点决定了增值税在促进企业生产经营结构的合理化、保证财政收入的稳定增长以及促进对外贸易发展等方面具有积极的作用，具体表现如下所述。

（一）有利于促进企业生产经营结构的合理化

在发达的商品经济社会中，社会生产力发展本身要求企业的生产组织形式是专业化、协作化的生产组织形式。生产的专业化、协作化是在社会分工越来越细的基础上建立起来的同类生产的集中化，它是一种科学的、合理的、先进的生产组织形式。其最大特点是生产过程中分工很细，同一生产对象往往需要许多不同的生产部门、不同的企业来共同完成；同时，其产品经过的生产环节多，产品结构中外购件所占的比重大，反映在以商品全部价值为课税对象的流转税上，就是随着流转环节的增加和产品结构中外购协作件的增加，商品的税负也不断增加，即按流转全额课税的税种对专业化、协作化生产方式的发展起阻碍作用。而增值税是按增值额课税，不同商品不论其流转环节多少，只要商品最后销售价格相同，税负就一致，因而增值税可以促进专业化、协作化生产方式的发展，促进企业生产经营结构的合理化。

（二）有利于财政收入的稳定增长

在实行按流转全额课税的税制情况下，企业为了少负担税款，往往采取搞“大而全、小而全”的全能厂，以达到减少销售环节，进而减少纳税环节，少缴纳税款的目的。可见，按流转全额课税，税收收入会受到流转环节的影响，流转环节多，税收收入多；流转环节少，税收收入就少。而增值税是按增值额课税，增值额对整个社会而言，是一个国家一定时期的国民收入，因此增值税收入会随着国民收入的增加而增长，税收收入稳定，不受流转环节多少的影响，如表 2－2 所示。

（三）有利于促进对外贸易的发展

出口商品不含税是国际税收的惯例，对出口产品实行退税，是一国发展对外贸易的重要措施，它可以使出口商品以不含税的价格进入国际市场，增强出口商品在国际市场上的竞争力，扩大该国的出口规模。增值税按增值额课税，各环节增值额之和等于该产品的最终销售额，按商品的最终销售额计算退税，可以将该商品在生产、流通全过程缴纳的全部税款退给企业，既准确又彻底。

对进口商品征增值税，是为了平衡国内商品和进口商品的税负，可以解决按流转全额征税造成的进口商品税负轻于国内商品税负的问题，避免使国内商品失去竞争力。根据进口商品的进口金额和增值税税率计算的增值税税额，相当于国内同种商品在生产、流通环节缴纳的全部增值税税额。由此可见，对进口商品征增值税，有利于本国经济的发展。

表 2-2　　1994—2015 年我国国内增值税收入及其在税收收入总额中的比重

年份	国内增值税/亿元	税收收入总额/亿元	国内增值税占税收收入总额的比重/%
1994	2 308.34	5 126.88	45.02
1995	2 602.33	6 038.04	43.10
1996	2 962.81	6 909.82	42.88
1997	3 283.92	8 234.04	39.88
1998	3 628.46	9 262.80	39.17
1999	3 881.87	10 682.58	36.34
2000	4 553.17	12 581.51	36.19
2001	5 357.13	15 301.38	35.01
2002	6 178.39	17 636.45	35.03
2003	7 236.54	20 017.31	36.15
2004	9 017.94	24 165.68	37.32
2005	10 792.11	28 778.54	37.50
2006	12 784.81	34 804.35	36.73
2007	15 470.23	45 621.97	33.91
2008	17 996.94	54 223.79	33.19
2009	18 481.22	59 521.59	31.05
2010	21 093.48	73 210.79	28.81
2011	24 266.63	89 738.39	27.04
2012	26 415.51	100 614.28	26.25
2013	28 810.13	110 530.70	26.07
2014	30 855.36	119 175.31	25.89
2015	31 109.47	124 922.20	24.90

资料来源：根据国家统计局网站相关数据整理计算所得。

第二节　征收范围

一、征收范围的一般规定

根据国务院颁布的《中华人民共和国增值税暂行条例》的规定，在我国境内销售货物、提供加工及修理修配劳务以及进口货物，属于增值税的征收范围。

（一）销售货物

货物是指有形动产，包括电力、热力、气体在内。

销售货物是指有偿转让货物的所有权。

有偿，是指从购买方取得货币、货物或者其他经济利益。

（二）提供加工、修理修配劳务

“加工”是指受托加工货物，即委托方提供原料及主要材料，受托方按照委托方的要求制造货物并收取加工费的业务。如，卷烟厂委托烟丝加工厂加工烟丝。

“修理修配”是指受托对损伤或丧失功能的货物进行修复，使其恢复原状和功能的业务。如，汽车修理厂修理汽车。

“提供加工和修理修配劳务”是指有偿提供加工和修理修配劳务。但单位或个体工商户聘用的员工为本单位或雇主提供加工、修理修配劳务不包括在内。

（三）进口货物

进口货物是指申报进入我国海关境内的货物。通常情况下，境外产品要输入我国境内，必须向我国海关申报进口，并办理有关报关手续。只要是报关进口的应税货物，无论其是国外产制，还是我国已出口而转销国内的货物；是进口者自行采购，还是国外捐赠的货物；是进口者自用，还是作为贸易或其他用途等，均应依法缴纳进口环节的增值税。

（四）销售服务

销售服务，是指提供交通运输服务、邮政服务、电信服务、建筑服务、金融服务、现代服务、生活服务。

1. 交通运输服务

交通运输服务，是指利用运输工具将货物或者旅客送达目的地，使其空间位置得到转移的业务活动。包括陆路运输服务、水路运输服务、航空运输服务和管道运输服务。

（1）陆路运输服务，是指通过陆路（地上或者地下）运送货物或者旅客的运输业务活动，包括铁路运输服务和其他陆路运输服务。铁路运输服务，是指通过铁路运送货物或者旅客的运输业务活动。其他陆路运输服务，是指铁路运输以外的陆路运输业务活动，包括公路运输、缆车运输、索道运输、地铁运输、城市轻轨运输等。出租车公司向使用本公司自有出租车的出租车司机收取的管理费用，按照陆路运输服务缴纳增值税。

（2）水路运输服务，是指通过江、河、湖、川等天然、人工水道或者海洋航道运送货物或者旅客的运输业务活动。水路运输的程租、期租业务，属于水路运输服务。程租业务，是指运输企业为租船人完成某一特定航次的运输任务并收取租赁费的业务。期租业务，是指运输企业将配备有操作人员的船舶承租给他人使用一定期限，承租期内听候承租方调遣，不论是否经营，均按天向承租方收取租赁费，发生的固定费用均由船东负担的业务。

（3）航空运输服务，是指通过空中航线运送货物或者旅客的运输业务活动。航空运输的湿租业务，属于航空运输服务。湿租业务，是指航空运输企业将配备有机组人员的飞机承租给他人使用一定期限，承租期内听候承租方调遣，不论是否经营，均按一定标准向承租方收取租赁费，发生的固定费用均由承租方承担的业务。航天运输服务，按照航空运输服务缴纳增值税。航天运输服务，是指利用火箭等载体将卫星、空间探测器等空间飞行器发射到空间轨道的业务活动。

（4）管道运输服务，是指通过管道设施输送气体、液体、固体物质的运输业务活动。无运输工具承运业务，按照交通运输服务缴纳增值税。无运输工具承运业务，是指经营者以承运人身份与托运人签订运输服务合同，收取运费并承担承运人责任，然后委托实际承运人完成运输服务的经营活动。

2. 邮政服务

邮政服务，是指中国邮政集团公司及其所属邮政企业提供邮件寄递、邮政汇兑和机要通信等邮政基本服务的业务活动。包括邮政普遍服务、邮政特殊服务和其他邮政服务。

（1）邮政普遍服务，是指函件、包裹等邮件寄递，以及邮票发行、报刊发行和邮政汇兑等业务活动。函件，是指信函、印刷品、邮资封片卡、无名址函件和邮政小包等。包裹，是指按照封装上的名址递送给特定个人或者单位的独立封装的物品，其重量不超过五十千克，任何一边的尺寸不超过一百五十厘米，长、宽、高合计不超过三百厘米。

（2）邮政特殊服务，是指义务兵平常信函、机要通信、盲人读物和革命烈士遗物的寄递等业务活动。

（3）其他邮政服务，是指邮册等邮品销售、邮政代理等业务活动。

3. 电信服务

电信服务，是指利用有线、无线的电磁系统或者光电系统等各种通信网络资源，提供语音通话服务，传送、发射、接收或者应用图像、短信等电子数据和信息的业务活动。包括基础电信服务和增值电信服务。

（1）基础电信服务，是指利用固网、移动网、卫星、互联网，提供语音通话服务的业务活动，以及出租或者出售带宽、波长等网络元素的业务活动。

（2）增值电信服务，是指利用固网、移动网、卫星、互联网、有线电视网络，提供短信和彩信服务、电子数据和信息的传输及应用服务、互联网接入服务等业务活动。卫星电视信号落地转接服务，按照增值电信服务缴纳增值税。

4. 建筑服务

建筑服务，是指各类建筑物、构筑物及其附属设施的建造、修缮、装饰，线路、管道、设备、设施等的安装以及其他工程作业的业务活动。包括工程服务、安装服务、修缮服务、装饰服务和其他建筑服务。

（1）工程服务，是指新建、改建各种建筑物、构筑物的工程作业，包括与建筑物相连的各种设备或支柱、操作平台的安装或者装设工程作业，以及各种窑炉和金属结构工程作业。

（2）安装服务，是指生产设备、动力设备、起重设备、运输设备、传动设备、医疗实验设备以及其他各种设备、设施的装配、安置工程作业，包括与被安装设备相连的工作台、梯子、栏杆的装设工程作业，以及被安装设备的绝缘、防腐、保温、油漆等工程作业。固定电话、有线电视、宽带、水、电、燃气、暖气等经营者向用户收取的安装费、初装费、开户费、扩容费以及类似收费，按照安装服务缴纳增值税。

（3）修缮服务，是指对建筑物、构筑物进行修补、加固、养护、改善，使之恢复原来的使用价值或者延长其使用期限的工程作业。

（4）装饰服务，是指对建筑物、构筑物进行修饰装修，使之美观或者具有特定用途的工程作业。

（5）其他建筑服务，是指上列工程作业之外的各种工程作业服务，如钻井（打井）、拆除建筑物或者构筑物、平整土地、园林绿化、疏浚（不包括航道疏浚）、建筑物平移、搭脚手架、爆破、矿山穿孔、表面附着物（包括岩层、土层、沙层等）剥离和清理等工程作业。

5. 金融服务

金融服务，是指经营金融保险的业务活动。包括贷款服务、直接收费金融服务、保险服务和金融商品转让。

（1）贷款服务。贷款，是指将资金贷与他人使用而取得利息收入的业务活动。各种占用、拆借资金取得的收入，包括金融商品持有期间（含到期）利息（保本收益、报酬、资金占用费、补偿金等）收入、信用卡透支利息收入、买入返售金融商品利息收入、融资融券收取的利息收入，以及融资性售后回租、押汇、罚息、票据贴现、转贷等业务取得的利息及利息性质的收入，按照贷款服务缴纳增值税。

融资性售后回租，是指承租方以融资为目的，将资产出售给从事融资性售后回租业务的企业后，从事融资性售后回租业务的企业将该资产出租给承租方的业务活动。以货币资金投资收取的固定利润或者保底利润，按照贷款服务缴纳增值税。

（2）直接收费金融服务，是指为货币资金融通及其他金融业务提供相关服务并且收取费用的业务活动。包括提供货币兑换、账户管理、电子银行、信用卡、信用证、财务担保、资产管理、信托管理、基金管理、金融交易场所（平台）管理、资金结算、资金清算、金融支付等服务。

（3）保险服务，是指投保人根据合同约定，向保险人支付保险费，保险人对于合同约定的可能发生的事故因其发生所造成的财产损失承担赔偿保险金责任，或者当被保险人死亡、伤残、疾病或者达到合同约定的年龄、期限等条件时承担给付保险金责任的商业保险行为。包括人身保险服务和财产保险服务。

（4）金融商品转让，是指转让外汇、有价证券、非货物期货和其他金融商品所有权的业务活动。其他金融商品转让包括基金、信托、理财产品等各类资产管理产品和各种金融衍生品的转让。

6. 现代服务

现代服务，是指围绕制造业、文化产业、现代物流产业等提供技术性、知识性服务的业务活动。包括研发和技术服务、信息技术服务、文化创意服务、物流辅助服务、租赁服务、鉴证咨询服务、广播影视服务、商务辅助服务和其他现代服务。

（1）研发和技术服务，包括研发服务、合同能源管理服务、工程勘察勘探服务、专业技术服务。

研发服务，也称技术开发服务，是指就新技术、新产品、新工艺或者新材料及其系统进行研究与试验开发的业务活动。

合同能源管理服务，是指节能服务公司与用能单位以契约形式约定节能目标，节能服务公司提供必要的服务，用能单位以节能效果支付节能服务公司投入及合理报酬的业务活动。

工程勘察勘探服务，是指在采矿、工程施工前后，对地形、地质构造、地下资源蕴藏情况进行实地调查的业务活动。

专业技术服务，是指气象服务、地震服务、海洋服务、测绘服务、城市规划、环境与生态监测服务等专项技术服务。

（2）信息技术服务，是指利用计算机、通信网络等技术对信息进行生产、收集、处理、加工、存储、运输、检索和利用，并提供信息服务的业务活动。包括软件服务、电路设计及测试服务、信息系统服务、业务流程管理服务和信息系统增值服务。

软件服务，是指提供软件开发服务、软件维护服务、软件测试服务的业务活动。

电路设计及测试服务，是指提供集成电路和电子电路产品设计、测试及相关技术支持服务的业务活动。

信息系统服务，是指提供信息系统集成、网络管理、网站内容维护、桌面管理与维护、信息系统应用、基础信息技术管理平台整合、信息技术基础设施管理、数据中心、托管中心、信息安全服务、在线杀毒、虚拟主机等业务活动。包括网站对非自有的网络游戏提供的网络运营服务。

业务流程管理服务，是指依托信息技术提供的人力资源管理、财务经济管理、审计管理、税务管理、物流信息管理、经营信息管理和呼叫中心等服务的活动。

信息系统增值服务，是指利用信息系统资源为用户附加提供的信息技术服务。包括数据处理、分析和整合、数据库管理、数据备份、数据存储、容灾服务、电子商务平台等。

（3）文化创意服务，包括设计服务、知识产权服务、广告服务和会议展览服务。

设计服务，是指把计划、规划、设想通过文字、语言、图画、声音、视觉等形式传递出来的业务活动。包括工业设计、内部管理设计、业务运作设计、供应链设计、造型设计、服装设计、环境设计、平面设计、包装设计、动漫设计、网游设计、展示设计、网站设计、机械设计、工程设计、广告设计、创意策划、文印晒图等。

知识产权服务，是指处理知识产权事务的业务活动。包括对专利、商标、著作权、软件、集成电路布图设计的登记、鉴定、评估、认证、检索服务。

广告服务，是指利用图书、报纸、杂志、广播、电视、电影、幻灯、路牌、招贴、橱窗、霓虹灯、灯箱、互联网等各种形式为客户的商品、经营服务项目、文体节目或者通告、声明等委托事项进行宣传和提供相关服务的业务活动。包括广告代理和广告的发布、播映、宣传、展示等。

会议展览服务，是指为商品流通、促销、展示、经贸洽谈、民间交流、企业沟通、国际往来等举办或者组织安排的各类展览和会议的业务活动。

（4）物流辅助服务，包括航空服务、港口码头服务、货运客运场站服务、打捞救助服务、装卸搬运服务、仓储服务和收派服务。

航空服务，包括航空地面服务和通用航空服务。航空地面服务，是指航空公司、飞机场、民航管理局、航站等向在境内航行或者在境内机场停留的境内外飞机或者其他飞行器提供的导航等劳务性地面服务的业务活动。包括旅客安全检查服务、停机坪管理服务、机场候机厅管理服务、飞机清洗消毒服务、空中飞行管理服务、飞机起降服务、飞行通信服务、地面信号服务、飞机安全服务、飞机跑道管理服务、空中交通管理服务等。通用航空服务，是指为专业工作提供飞行服务的业务活动，包括航空摄影、航空培训、航空测量、航空勘探、航空护林、航空吊挂播洒、航空降雨、航空气象探测、航空海洋监测、航空科学实验等。

港口码头服务，是指港务船舶调度服务、船舶通信服务、航道管理服务、航道疏浚服务、灯塔管理服务、航标管理服务、船舶引航服务、理货服务、系解缆服务、停泊和移泊服务、海上船舶溢油清除服务、水上交通管理服务、船只专业清洗消毒检测服务和防止船只漏油服务等为船只提供服务的业务活动。港口设施经营人收取的港口设施保安费按照港口码头服务缴纳增值税。

货运客运场站服务，是指货运客运场站提供货物配载服务、运输组织服务、中转换乘服务、车辆调度服务、票务服务、货物打包整理、铁路线路使用服务、加挂铁路客车服务、铁路行包专列发送服务、铁路到达和中转服务、铁路车辆编解服务、车辆挂运服务、铁路接触网服务、铁路机车牵引服务等业务活动。

打捞救助服务，是指提供船舶人员救助、船舶财产救助、水上救助和沉船沉物打捞服务的业务活动。

装卸搬运服务，是指使用装卸搬运工具或者人力、畜力将货物在运输工具之间、装卸现场之间或者运输工具与装卸现场之间进行装卸和搬运的业务活动。

仓储服务，是指利用仓库、货场或者其他场所代客贮放、保管货物的业务活动。

收派服务，是指接受寄件人委托，在承诺的时限内完成函件和包裹的收件、分拣、派送服务的业务活动。收件服务，是指从寄件人收取函件和包裹，并运送到服务提供方同城的集散中心的业务活动。分拣服务，是指服务提供方在其集散中心对函件和包裹进行归类、分发的业务活动。派送服务，是指服务提供方从其集散中心将函件和包裹送达同城的收件人的业务活动。

(5) 租赁服务，包括融资租赁服务和经营租赁服务。

融资租赁服务，是指具有融资性质和所有权转移特点的租赁活动。即出租人根据承租人所要求的规格、型号、性能等条件购入有形动产或者不动产租赁给承租人，合同期内租赁物所有权属于出租人，承租人只拥有使用权，合同期满付清租金后，承租人有权按照残值购入租赁物，以拥有其所有权。不论出租人是否将租赁物销售给承租人，均属于融资租赁。按照标的物的不同，融资租赁服务可分为有形动产融资租赁服务和不动产融资租赁服务。融资性售后回租不按照本税目缴纳增值税。

经营租赁服务，是指在约定时间内将有形动产或者不动产转让他人使用且租赁物所有权不变更的业务活动。按照标的物的不同，经营租赁服务可分为有形动产经营租赁服务和不动产经营租赁服务。将建筑物、构筑物等不动产或者飞机、车辆等有形动产的广告位出租给其他单位或者个人用于发布广告，按照经营租赁服务缴纳增值税。车辆停放服务、道路通行服务（包括过路费、过桥费、过闸费等）等按照不动产经营租赁服务缴纳增值税。水路运输的光租业务、航空运输的干租业务，属于经营租赁。

(6) 鉴证咨询服务，包括认证服务、鉴证服务和咨询服务。

认证服务，是指具有专业资质的单位利用检测、检验、计量等技术，证明产品、服务、管理体系符合相关技术规范、相关技术规范的强制性要求或者标准的业务活动。

鉴证服务，是指具有专业资质的单位受托对相关事项进行鉴证，发表具有证明力的意见的业务活动。包括会计鉴证、税务鉴证、法律鉴证、职业技能鉴定、工程造价鉴证、工程监理、资产评估、环境评估、房地产土地评估、建筑图纸审核、医疗事故鉴定等。

咨询服务，是指提供信息、建议、策划、顾问等服务的活动。包括金融、软件、技术、财务、税收、法律、内部管理、业务运作、流程管理、健康等方面的咨询。

翻译服务和市场调查服务按照咨询服务缴纳增值税。

（7）广播影视服务，包括广播影视节目（作品）的制作服务、发行服务和播映（含放映，下同）服务。

广播影视节目（作品）制作服务，是指进行专题（特别节目）、专栏、综艺、体育、动画片、广播剧、电视剧、电影等广播影视节目和作品制作的服务。具体包括与广播影视节目和作品相关的策划、采编、拍摄、录音、音视频文字图片素材制作、场景布置、后期的剪辑、翻译（编译）、字幕制作、片头、片尾、片花制作、特效制作、影片修复、编目和确权等业务活动。

广播影视节目（作品）发行服务，是指以分账、买断、委托等方式，向影院、电台、电视台、网站等单位和个人发行广播影视节目（作品）以及转让体育赛事等活动的报道及播映权的业务活动。

广播影视节目（作品）播映服务，是指在影院、剧院、录像厅及其他场所播映广播影视节目（作品），以及通过电台、电视台、卫星通信、互联网、有线电视等无线或者有线装置播映广播影视节目（作品）的业务活动。

（8）商务辅助服务。

商务辅助服务，包括企业管理服务、经纪代理服务、人力资源服务、安全保护服务。企业管理服务，是指提供总部管理、投资与资产管理、市场管理、物业管理、日常综合管理等服务的业务活动。经纪代理服务，是指各类经纪、中介、代理服务，包括金融代理、知识产权代理、货物运输代理、代理报关、法律代理、房地产中介、职业中介、婚姻中介、代理记账、拍卖等。货物运输代理服务，是指接受货物收货人、发货人、船舶所有人、船舶承租人或者船舶经营人的委托，以委托人的名义，为委托人办理货物运输、装卸、仓储和船舶进出港口、引航、靠泊等相关手续的业务活动。代理报关服务，是指接受进出口货物的收、发货人委托，代为办理报关手续的业务活动。人力资源服务，是指提供公共就业、劳务派遣、人才委托招聘、劳动力外包等服务的业务活动。

安全保护服务，是指提供保护人身安全和财产安全，维护社会治安等的业务活动。包括场所住宅保安、特种保安、安全系统监控以及其他安保服务。

（9）其他现代服务。

其他现代服务，是指除研发和技术服务、信息技术服务、文化创意服务、物流辅助服务、租赁服务、鉴证咨询服务、广播影视服务和商务辅助服务以外的现代服务。

7. 生活服务

生活服务，是指为满足城乡居民日常生活需求提供的各类服务活动。包括文化体育服务、教育医疗服务、旅游娱乐服务、餐饮住宿服务、居民日常服务和其他生活服务。

（1）文化体育服务，包括文化服务和体育服务。

文化服务，是指为满足社会公众文化生活需求提供的各种服务。包括文艺创作、文艺表演、文化比赛，图书馆的图书和资料借阅，档案馆的档案管理，文物及非物质遗产保护，组织举办宗教活动、科技活动、文化活动，提供游览场所。

体育服务，是指组织举办体育比赛、体育表演、体育活动，以及提供体育训练、体育指导、体育管理的业务活动。

（2）教育医疗服务，包括教育服务和医疗服务。

教育服务，是指提供学历教育服务、非学历教育服务、教育辅助服务的业务活动。学历教育服务，是指根据教育行政管理部门确定或者认可的招生和教学计划组织教学，并颁发相应学历证书的业务活动。包括初等教育、初级中等教育、高级中等教育、高等教育等。非学历教育服务，包括学前教育、各类培训、演讲、讲座、报告会等。教育辅助服务，包括教育测评、考试、招生等服务。

医疗服务，是指提供医学检查、诊断、治疗、康复、预防、保健、接生、计划生育、防疫服务等方面的服务，以及与这些服务有关的提供药品、医用材料器具、救护车、病房住宿和伙食的业务。

（3）旅游娱乐服务。旅游娱乐服务，包括旅游服务和娱乐服务。

旅游服务，是指根据旅游者的要求，组织安排交通、游览、住宿、餐饮、购物、文娱、商务等服务的业务活动。

娱乐服务，是指为娱乐活动同时提供场所和服务的业务。具体包括：歌厅、舞厅、夜总会、酒吧、台球、高尔夫球、保龄球、游艺（包括射击、狩猎、跑马、游戏机、蹦极、卡丁车、热气球、动力伞、射箭、飞镖）。

（4）餐饮住宿服务。餐饮住宿服务，包括餐饮服务和住宿服务。餐饮服务，是指通过同时提供饮食和饮食场所的方式为消费者提供饮食消费服务的业务活动。住宿服务，是指提供住宿场所及配套服务等的活动。包括宾馆、旅馆、旅社、度假村和其他经营性住宿场所提供的住宿服务。

（5）居民日常服务。居民日常服务，是指主要为满足居民个人及其家庭日常生活需求提供的服务，包括市容市政管理、家政、婚庆、养老、殡葬、照料和护理、救助救济、美容美发、按摩、桑拿、氧吧、足疗、沐浴、洗染、摄影扩印等服务。

（6）其他生活服务。其他生活服务，是指除文化体育服务、教育医疗服务、旅游娱乐服务、餐饮住宿服务和居民日常服务之外的生活服务。

（五）销售无形资产

销售无形资产，是指转让无形资产所有权或者使用权的业务活动。

无形资产，是指不具实物形态，但能带来经济利益的资产，包括技术、商标、著作权、商誉、自然资源使用权和其他权益性无形资产。

技术，包括专利技术和非专利技术。

自然资源使用权，包括土地使用权、海域使用权、探矿权、采矿权、取水权和其他自然资源使用权。

其他权益性无形资产，包括基础设施资产经营权、公共事业特许权、配额、经营权

（包括特许经营权、连锁经营权、其他经营权）、经销权、分销权、代理权、会员权、席位权、网络游戏虚拟道具、域名、名称权、肖像权、冠名权、转会费等。

（六）销售不动产

销售不动产，是指转让不动产所有权的业务活动。

不动产，是指不能移动或者移动后会引起性质、形状改变的财产，包括建筑物、构筑物等。建筑物，包括住宅、商业营业用房、办公楼等可供居住、工作或者进行其他活动的建造物。构筑物，包括道路、桥梁、隧道、水坝等建造物。

转让建筑物有限产权或者永久使用权的，转让在建的建筑物或者构筑物所有权的，以及在转让建筑物或者构筑物时一并转让其所占土地的使用权的，按照销售不动产缴纳增值税。

二、征收范围的特殊规定

（一）视同销售货物行为

“视同销售货物”是指下列销售行为虽会计上不作为销售收入，但税法规定视同销售货物缴纳增值税。纳税人在会计核算时按会计制度的有关规定进行，但履行纳税义务时，要按税法的规定执行。

单位或个体经营者的下列行为，视同销售货物，征收增值税：

（1）将货物交付其他单位或者个人代销。

（2）销售代销货物。

（3）设有两个以上机构并实行统一核算的纳税人，将货物从一个机构移送于其他机构用于销售，但相关机构设在同一县（市）的除外。

（4）将自产或委托加工的货物用于非增值税应税项目。

（5）将自产、委托加工的货物用于集体福利或个人消费。

（6）将自产、委托加工或购买的货物作为投资，提供给其他单位或个体经营者。

（7）将自产、委托加工或购买的货物分配给股东或投资者。

（8）将自产、委托加工或购买的货物无偿赠送给其他单位或者个人。

（9）下列情形视同销售服务、无形资产或者不动产。

1）单位或者个体工商户向其他单位或者个人无偿提供服务，但用于公益事业或者以社会公众为对象的除外。

2）单位或者个人向其他单位或者个人无偿转让无形资产或者不动产，但用于公益事业或者以社会公众为对象的除外。

3）财政部和国家税务总局规定的其他情形。

税法作出上述规定的目的是：第一，保证增值税税款抵扣制度的实行，避免由于纳税人发生上述行为而导致税款抵扣环节的中断。由于增值税实行凭发票抵扣税款的税款抵扣制度，发票将应税商品各个流转环节的生产者和经营者连接起来，形成一个有机的扣税链条，即销售方销售货物开具的增值税发票既是销售方计算销项税额的凭证，同时也是购货方据以抵扣进项税额的凭证。第二，避免由于纳税人发生上述行为而导致销售货物税收负担不平衡的问题。

（二）混合销售行为

混合销售行为，是指一项销售行为如果既涉及服务又涉及货物，为混合销售。

从事货物的生产、批发或者零售的单位和个体工商户的混合销售行为，按照销售货物缴纳增值税；其他单位和个体工商户的混合销售行为，按照销售服务缴纳增值税。

所称从事货物的生产、批发或者零售的单位和个体工商户，包括以从事货物的生产、批发或者零售为主，并兼营销售服务的单位和个体工商户在内。

华永是一家生产塑钢窗的公司，5 月份销售、安装塑钢窗给 A 公司，取得销售货物收入 500 万元和安装服务收入 80 万元。

华永公司的上述销售行为，属于销售货物和服务同时发生在同一项销售行为中，且从同一个购买方取得价款。所以，其上述销售行为是增值税规定的混合销售行为。由于华永公司的经营主业是生产塑钢窗，故其发生的混合销售行为，按销售货物缴纳增值税。即其取得的销售货物和服务的收入 580（500＋80）万元，一并依销售货物缴纳增值税。

（三）兼营

兼营，是指纳税人的经营范围既包括销售货物和加工修理修配劳务，又包括销售服务、无形资产或者不动产。但销售货物、加工修理修配劳务、销售服务、销售无形资产或者不动产，不同时发生在同一项销售行为中。

纳税人销售货物、加工修理修配劳务、服务、无形资产或者不动产适用不同税率或者征收率的，应当分别核算适用不同税率或者征收率的销售额，未分别核算销售额的，按照以下方法适用税率或者征收率：

（1）兼有不同税率的销售货物、加工修理修配劳务、服务、无形资产或者不动产，从高适用税率。

（2）兼有不同征收率的销售货物、加工修理修配劳务、服务、无形资产或者不动产，从高适用征收率。

（3）兼有不同税率和征收率的销售货物、加工修理修配劳务、服务、无形资产或者不动产，从高适用税率。

建新是一家销售建筑装饰材料公司，在该公司的日常业务中，既有从事批发和零售建筑材料的业务，又有对外承揽安装和装饰工程的业务。7 月 1 日至 31 日累计共对外销售建筑材料 290 万元，7 月 20 日承揽安阳公司委托的装饰工程业务，收取价款 20 万元。

建新公司7月份开展的业务就属于税法规定的兼营行为，因为建新公司销售建筑材料是税法规定的“销售货物”，其提供装饰工程业务是税法规定的“建筑服务”，且两者没有直接的联系和从属关系，即向安阳公司提供装饰工程劳务与其对外销售的建筑材料的受让方并不是同一个企业。故建新公司对外销售建筑材料290万元和承揽装饰工程业务20万元，应分别核算销售额。分别核算销售额的，销售建筑材料290万元适用17%的税率，承揽装饰工程业务20万元适用11%的税率。未分别核算的，从高一律适用17%的税率。

三、不征收增值税项目

（1）根据国家指令无偿提供的铁路运输服务、航空运输服务，属于用于公益事业的服务。

（2）存款利息。

（3）被保险人获得的保险赔付。

（4）房地产主管部门或者其指定机构、公积金管理中心、开发企业以及物业管理单位代收的住宅专项维修资金。

（5）在资产重组过程中，通过合并、分立、出售、置换等方式，将全部或者部分实物资产以及与其相关联的债权、负债和劳动力一并转让给其他单位和个人，其中涉及的不动产、土地使用权转让行为。

第三节 纳税义务人

一、纳税人的一般规定

增值税纳税人是指在中国境内销售货物、提供加工修理修配劳务、进口货物、销售服务、销售无形资产或者不动产的单位和个人。

所称在中国境内销售货物、提供加工修理修配劳务，是指：（1）销售货物的起运地或者所在地在境内；（2）提供的应税劳务发生在境内。

对报关进口的货物，以进口货物的收货人或办理报关手续的单位和个人为进口货物的纳税人。对代理进口货物，以海关开具的完税凭证上的纳税人为增值税纳税人。

在境内销售服务、无形资产或者不动产，是指：（1）服务（租赁不动产除外）或者无形资产（自然资源使用权除外）的销售方或者购买方在境内；（2）所销售或者租赁的不动产在境内；（3）所销售自然资源使用权的自然资源在境内；（4）财政部和国家税务总局规定的其他情形。

下列情形不属于在境内销售服务或者无形资产：（1）境外单位或者个人向境内单位或者个人销售完全在境外发生的服务；（2）境外单位或者个人向境内单位或者个人销售完全在境外使用的无形资产；（3）境外单位或者个人向境内单位或者个人出租完全在境外使用的有形动产；（4）财政部和国家税务总局规定的其他情形。

所称单位，是指企业、行政单位、事业单位、军事单位、社会团体及其他单位。

所称个人，是指个体工商户和其他个人。

对报关进口的货物，以进口货物的收货人或办理报关手续的单位和个人为纳税人。对代理进口货物，以海关开具的完税凭证上的纳税人为纳税人。即对报关进口货物，凡是海关的完税凭证开具给委托方的，对代理方不征税收增值税；凡是海关的完税凭证开具给代理方的，对代理方应按规定征收增值税。

二、纳税人的特殊规定

（一）承包承租经营纳税人

单位租赁或承包给其他单位或者个人经营的，承租人或者承包人为纳税人。

单位以承包、承租、挂靠方式经营的，承包人、承租人、挂靠人（以下统称承包人）以发包人、出租人、被挂靠人（以下统称发包人）名义对外经营并由发包人承担相关法律责任的，以该发包人为纳税人。否则，以承包人为纳税人。

（二）扣缴义务人

境外的单位或个人在境内销售应税劳务而在境内未设有经营机构的，其应纳税款以代理人为扣缴义务人；没有代理人的，以购买者为扣缴义务人。

栎迎公司是一家国有企业，2016 年 3 月与德国汉姆公司（在我国境内未设有经营机构，且没有代理人）签订设备进口合同，进口一台专业仪器，合同约定设备保修期为一年。2017 年 10 月该设备局部损坏，德国汉姆公司派遣两名专业工程师前来维修，并取得修理费收入 32 万元人民币。按照我国增值税条例的规定，德国汉姆公司在中国境内提供修理修配劳务，其取得的劳务费收入 32 万元，应向中国政府缴纳增值税，即其是增值税的纳税义务人，由于其没有在我国境内设有经营机构，且没有代理人，故其应纳税额由栎迎公司作为代扣代缴义务人，代扣代缴税款。

三、小规模纳税人和一般纳税人的认定

由于增值税实行凭增值税专用发票抵扣税款的制度，上一环节纳税人缴纳的增值税，下一环节纳税人在缴纳增值税时可以抵扣。这就要求增值税纳税人会计核算必须健全，并且能够准确核算增值税的销项税额、进项税额和应纳税额，否则一旦下一环节纳税人多抵扣税款，就会造成国家税收收入的减少。但目前我国增值税纳税人的会计核算水平高低不一，差距较大，有些经营规模小、会计核算不健全的纳税人不能准确核算增值税的销项税额、进项税额和应纳税额。为此，《增值税暂行条例》将纳税人按其会计核算是否健全以及经营规模的大小来加以划分，分为增值税小规模纳税人和一般纳税人。

（一）小规模纳税人的认定及管理

1. 小规模纳税人的认定标准

（1）一般规定。

小规模纳税人是指年应税销售额在税法规定标准以下，并且会计核算不健全，不能按规定报送有关税务资料的增值税纳税人。会计核算不健全，是指不能正确核算增值税的销项税额、进项税额和应纳税额。

小规模纳税人的认定标准：（1）从事货物生产或者提供应税劳务的纳税人，以及以从事货物生产或者提供应税劳务为主，并兼营货物批发或者零售的纳税人，年应征增值税销售额在 50 万元（含本数）以下的；（2）其他的纳税人，年应税销售额在 80 万元（含本数）以下的。

以从事货物生产或者提供应税劳务为主，是指纳税人的年货物生产或者提供应税劳务的销售额占年应税销售额的比重在 50%以上。

营改增应税行为的年应税销售额的标准为 500 万元（含本数）以下的。

（2）特殊规定。

年应税销售额超过小规模纳税人标准的其他个人按小规模纳税人纳税；年应税销售额超过规定标准，但不经常发生应税行为的单位和个体工商户，以及非企业性单位、不经常发生应税行为的企业，可选择按小规模纳税人纳税。

2. 小规模纳税人的管理

小规模纳税人实行简易办法征收增值税，一般不得使用增值税专用发票。

（二）一般纳税人的认定及管理

1. 一般纳税人的认定标准

一般纳税人是年应征增值税销售额超过财政部、国家税务总局规定的小规模纳税人标准的企业和企业性单位。年应税销售额是指纳税人在连续不超过 12 个月的经营期内累计应征增值税销售额，包括纳税申报销售额、稽查查补销售额、纳税评估调整销售额、税务机关代开发票销售额和免税销售额。经营期是指在纳税人存续期内的连续经营期间，含未取得销售收入的月份。

营改增试点实施前营改增应税行为年销售额超过 500 万元的试点纳税人，应向主管税务机关申请办理增值税一般纳税人资格登记。营改增试点实施前的应税行为年销售额的换算公式为：应税行为年销售额＝连续不超过 12 个月应税行为营业额合计÷(1＋3%)。

2. 一般纳税人的管理

增值税一般纳税人，除另有规定外，应当向主管税务机关申请一般纳税人资格登记。

增值税一般纳税人资格实行登记制，登记事项由增值税纳税人向其主管税务机关办理。纳税人办理一般纳税人资格登记的程序如下：

（1）纳税人向主管税务机关填报《增值税一般纳税人资格登记表》，并提供税务登记证件。

（2）纳税人填报内容与税务登记信息一致的，主管税务机关当场登记。

（3）纳税人填报内容与税务登记信息不一致，或者不符合填列要求的，税务机关应当场告知纳税人需要补正的内容。

除财政部、国家税务总局另有规定外，避税人自其选择的一般纳税人资格生效之日起，按照增值税一般计税方法计算应纳税额，并按照规定领用增值税专用发票。

第四节　税率、征收率

从各国增值税的实践看，增值税税率的设计一般都遵循了减少税率档次的原则，这主要是和增值税的中性税种、发挥普遍调节作用以及实行税款抵扣制度有关。

我国现行增值税对一般纳税人实行17%的基本税率，6%和11 %的低税率，以及出口零税率；对小规模纳税人实行3%的征收率。

一、税率

（一）税率的一般规定

1. 17%的基本税率

增值税一般纳税人销售或者进口货物，提供加工、修理修配劳务和提供有形动产租赁服务，适用17%的基本税率。提供有形动产租赁服务，适用17%的基本税率。

2. 11%的低税率

（1）自2017年7月1日起，纳税人销售或者进口下列货物，税率为11%：

农产品（含粮食）、自来水、暖气、石油液化气、天然气、食用植物油、冷气、热水、煤气、居民用煤炭制品、食用盐、农机、饲料、农药、农膜、化肥、沼气、二甲醚、图书、报纸、杂志、音像制品、电子出版物。

（2）提供交通运输、邮政、基础电信、建筑、不动产租赁服务，销售不动产，转让土地使用权，税率为11%。

3. 6%的低税率

提供现代服务业服务（不动产租赁除外）、增值电信服务、金融服务、生活服务、销售无形资产（转让土地使用权除外），适用6%的低税率。

4. 零税率

出口货物、劳务或者境内单位和个人发生的跨境应税行为，税率为零。具体范围由财政部和国家税务总局另行规定。

（二）税率的特殊规定

纳税人销售货物、加工修理修配劳务、服务、无形资产或者不动产适用不同税率或者征收率的，应当分别核算适用不同税率或者征收率的销售额；未分别核算销售额的，按照以下方法适用税率或者征收率：

兼有不同税率的销售货物、加工修理修配劳务、服务、无形资产或者不动产，从高适用税率。

兼有不同征收率的销售货物、加工修理修配劳务、服务、无形资产或者不动产，从高适用征收率。

兼有不同税率和征收率的销售货物、加工修理修配劳务、服务、无形资产或者不动产，从高适用税率。

二、征收率

考虑到小规模纳税人经营规模小，且会计核算不健全，难以按基本税率和低税率计税以及使用增值税专用发票抵扣进项税款，增值税规定对小规模纳税人统一按3%的征收率计税。

2009年1月1日起施行的《增值税暂行条例》对小规模纳税人不再设置工业和商业两档征收率，将征收率统一降低至3%，是基于以下几个因素：平衡小规模纳税人与一般纳税人之间的税负水平（自2009年1月1日起，增值税一般纳税人增值税由生产型转为消费型后，降低了一般纳税人的税负水平）；促进中小企业的发展以及便利征收和纳税。

小规模纳税人（除其他个人外），销售自己使用过的固定资产，减按2%的征收率征收；销售自己使用过的除固定资产以外的物品，按3%的征收率征收。

纳税人销售旧货，按照3%的征收率减按2%征收。

第五节　应纳税额的计算

一、一般纳税人应纳税额的计算

增值税一般纳税人销售货物、提供劳务、销售应税服务、销售无形资产和销售不动产，采用一般计税方法。一般计税方法下，纳税人当期应纳增值税额为当期销项税额抵扣当期进项税额后的余额。因此，增值税一般纳税人当期应纳增值税税额的大小，主要取决于当期销项税额和当期进项税额两个因素。一般纳税人提供财政部和国家税务总局规定的特定应税行为，可以选择适用简易计税方法，但一经选定，36个月内不得变更。

（一）销项税额的计算

销项税额是指纳税人销售货物、提供劳务、销售应税服务、销售无形资产和销售不动产，按照销售额和税法规定的适用税率计算，并向购买方收取的增值税税额。销项税额的计算公式为：

销项税额＝销售额×适用税率

或：

销项税额＝组成计税价格×适用税率

1. 一般销售方式下销售额的确定

销售额是指纳税人销售货物或者提供应税劳务向购买方收取的全部价款和价外费用。其中价外费用是指价外向购买方收取的手续费、补贴、基金、集资费、返还利润、奖励费、违约金（延期付款利息）、包装费、包装物租金、储备费、优质费、运输装卸费、代收款项、代垫款项及其他各种性质的价外收费。上述价外费用，无论其会计制度如何核算，均应并入销售额计算应纳税额。

但下列项目不包括在上述价外费用中：

（1）向购买方收取的销项税额。

（2）消费税税额。

（3）受托加工应征消费税的货物，而由受托方向委托方代收代缴的消费税。

（4）同时符合以下条件的代垫运费：承运部门的运费发票开具给购货方的；纳税人将该项发票转交给购货方的。这是因为纳税人只是为购货人代办运输业务，而并未从中收取费用。

（5）同时符合以下条件代为收取的政府性基金或者行政事业性收费：由国务院或者财政部批准设立的政府性基金，由国务院或者省级人民政府及其财政、价格主管部门批准设立的行政事业性收费；收取时开具省级以上财政部门印制的财政票据；所收款项全额上缴财政。

（6）销售货物的同时代办保险等，而向购买方收取的保险费，以及向购买方收取的代购买方缴纳的车辆购置税、车辆牌照费。

上述项目不包括在价外费用中，是因为：第（1）项，增值税是价外税，因此销售额不含增值税本身；第（2）项，增值税是价外税，消费税是价内税，价格中已包含消费税；第（3）项，销售方在取得销售额的同时，还是税法规定的代收代缴义务人，其代收的消费税，最终是要上交国家的；第（4）～（6）项，虽然是纳税人在销售时向购买方收取的款项，但该款项是代为收取的，并不构成纳税人销售额的增值部分。

2. 特殊销售方式下销售额的确定

纳税人在销售活动中会采用多种不同的销售方式。在不同的销售方式下如何确定计征增值税的销售额，税法对此作出了如下规定：

（1）采取折扣方式销售。

税法规定的折扣销售是指销货方在销售货物、提供劳务、销售应税服务、销售无形资产和销售不动产时，因购货方购货数量较大等原因而给予购货方价格优惠。税法规定的折扣销售相当于会计上的商业折扣，在销售时，折扣销售与实现销售是同时发生的。

税法规定，纳税人采用折扣方式销售，如果销售额和折扣额在同一张发票上分别注明，可按扣除折扣后的销售额计算增值税（销售额和折扣额在同一张发票上分别注明是指销售额和折扣额在同一张发票上的“金额”栏分别注明，未在同一张发票“金额”栏注明折扣额，而仅在发票的“备注”栏注明折扣额的，折扣额不得从销售额中减除）；如果将折扣额另开发票的，无论其在财务上如何处理，均不得从销售额中扣减折扣额。

税法中对纳税人采取折扣方式销售销售额的确定，之所以强调销售额与折扣额必须在同一张发票上的“金额”栏分别注明，主要是从保证增值税征收管理的需要考虑的，即征税与扣税要一致。如果允许对销售额开一张销货发票，对折扣额再开一张退款红字发票，则可能会出现销货方按减除折扣额后的余额计征销项税，而购货方则按未减除折扣额后的销售额及其进项税额进行抵扣，造成国家税收收入的损失。

在此还需要注意以下几点：

1）税法中所指的折扣销售不同于销售折扣（即会计上的现金折扣）。销售折扣是为了鼓励购货方及时偿还货款而给予的折扣优待，销售折扣不得从销售额中减除。销售折扣不得从销售额中减除，是因为销售折扣不同于折扣销售与实现销售同时发生，而是发生在销售之后。

2）折扣销售不同于销售折让。销售折让是指由于货物的品种或质量等原因引起销售额的减少，销货方为避免购货方退货而给予的价格折让。销售折让可以从发生销售折让当期，通过开具红字专用发票从销售额中减除（未按规定开具红字专用发票的，不得扣减）。

（2）采取以旧换新方式销售。

以旧换新销售是指纳税人在销售过程中，折价收回同类旧货物，并以折价部分冲减货物价款的一种销售方式。

税法规定，采取以旧换新方式销售货物的（金银首饰除外），应按新货物的同期销售价格确定销售额，不得扣减旧货物的收购价格。

（3）采取还本销售方式销售。

还本销售是指纳税人在销售出货物后，按约定的期限一次或分次将购货款全部或部分退还给购货方的一种销售方式。

税法规定，纳税人采取还本销售方式销售货物，其销售额就是货物的销售价格，不得从销售额中减除还本支出。

（4）采取以物易物方式销售。

以物易物销售是指购销双方不是以货币结算，而是以同等价款的货物相互结算，实现货物购销的一种销售方式。

税法规定，以物易物双方都应作购销处理，以各自发出的货物核算销售额并计算销项税额，以各自收到的货物按规定核算购货额并计算进项税额。税法的上述规定是为了保证增值税税款抵扣的链条不中断。需要强调的是，在以物易物销售方式下，购销双方均应开具合法的票据计算销项税额，同时以各自取得的增值税专用发票或者其他合法发票抵扣进项税额；但如果收到货物不能取得相应的增值税专用发票的，则不得抵扣进项税额。

（5）包装物押金的计税问题。

在税收实践中，纳税人为了促使购货方尽早退回包装物，以便于提高周转使用效率，通常向购货方收取包装物押金。购货方若在规定的时间内返回完好的包装物，销货方则将收取的包装物押金退回给购货方。

税法规定，纳税人为销售货物而出租出借包装物所收取的押金，单独记账核算的，时间在1年以内且未过期的，不并入销售额征税；但对因逾期未收回包装物而不退还的押金，应按所包装货物的适用税率计算销项税额。包装物押金并入销售额征税时，要先将该押金换算为不含税价，再并入销售额征税。

上述“逾期”是以1年为期限。

从1995年6月1日起，对销售除啤酒、黄酒外的其他酒类产品而收取的包装物押金，无论是否返还以及会计上如何核算，均应并入销售额征税。

3. 对视同销售货物行为销售额的确定

税法规定，对视同销售征税而无销售额的，或纳税人销售货物、提供应税劳务的价格明显偏低且无正当理由的，主管税务机关有权按下列顺序核定其计税销售额：

（1）按纳税人近期同类货物的平均销售价格确定。

（2）按其他纳税人最近时期同类货物的平均销售价格确定。

（3）按组成计税价格确定，组成计税价格的计算公式为：

$$组成计税价格=成本\times(1+成本利润率)$$

征收增值税的货物，同时又征收消费税的，其组成计税价格的计算公式为：

$$组成计税价格=成本\times(1+成本利润率)+消费税$$

或：

$$组成计税价格=\frac{成本\times(1+成本利润率)}{1-消费税税率}$$

其中，“成本”是指：销售自产货物的，成本为实际生产成本；销售外购货物的，成本为实际采购成本。“成本利润率”为10%，但属于从价定率征收消费税的货物，其成本利润率为《消费税若干具体问题的规定》中规定的成本利润率。

《营业税改征增值税试点实施办法》规定，纳税人发生应税行为价格明显偏低或者偏高且不具有合理商业目的的，或者发生视同销售行为无销售额的，主管税务机关有权按下列顺序确定销售额：

（1）按照纳税人最近时期销售同类服务、无形资产或者不动产的平均价格确定。

（2）按照其他纳税人最近时期销售同类服务、无形资产或者不动产的平均价格确定。

（3）按照组成计税价格确定，组成计税价格的计算公式为：

$$组成计税价格=成本\times(1+成本利润率)$$

其中，“成本利润率”由国家税务总局确定。“不具有合理商业目的”，是指以谋取税收利益为主要目的，通过人为安排，减少、免除、推迟缴纳增值税税款，或者增加退还增值税税额。

4. 含税销售额的换算

由于增值税是价外税，因此计税销售额是不含税销售额。但在现实生活中，经常会出现一般纳税人销售货物或者应税劳务采用销售额和销项税额合并定价收取的情况，这时其销售额就是含税销售额。因此，在计算销项税额时，必须将一般纳税人销售货物或者应税劳务取得的含税销售额换算为不含税的销售额。

将含税销售额换算为不含税销售额的计算公式为：

$$不含税销售额=\frac{含税销售额}{1+增值税税率}$$

【例 2－2】某百货商场为增值税一般纳税人，10 月份销售本月购进的钢琴 2 台，每台零售价 5.85 万元。请计算该百货商场 10 月份销售两台钢琴的计税销售额。

解答：

该百货商场 10 月份计税销售额＝5.85÷（1＋17%）×2＝10（万元）

5. "营改增"试点行业的销售额

（1）贷款服务，以提供贷款服务取得的全部利息及利息性质的收入为销售额。

（2）直接收费金融服务，以提供直接收费金融服务收取的手续费、佣金、酬金、管理费、服务费、经手费、开户费、过户费、结算费、转托管费等各类费用为销售额。

（3）金融商品转让，按照卖出价扣除买入价后的余额为销售额。

转让金融商品出现的正负差，按盈亏相抵后的余额为销售额。若相抵后出现负差，可结转下一纳税期与下期转让金融商品销售额相抵，但年末时仍出现负差的，不得转入下一个会计年度。

金融商品的买入价，可以选择按照加权平均法或者移动加权平均法进行核算，选择后 36 个月内不得变更。

金融商品转让，不得开具增值税专用发票。

（4）经纪代理服务，以取得的全部价款和价外费用，扣除向委托方收取并代为支付的政府性基金或者行政事业性收费后的余额为销售额。向委托方收取的政府性基金或者行政事业性收费，不得开具增值税专用发票。

（二）进项税额的计算

进项税额是指纳税人购进货物或接受应税劳务所支付的增值税税额。销售方收取的销项税额就是购买方支付的进项税额。这是因为在购销业务中，销货方在取得销货款额的同时，收回销项税额；购货方在支付销货款额同时，支付进项税额。可见，进项税额与销项税额是相互对应的两个概念。对于任何一个增值税纳税人来说，在其生产经营过程中，都会发生销售货物或者提供应税劳务，又会发生购进货物或者接受应税劳务，因此，每一个增值税纳税人都会有收取的销项税额和支付的进项税额。

1. 准予从销项税额中抵扣的进项税额

允许抵扣的进项税额有：增值税专用发票上注明的税额；从海关取得的进口完税凭证上注明的税额；允许抵扣进项税额的特殊情况。其中，特殊情况下允许抵扣的进项税额是不能直接凭销售方开具的增值税专用发票上注明的增值税税额和海关开具的完税凭证上注明的增值税额得出的，而要根据购进货物或者接受应税劳务的金额和法定的扣除率计算得出。

准允抵扣的进项税额具体包括：

（1）从销售方或提供方取得的增值税专用发票上注明的增值税额。

（2）税控机动车销售统一发票上注明的税金。

（3）税收缴款凭证上注明的税金（接受境外单位或个人提供的应税服务，从税务机关或境内代理人取得的）。

（4）从海关取得的完税凭证上注明的增值税额。

（5）购进农产品，按下列规定抵扣进项税额：

1）营业税改征增值税试点期间，纳税人购进用于生产销售或委托受托加工17%税率货物的农产品维持原扣除力度不变。

2）除1）项规定外，纳税人购进农产品，取得一般纳税人开具的增值税专用发票或海关进口增值税专用缴款书的，以增值税专用发票或海关进口增值税专用缴款书上注明的增值税额为进项税额；从按照简易计税方法依照3%征收率计算缴纳增值税的小规模纳税人取得增值税专用发票的，以增值税专用发票上注明的金额和11%的扣除率计算进项税额；取得（开具）农产品销售发票或收购发票的，以农产品销售发票或收购发票上注明的农产品买价和11%的扣除率计算进项税额。

（6）从境外单位或者个人购进服务、无形资产或者不动产，自税务机关或者扣缴义务人取得的解缴税款的完税凭证上注明的增值税额。

2. 不准予从销项税额中抵扣的进项税额

下列项目的进项税额不得从销项税额中抵扣：

（1）用于简易计税方法计税项目、免征增值税项目、集体福利或者个人消费的购进货物、加工修理修配劳务、服务、无形资产和不动产。其中涉及的固定资产、无形资产、不动产，仅指专用于上述项目的固定资产、无形资产（不包括其他权益性无形资产）、不动产。纳税人的交际应酬消费属于个人消费。

（2）非正常损失的购进货物，以及相关的加工修理修配劳务和交通运输服务。

（3）非正常损失的在产品、产成品所耗用的购进货物（不包括固定资产）、加工修理修配劳务和交通运输服务。

（4）非正常损失的不动产，以及该不动产所耗用的购进货物、设计服务和建筑服务。

（5）非正常损失的不动产在建工程所耗用的购进货物、设计服务和建筑服务。纳税人新建、改建、扩建、修缮、装饰不动产，均属于不动产在建工程。

（6）购进的旅客运输服务、贷款服务、餐饮服务、居民日常服务和娱乐服务。

（7）财政部和国家税务总局规定的其他情形。

本条第（4）项、第（5）项所称货物，是指构成不动产实体的材料和设备，包括建筑装饰材料和给排水、采暖、卫生、通风、照明、通信、煤气、消防、中央空调、电梯、电气、智能化楼宇设备及配套设施。

需要说明，纳税人取得的增值税扣税凭证不符合法律、行政法规或者国家税务总局有关规定的，其进项税额不得从销项税额中抵扣。增值税扣税凭证，是指增值税专用发票、海关进口增值税专用缴款书、农产品收购发票、农产品销售发票和完税凭证。纳税人凭完税凭证抵扣进项税额的，应当具备书面合同、付款证明和境外单位的对账单或者发票。资料不全的，其进项税额不得从销项税额中抵扣。

固定资产，是指使用期限超过12个月的机器、机械、运输工具以及其他与生产经营有关的设备、工具、器具等有形动产。

非正常损失，是指因管理不善造成货物被盗、丢失、霉烂变质，以及因违反法律法规造成货物或者不动产被依法没收、销毁、拆除的情形。

（8）适用一般计税方法的纳税人，兼营简易计税方法计税项目、免征增值税项目而无法划分不得抵扣的进项税额，按照下列公式计算不得抵扣的进项税额：

$$\text{不得抵扣的进项税额}=\text{当期无法划分的全部进项税额}\times\left(\text{当期简易计税方法计税项目销售额}+\text{免征增值税项目销售额}\right)\div\text{当期全部销售额}$$

主管税务机关可以按照上述公式依据年度数据对不得抵扣的进项税额进行清算。

3. 纳税人不得抵扣进项税额和不得使用增值税专用发票的两种情况

纳税人有下列情形之一者，应按销售额依照增值税税率计算应纳税额，不得抵扣进项税额，也不得使用增值税专用发票：

（1）一般纳税人会计核算不健全，或者不能够提供准确税务资料的。

（2）除另有规定外，纳税人销售额超过小规模纳税人标准，未申请办理一般纳税人认定手续的。

（三）应纳税额的计算

纳税人销售货物或应税劳务和应税服务，其应纳税额为当期销项税额抵扣当期进项税额后的余额。其计算公式为：

应纳税额＝当期销项税额－当期进项税额

1. 计算应纳税额的时间规定

（1）销项税额的时间确定。

增值税纳税人销售货物或者提供应税劳务和应税服务后，什么时间确定销项税额，关系到纳税人当期应纳税额的多少，为此税法作出了严格的规定。确定销项税额的时间，总的原则是销项税额的确定不得滞后。

（2）进项税额的抵扣时限。

增值税纳税人在购进货物或者接受应税劳务和应税服务时，要负担增值税税额，即进项税额，纳税人进项税额抵扣时间的确定，直接关系到纳税人当期应纳税额的多少，为此税法作出了严格的规定。确定进项税额的抵扣时限总原则是进项税额的抵扣不得提前。

1）税控系统开具的增值税专用发票进项税额的抵扣时限。

根据国家税务总局发布的《关于调整增值税扣税凭证抵扣期限有关问题的通知》的规定，增值税一般纳税人取得2010年1月1日以后开具的增值税专用发票、公路内河货物运输业统一发票（现为货物运输业增值税专用发票）和机动车销售统一发票，应在开具之日起180日内到税务机关办理认证，并在认证通过的次月申报期内，向主管税务机关申报抵扣进项税额。纳税人取得2010年以前开具的增值税扣税凭证，仍按照原规定执行。

自2013年7月1日起，增值税一般纳税人进口货物取得的属于增值税扣税范围的海关缴款书，需经税务机关稽核比对相符后，其增值额方能作为进项税额在销项税额中抵扣。

2）海关完税凭证进项税额的抵扣时限。

纳税人进口货物取得的属于增值税扣税范围的海关缴款书，应自开具之日起180日内向主管税务机关报送《海关完税凭证抵扣清单》（电子数据），申请稽核比对，逾期未申请的其进项税额不予抵扣。

对稽核比对结果为相符的海关缴款书，纳税人应在税务机关提供稽核比对结果的当月纳税申报期内申报抵扣，逾期的其进项税额不予抵扣。

2. 扣减当期销项税额的规定

一般纳税人因销货退回和折让而退还给购买方的增值税额，应从发生销货退货或折让当期的销项税额中扣减。

3. 扣减当期进项税额的规定

一般纳税人因进货退回和折让而从销货方收回的增值税额，应从发生进货退回或折让当期的进项税额中扣减。如不按规定扣减，造成进项税额虚增，不纳或少纳增值税的，属于偷税行为，按偷税予以处罚。

4. 进项税额不足抵扣的处理

当期销项税额大于当期进项税额，为应交税款；当期销项税额小于当期进项税额不足抵扣时，不足抵扣的部分可以结转下期继续抵扣。

【例 2-3】某机械厂为增值税一般纳税人，采用直接收款结算方式销售货物，购销货物的增值税税率均为17%。2017年8月发生下列经济业务：

（1）开出增值税专用发票销售甲产品50台，单价8 000元，并交与购货方。

（2）将20台乙产品分配给投资者，单位成本6 000元，没有同类产品的销售价格。

（3）基本建设工程领用材料1 000千克，不含税单价50元，计50 000元。

（4）改、扩建职工食堂领用材料200千克，不含税单价50元，计10 000元，改、扩建领用乙产品1台。

（5）本月丢失钢材8吨，不含税单价2 000元，作待处理财产损失处理。

（6）本月外购货物取得防伪税控系统开具的增值税专用发票上注明的增值税为7万元，支付运输费用120万元，取得经税务机关认定的运输公司开具的增值税专用发票。

请计算该机械厂8月份的销项税额、进项税额转出额以及本月应缴纳的增值税额。

解答：

先分项计算如下：

（1）销项税额＝8 000×50×17%＝68 000（元）。

（2）销项税额＝6 000×20×（1＋10%）×17%＝22 440（元）。

（3）进项转出额＝50 000×17%＝8 500（元）。

（4）进项转出额＝10 000×17%＝1 700（元）。

　　销项税额＝6 000×（1＋10%）×17%＝1 122（元）。

（5）进项转出额＝2 000×8×17%＝2 720（元）。

（6）进项税额＝70 000＋120×11%＝70 013.2（元）。

综上所得：

本月销项税额＝68 000＋22 440＋1 122＝91 562（元）。

本月进项税额转出＝8 500＋1 700＋2 720＝12 920（元）。

本月应交增值税＝91 562－70 013.2＋12 920＝34 468.80（元）。

二、小规模纳税人应纳税额的计算

小规模纳税人销售货物、提供应税劳务或服务，其应纳税额的计算按简易计税方法。即按照销售额和规定的征收率计算应纳税额，不得抵扣进项税额。其计算公式为：

应纳税额＝销售额×征收率 3％

小规模纳税人在计算应纳税额时，应注意以下几个问题：

（1）小规模纳税人不得抵扣进项税额。

小规模纳税人会计核算不健全，不能准确核算销项税额和进项税额，在计算应纳税额时不实行税款抵扣制度，而实行简易计税办法。同时，销售货物也不得自行开具增值税专用发票。

（2）小规模纳税人销售额的确定。

小规模纳税人销售额的确定与一般纳税人销售额一样，即为销售货物或应税劳务向购买方收取的全部价款和价外费用，不包括依 3％的征收率收取的增值税税额。

（3）含税销售额的换算。

因为增值税是价外税，所以小规模纳税人在计算应纳税额时必须将含税销售额换算成不含税销售额后才能计算应纳税额。小规模纳税人不含税销售额的换算公式为：

$$不含税销售额=\frac{含税销售额}{1+征收率}$$

（4）主管税务机关为小规模纳税人代开发票的应纳税额计算。

小规模纳税人销售货物或应税劳务，可以申请由主管税务机关代开发票。主管税务机关为小规模纳税人代开发票，应在专用发票“单价”栏和“金额”栏分别填写不含增值税税额的单价和销售额，其应纳税额按销售额依照征收率计算。

【例 2－4】某日用品加工厂为增值税小规模纳税人，9 月份取得销售收入总额 20.6 万元。计算该日用品加工厂 9 月份应缴纳的增值税税额。

解答：

不含税销售额＝20.6÷（1＋3％）＝20（万元）

应纳增值税税额＝20×3％＝0.6（万元）

三、进口货物应纳税额的计算

对进口货物征税是国际上大多数国家的通常做法，目的是平衡进口商品与国内商品的税负。根据我国《增值税暂行条例》的规定，在中华人民共和国境内一切进口货物的单位和个人都应当依照规定缴纳增值税。

（一）进口货物纳税人

《增值税暂行条例》规定，增值税进口货物纳税人为进口货物的收货人或者办理报关手续的单位和个人，包括国内一切从事进口业务的企事业单位、机关团体和个人。

对于企业、单位和个人委托代理进口应征增值税的货物，鉴于代理进口货物的海关完税凭证，有的开具给委托方，有的开具给受托方的特殊性，对代理进口以海关开具的完税凭证上的纳税人为增值税纳税人。

（二）进口货物征税范围

《增值税暂行条例》规定，申报进入中华人民共和国海关境内的货物，均应缴纳增值税。

（三）进口货物的适用税率

进口货物增值税税率与增值税一般纳税人在国内销售同类货物的税率相同。

（四）进口货物应纳税额的计算

1. 组成计税价格的确定

组成计税价格的计算公式为：

组成计税价格＝关税完税价格＋关税＋消费税

或：

组成计税价格＝（关税完税价格＋关税）/（1－消费税税率）

按照《海关法》和《进出口关税条例》的规定，一般贸易项下进口货物的关税完税价格是指以海关审定的成交价格为基础的到岸价格。所谓成交价格是指一般贸易项下进口货物的买方为购买该项货物而向卖方实际支付或应当支付的价格。到岸价格是指货物价格加上货物运抵我国关境内输入地点起卸前的包装费、运费、保险费和其他劳务费用的价格。特殊贸易下进口的货物，由于进口时没有“成交价格”可作依据，为此，《进出口关税条例》对这些进口货物制定了确定其完税价格的具体办法。

如果进口货物属于《消费税暂行条例》规定的应税消费品，该进口货物的组成计税价格中还要包括进口环节已纳的消费税税额。

2. 应纳税额的计算

纳税人进口货物，按照组成计税价格和《增值税暂行条例》规定的税率计算应纳税额，不得抵扣任何税额，即不得抵扣发生在我国境外的各种税金。其计算公式如下：

应纳税额＝组成计税价格×税率

进口货物在海关缴纳的增值税，符合抵扣范围的，凭借海关开具的完税凭证，可以从当期销项税额中抵扣。

【例 2－5】有进出口经营权的某外贸公司 11 月份从国外进口货物 500 吨，海关审定的到岸价格是 220 万元。该货物的关税税率为 10％，增值税税率为 17％。计算该外贸公司从国外进口该货物在进口环节缴纳的增值税。

解答：

组成计税价格＝220×（1＋10％）＝242（万元）

应纳税额＝242×17％＝41.14（万元）

第六节　出口货物退（免）税

出口货物退（免）税是国际贸易中通常采用的、目的在于鼓励各国出口货物公平竞争的一种退还或免征间接税的税收措施。

我国的出口货物退（免）税是指在国际贸易业务中，对我国报关出口的货物退还其在国内各生产环节和流转环节按税法规定缴纳的增值税和消费税，或免征应缴纳的增值税和消费税。

一、出口货物退（免）税基本政策

为了提高出口货物在国际市场上的竞争力，鼓励和扩大本国产品出口，我国现行《增值税暂行条例》规定，实行出口货物退（免）税的政策。目前我国的出口货物税收政策分为以下三种形式。

（一）出口免税并退税

出口免税是指货物在出口销售环节不征增值税；出口退税是指对货物在出口前实际承担的税款，按规定的退税率给予退税。

（二）出口免税不退税

出口免税是指货物在出口销售环节不征增值税；出口不退税是指货物在出口销售环节以前的生产、销售或进口环节是免税的，该货物的价格中本身就不含税，也就无须退税。

（三）出口不免税也不退税

出口不免税是指对国家限制或禁止出口的某些货物的出口环节视同内销环节，照常征税；出口不退税是指不退还出口销售环节以前负担的税款。

二、适用退（免）税政策的出口货物劳务服务

对下列出口货物和劳务，除适用增值税免税政策混合征税政策的出口货物和劳务规定的以外，实行免征和退还增值税政策。

（一）出口企业和出口货物

1. 出口企业

出口企业是指依法办理工商、税务、对外贸易经营者备案登记，自营或委托出口货物的单位或个体工商户，以及依法办理工商、税务登记，但未办理对外贸易经营者备案登记委托出口货物的生产企业。

2. 出口货物

出口货物是指向海关报关后实际离境并销售给境外单位或个人的货物，分为自营出口货物和委托出口货物两类。

(二) 出口企业或其他单位视同出口货物

(1) 出口企业对外援助、对外承包、境外投资的出口货物。

(2) 出口企业经海关报关进入国家批准的出口加工区、保税物流园区、保税港区、综合保税区等特殊区域，并销售给特殊区域内单位或境外单位、个人的货物。

(3) 免税品经营企业销售的货物（国家规定不允许经营和限制出口的货物、卷烟以及超出免税品经营企业经营范围的货物除外）。

(4) 出口企业或其他单位销售给用于国际金融组织或外国政府贷款国际招标建设项目的中标机电产品。中标机电产品，包括外国企业中标再分包给出口企业或其他单位的机电产品。

(三) 出口企业对外提供加工修理修配劳务

对外提供加工修理修配劳务，指对进境复出口货物或从事国际运输的运输工具进行的加工修理修配。

(四) 一般纳税人提供适用增值税零税率的应税服务的退（免）税办法

(1) 增值税一般纳税人提供适用增值税零税率的应税服务，实行增值税退（免）税办法。

(2) 自 2016 年 5 月 1 日起，跨境应税行为适用增值税零税率。

跨境应税行为是指境内单位和个人销售的下列服务和无形资产：

第一，国际运输服务。

国际运输服务，是指：1）在境内载运旅客或者货物出境。2）在境外载运旅客或者货物入境。3）在境外载运旅客或者货物。

第二，航天运输服务。

第三，向境外单位提供的完全在境外消费的下列服务：

1）研发服务。

2）合同能源管理服务。

3）设计服务。

4）广播影视节目（作品）的制作和发行服务。

5）软件服务。

6）电路设计及测试服务。

7）信息系统服务。

8）业务流程管理服务。

9）离岸服务外包业务。

离岸服务外包业务，包括信息技术外包服务（ITO）、技术性业务流程外包服务

（BPO）、技术性知识流程外包服务（KPO），其所涉及的具体业务活动，按照《销售服务、无形资产、不动产注释》相对应的业务活动执行。

10）转让技术。

三、退（免）税方法

（一）免抵退税办法

免抵退税，是指生产企业出口自产货物和视同自产货物以及对外提供加工修理修配劳务，免征增值税，相应的进项税额抵减应纳增值税额（不包括适用增值税即征即退、先征后退政策应纳增值税额），未抵减完的部分予以退还。

（二）免退税办法

免退税办法，是指不具有生产能力的出口企业或其他单位出口货物劳务，免征增值税，相应的进项税额予以退还。

四、出口退税率

（一）退税率的一般规定

除财政部和国家税务总局根据国务院决定而明确的增值税出口退税率外，出口货物退税率为其适用税率。

（二）出口应税服务的退税率

应税服务的退税率为其适用的增值税税率。

适用不同退税率的货物劳务，应分开报关、核算并上报退（免）税，未分开报关、核算或划分不清的，从低适用税率。

五、退（免）税的计税依据

出口货物劳务服务的增值税退（免）税的计税依据，按出口货物劳务的出口发票（外销发票）、其他普通发票或购进出口货物劳务服务的增值税专用发票、海关进口增值税专用缴款书确定。

（1）生产企业出口货物劳务（进料加工复出口除外），增值税退（免）税的计税依据为出口货物劳务的实际离岸价格（FOB）。

（2）生产企业进料加工复出口，增值税退（免）税的计税依据按照出口货物的离岸价格（FOB）扣除出口货物所含的海关保税进口料价的金额后确定。

（3）生产企业国内购进无进项税额且不计提进项税额的免税原材料加工后出口的货物，增值税退（免）税的计税依据按照出口货物的离岸价格（FOB）扣除出口货物所含的国内购进免税原材料的金额后确定。

（4）外贸企业出口货物（委托加工修理修配劳务除外），增值税退（免）税的计税依据为购进出口货物增值税专用发票上注明的金额或海关进口增值税专用缴款书上注明的完税价格。

(5) 外贸企业委托加工修理修配劳务，增值税退（免）税的计税依据为加工修理修配费用增值税专用发票上注明的金额。

六、免抵退税和免退税的计算

(一) 生产企业出口货物劳务增值税免抵退税的计算

生产企业出口货物劳务增值税免抵退税的计算公式为：

当期应纳税额＝当期销项税额－（当期进项税额－当期不得免征和抵扣税额）－上期留抵税额

其中：

当期不得免征和抵扣税额＝当期出口货物离岸价×外汇人民币折合率×（出口货物适用税率－出口货物退税率）－当期不得免征和抵扣税额抵减额

当期不得免征和抵扣税额抵减额＝当期免税购进原材料价格×（出口货物适用税率－出口货物退税率）

当期免抵退税额＝当期出口货物离岸价×外汇人民币折合率×出口货物退税率－当期免抵退税额抵减额

其中：

当期免抵退税额抵减额＝当期免税购进原材料价格×出口货物退税率

当期应退税额＝当期应纳税额绝对值与当期免抵退税额低者

其中：(1) 当期应纳税额绝对值≤当期免抵退税额，则：

当期应退税额＝当期应纳税额绝对值

当期免抵税额＝当期免抵退税额－当期应退税额

(2) 当期应纳税额绝对值＞当期免抵退税额，则：

当期应退税额＝当期免抵退税额

当期免抵税额＝0

当期留抵税额＝当期应纳税额绝对值－当期免抵退税额

(二) 外贸企业出口货物劳务服务增值税免退税的计算

外贸企业出口货物劳务服务增值税退税的计算公式为：

(1) 外贸企业出口委托加工修理修配货物以外的货物：

增值税应退税额＝增值税退（免）税计税依据×出口货物退税率

(2) 外贸企业出口委托加工修理修配货物：

出口委托加工修理修配货物的增值税应退税额＝委托加工修理修配的增值税退（免）税计税依据×出口货物退税率

第七节　跨境电子商务零售进口税收政策

为营造公平竞争的市场环境，促进跨境电子商务零售进口健康发展，经国务院批准，自2016年4月8日起，对跨境电子商务零售（企业对消费者，即B2C）进口征收关税和进口环节增值税、消费税。

一、纳税人和代收代缴义务人

跨境电子商务零售进口商品按照货物征收关税和进口环节增值税、消费税，购买跨境电子商务零售进口商品的个人作为纳税义务人，电子商务企业、电子商务交易平台企业或物流企业可作为代收代缴义务人。

二、征税范围

跨境电子商务零售进口税收政策适用于从其他国家或地区进口的、《跨境电子商务零售进口商品清单》范围内的以下商品：

（1）所有通过与海关联网的电子商务交易平台交易，能够实现交易、支付、物流电子信息“三单”比对的跨境电子商务零售进口商品。

（2）未通过与海关联网的电子商务交易平台交易，但快递、邮政企业能够统一提供交易、支付、物流等电子信息，并承诺承担相应法律责任进境的跨境电子商务零售进口商品。

不属于跨境电子商务零售进口的个人物品以及无法提供交易、支付、物流等电子信息的跨境电子商务零售进口商品，按现行规定执行。

三、交易限值

跨境电子商务零售进口商品的单次交易限值为人民币2 000元，个人年度交易限值为人民币20 000元。

四、完税价格和税率

进口税收以实际交易价格（包括货物零售价格、运费和保险费）作为完税价格。

在限值以内进口的跨境电子商务零售进口商品，关税税率暂设为0%；进口环节增值税、消费税取消免征税额，暂按法定应纳税额的70%征收。超过单次限值、累加后超过个人年度限值的单次交易，以及完税价格超过2 000元限值的单个不可分割商品，均按照一般贸易方式全额征税。

五、退税

跨境电子商务零售进口商品自海关放行之日起30日内退货的，可申请退税，并相应调整个人年度交易总额。

六、管理

跨境电子商务零售进口商品购买人（订购人）的身份信息应进行认证；未进行认证的，购买人（订购人）身份信息应与付款人一致。

第八节　税收优惠

一、法定免税项目

现行增值税的主要免征规定有：

（1）农业生产者销售的自产农业产品。

（2）避孕药品和用具。

（3）古旧图书（是指向社会收购的古书和旧书）。

（4）直接用于科学研究、科学试验和教学的进口仪器、设备，来料加工、来件装配和补偿贸易所需进口的设备。

（5）外国政府、国际组织无偿援助的进口物资和设备。

（6）由残疾人组织直接进口供残疾人专用的物品。

（7）销售自己使用过的物品。

第（1）项所称农业，是指种植业、养殖业、林业、牧业、水产业。农业生产者，包括从事农业生产的单位和个人。农产品，是指初级农产品，具体范围由财政部、国家税务总局确定。第（3）项所称古旧图书，是指向社会收购的古书和旧书。第（7）项所称自己使用过的物品，是指其他个人自己使用过的物品。

除上述规定外，增值税的免税、减税项目由国务院规定。任何地区、部门均不得规定免税、减税项目。

纳税人兼营免税、减税项目的，应当分别核算免税、减税项目的销售额；未分别核算销售额的，不得免税、减税。

纳税人销售货物或者应税劳务适用免税规定的，可以放弃免税，依照规定缴纳增值税。放弃免税后，36 个月内不得再申请免税。

二、起征点

《增值税暂行条例》规定，增值税的起征点由国务院财政、税务主管部门规定。《增值税暂行条例实施细则》规定，增值税起征点的适用范围限于个人。

增值税起征点的幅度规定如下：

（1）销售货物的，为月销售额 5 000～20 000 元。

（2）销售应税劳务的，为月销售额 5 000～20 000 元。

（3）按次纳税的，为每次（日）销售额 300～500 元。

（4）“营改增”规定的起征点：

1）按期纳税的，为月销售额 5 000～20 000 元（含本数）。

2）按次纳税的，为每次（日）销售额 300～500 元（含本数）。

起征点的调整由财政部和国家税务总局规定。省、自治区、直辖市财政厅（局）和国家税务局应当在规定的幅度内，根据实际情况确定本地区适用的起征点，并报财政部和国家税务总局备案。

三、“营改增”试点过渡政策的规定

下列项目免征增值税：

（1）托儿所、幼儿园提供的保育和教育服务。

托儿所、幼儿园，是指经县级以上教育部门审批成立、取得办园许可证的实施 0～6 岁学前教育的机构，包括公办和民办的托儿所、幼儿园、学前班、幼儿班、保育院、幼儿园。

公办托儿所、幼儿园免征增值税的收入是指，在省级财政部门和价格主管部门审核报省级人民政府批准的收费标准以内收取的教育费、保育费。

民办托儿所、幼儿园免征增值税的收入是指，在报经当地有关部门备案并公示的收费标准范围内收取的教育费、保育费。

超过规定收费标准的收费，以开办实验班、特色班和兴趣班等为由另外收取的费用以及与幼儿入园挂钩的赞助费、支教费等超过规定范围的收入，不属于免征增值税的收入。

（2）养老机构提供的养老服务。

养老机构，是指依照民政部《养老机构设立许可办法》（民政部令第 48 号）设立并依法办理登记的为老年人提供集中居住和照料服务的各类养老机构；养老服务，是指上述养老机构按照民政部《养老机构管理办法》（民政部令第 49 号）的规定，为收住的老年人提供的生活照料、康复护理、精神慰藉、文化娱乐等服务。

（3）残疾人福利机构提供的育养服务。

（4）婚姻介绍服务。

（5）殡葬服务。

殡葬服务，是指收费标准由各地价格主管部门会同有关部门核定，或者实行政府指导价管理的遗体接运（含抬尸、消毒）、遗体整容、遗体防腐、存放（含冷藏）、火化、骨灰寄存、吊唁设施设备租赁、墓穴租赁及管理等服务。

（6）残疾人员本人为社会提供的服务。

（7）医疗机构提供的医疗服务。

医疗机构，是指依据国务院《医疗机构管理条例》（国务院令第 149 号）及卫生部《医疗机构管理条例实施细则》（卫生部令第 35 号）的规定，经登记取得《医疗机构执业许可证》的机构，以及军队、武警部队各级各类医疗机构。具体包括：各级各类医院、门诊部（所）、社区卫生服务中心（站）、急救中心（站）、城乡卫生院、护理院（所）、疗养院、临床检验中心，各级政府及有关部门举办的卫生防疫站（疾病控制中心）、各种专科疾病防治站（所），各级政府举办的妇幼保健所（站）、母婴保健机构、儿童保健机构，各级政府举办的血站（血液中心）等医疗机构。

本项所称的医疗服务，是指医疗机构按照不高于地（市）级以上价格主管部门会同同级卫生主管部门及其他相关部门制定的医疗服务指导价格（包括政府指导价和按照规定由供需双方协商确定的价格等）为就医者提供《全国医疗服务价格项目规范》所列的各项服务，以及医疗机构向社会提供卫生防疫、卫生检疫的服务。

（8）从事学历教育的学校提供的教育服务。

学历教育，是指受教育者经过国家教育考试或者国家规定的其他入学方式，进入国家有关部门批准的学校或者其他教育机构学习，获得国家承认的学历证书的教育形式。具体包括：

1）初等教育：普通小学、成人小学。

2）初级中等教育：普通初中、职业初中、成人初中。

3）高级中等教育：普通高中、成人高中和中等职业学校（包括普通中专、成人中专、职业高中、技工学校）。

4）高等教育：普通本专科、成人本专科、网络本专科、研究生（博士、硕士）、高等教育自学考试、高等教育学历文凭考试。

从事学历教育的学校，是指：

1）普通学校。

2）经地（市）级以上人民政府或者同级政府的教育行政部门批准成立、国家承认其学员学历的各类学校。

3）经省级及以上人力资源社会保障行政部门批准成立的技工学校、高级技工学校。

4）经省级人民政府批准成立的技师学院。

上述学校均包括符合规定的从事学历教育的民办学校，但不包括职业培训机构等国家不承认学历的教育机构。

提供教育服务免征增值税的收入，是指对列入规定招生计划的在籍学生提供学历教育服务取得的收入，具体包括：经有关部门审核批准并按规定标准收取的学费、住宿费、课本费、作业本费、考试报名费收入，以及学校食堂提供餐饮服务取得的伙食费收入。除此之外的收入，包括学校以各种名义收取的赞助费、择校费等，不属于免征增值税的范围。

学校食堂是指依照《学校食堂与学生集体用餐卫生管理规定》（教育部令第 14 号）管理的学校食堂。

（9）学生勤工俭学提供的服务。

（10）农业机耕、排灌、病虫害防治、植物保护、农牧保险以及相关技术培训业务，家禽、牲畜、水生动物的配种和疾病防治。

农业机耕，是指在农业、林业、牧业中使用农业机械进行耕作（包括耕耘、种植、收割、脱粒、植物保护等）的业务；排灌，是指对农田进行灌溉或者排涝的业务；病虫害防治，是指从事农业、林业、牧业、渔业的病虫害测报和防治的业务；农牧保险，是指为种植业、养殖业、牧业种植和饲养的动植物提供保险的业务；相关技术培训，是指与农业机耕、排灌、病虫害防治、植物保护业务相关以及为使农民获得农牧保险知识的技术培训业务；家禽、牲畜、水生动物的配种和疾病防治业务的免税范围，包括与该项服务有关的提供药品和医疗用具的业务。

（11）纪念馆、博物馆、文化馆、文物保护单位管理机构、美术馆、展览馆、书画院、图书馆在自己的场所提供文化体育服务取得的第一道门票收入。

（12）寺院、宫观、清真寺和教堂举办文化、宗教活动的门票收入。

（13）行政单位之外的其他单位收取的符合《营业税改征增值税试点实施办法》第十条规定条件的政府性基金和行政事业性收费。

（14）个人转让著作权。

（15）个人销售自建自用住房。

（16）2018 年 12 月 31 日前，公共租赁住房经营管理单位出租公共租赁住房。

公共租赁住房，是指纳入省、自治区、直辖市、计划单列市人民政府及新疆生产建设兵团批准的公共租赁住房发展规划和年度计划，并按照《关于加快发展公共租赁住房的指导意见》（建保〔2010〕87 号）和市、县人民政府制定的具体管理办法进行管理的公共租赁住房。

第九节　增值税专用发票的使用与管理

一、专用发票领购范围

采用扣税办法计算征收增值税的一般纳税人以及采用简易办法或选择采用简易办法计算征收增值税的一般纳税人，可以领购并自行开具增值税专用发票。

增值税专用发票只限于增值税一般纳税人领购使用，小规模纳税人和非增值税一般纳税人不得领购使用增值税专用发票。一般纳税人有下列情形之一的，不得领购开具专用发票：

（1）会计核算不健全，不能向税务机关准确提供增值税销项税额、进项税额、应纳税额数据及其他有关增值税税务资料的。上列其他有关增值税税务资料的内容，由省、自治区、直辖市和计划单列市国家税务局确定。

（2）有《税收征管法》规定的税收违法行为，拒不接受税务机关处理的。

（3）有下列行为之一，经税务机关责令限期改正而仍未改正的：

1）虚开增值税专用发票。

2）私自印制专用发票。

3）向税务机关以外的单位和个人买取专用发票。

4）借用他人专用发票。

5）未按规定开具专用发票。

6）未按规定保管专用发票和专用设备。

7）未按规定申请办理防伪税控系统变更发行。

8）未按规定接受税务机关检查。

有上列情形的，如已领购专用发票，主管税务机关应暂扣其结存的专用发票和 IC 卡。

二、专用发票开具范围

（1）一般纳税人销售货物或者提供应税劳务，应向购买方开具专用发票。

（2）“营改增”纳税人发生应税行为，应当向索取增值税专用发票的购买方开具增值税专用发票，并在增值税专用发票上分别注明销售额和销项税额。

（3）小规模纳税人发生应税行为，购买方索取增值税专用发票的，可以向主管税务机关申请代开。

（4）一般纳税人有下列销售情形，不得开具专用发票：

1）商业企业一般纳税人零售的烟、酒、食品、服装、鞋帽（不包括劳保专用部分）、化妆品等消费品不得开具专用发票。

2）销售免税货物或提供免征增值税的应税劳务和服务，不得开具专用发票，法律、法规和国家税务总局另有规定的除外。

3）销售报关出口的货物和在境外销售应税劳务。

4）将货物用于集体福利或个人消费。

5）将货物无偿赠送他人（如果受赠人为一般纳税人的，可根据受赠人的要求开具增值税专用发票）。

6）提供非应税劳务（不包括上述应当征收增值税的非应税劳务）、转让无形资产或者销售不动产。

7）向小规模纳税人销售应税项目，可以不开具增值税专用发票。

8）向消费者个人销售服务、无形资产或者不动产。

9）适用免征增值税规定的应税行为。

三、专用发票开具要求

专用发票应按下列要求开具：

（1）项目齐全，与实际交易相符。

（2）字迹清楚，不得压线、错格。

（3）发票联和抵扣联加盖发票专用章。

（4）按照增值税纳税义务的发生时间开具。

对不符合上列要求的专用发票，购买方有权拒收。

四、税务机关代开专用发票

（一）代开专用发票范围

代开专用发票是指已办理税务登记的小规模纳税人（包括个体经营者）以及国家税务总局确定的其他可予代开增值税专用发票的纳税人，在发生增值税应税行为，需要开具专用发票时，主管税务机关为其开具专用发票。除税务机关外，其他单位和个人不得代开。

小规模纳税人销售自己使用过的固定资产，应开具普通发票，不得由税务机关代开专用发票。

纳税人销售旧货，应开具普通发票，不得自行开具或者由税务机关代开专用发票。

（二）代开专用发票的要求

（1）凡税务机关代开增值税专用发票必须通过防伪税控代开票系统开具。非防伪税控代开票系统开具的代开专用发票不得作为增值税进项税额抵扣凭证。

（2）增值税纳税人申请代开专用发票时，应填写《代开增值税专用发票缴纳税款申报单》，连同税务登记证副本，到主管税务机关税款征收岗位按专用发票上注明的税额全额申报缴纳税款，同时缴纳专用发票工本费。

（3）税务机关代开专用发票时填写有误的，应及时在防伪税控代开票系统中作废，重新开具。代开专用发票后发生退票的，税务机关应按照增值税一般纳税人作废或开具负数专用发票的有关规定进行处理。对需要重新开票的，税务机关应同时进行新开票税额与原开票税额的清算，多退少补；对无需重新开票的，按有关规定退还增值税纳税人已缴的税款或抵顶下期正常申报税款。

（4）税务机关为小规模纳税人代开专用发票需要开具红字专用发票的，比照一般纳税人开具红字专用发票的处理办法。

第十节 征收管理

一、纳税义务发生时间

增值税纳税义务发生时间，是指增值税纳税义务人、扣缴义务人发生应税、扣缴税款行为应承担纳税义务的起始时间。纳税义务发生时间一经确定，纳税人必须按此时间计算应纳税款。这一规定在增值税征收管理中是十分重要的。

由于增值税应税行为的发生与收入的取得在时间上不一致，因此，明确增值税纳税义务发生时间就能确定税务机关与纳税人之间的征纳关系和各自应尽的职责，合理确定纳税期限，监督纳税人切实履行纳税义务，保证国家财政收入。

增值税纳税义务发生时间的具体规定为：

（1）销售货物或者应税劳务，为收讫销售款或者取得索取销售款凭据的当天。按销售结算方式可具体确定为：

1）采取直接收款方式销售货物的，不论货物是否发出，均为收到销售额或取得索取销售额凭据的当天；先开具发票的，为开具发票的当天。

2）采取托收承付和委托银行收款方式销售货物的，为发出货物并办妥托收手续的当天。

3）采取赊销和分期付款方式销售货物的，为书面合同约定的收款日期的当天，无书面合同的或者书面合同没有约定收款日期的为货物发出的当天。

4）采取预收货款方式销售货物的，为货物发出的当天。但生产销售、生产工期超过12个月的大型机械设备、船舶、飞机等货物，为收到预收款或者书面合同约定的收款日期的当天。

5）委托其他纳税人代销货物的，为收到代销单位销售的代销清单的或者收到全部或部分货款的当天；未收到代销清单及货款的，其纳税义务发生时间为发出代销货物满180日的当天。

6）销售应税劳务的，为提供劳务同时收讫销售额或取得索取销售额凭据的当天。

7）纳税人发生视同销售货物行为的，为货物移送使用的当天。

（2）进口货物，为报关进口的当天。

（3）“营改增”行业增值税纳税义务、扣缴义务发生时间为：

1）纳税人发生应税行为并收讫销售款项或者取得索取销售款项凭据的当天；先开具发票的，为开具发票的当天。

收讫销售款项，是指纳税人销售服务、无形资产、不动产过程中或者完成后收到款项。

取得索取销售款项凭据的当天，是指书面合同确定的付款日期；未签订书面合同或者书面合同未确定付款日期的，为服务、无形资产转让完成的当天或者不动产权属变更的当天。

2）纳税人提供建筑服务、租赁服务采取预收款方式的，其纳税义务发生时间为收到预收款的当天。

3）纳税人从事金融商品转让的，为金融商品所有权转移的当天。

4）纳税人发生视同销售服务、无形资产或者不动产情形的，其纳税义务发生时间为服务、无形资产转让完成的当天或者不动产权属变更的当天。

5）增值税扣缴义务发生时间为纳税人增值税纳税义务发生的当天。

二、纳税期限

增值税的纳税期限分别为1日、3日、5日、10日、15日、1个月或者1个季度。纳税人纳税期限由主管增值税的国家税务总局所属征收机关根据纳税人应纳税额的大小分别核定，不能按照固定期限纳税的，可以按次纳税。

纳税人以1个月或者1个季度为1个纳税期的，自期满之日起15日内申报纳税；以1日、3日、5日、10日或15日为一期纳税的，自期满之日起5日内预缴税款，于次月1日起15日内申报纳税并结清上月应纳税款。

以1个季度为纳税期限的规定适用于小规模纳税人、银行、财务公司、信托投资公司、信用社，以及财政部和国家税务总局规定的其他纳税人。不能按照固定期限纳税的，可以按次纳税。

扣缴义务人解缴税款的期限，按照上述规定执行。

进口货物的纳税人应当自海关填发税款缴纳证的次日起15日内缴纳税款，并由海关代征。

三、纳税地点

增值税的纳税地点，就是纳税人申报缴纳增值税的地点。对纳税地点的规定如下。

（一）固定业户的纳税地点

（1）固定业户应在其机构所在地向主管税务机关申报纳税。总机构和分支机构不在同一县市的，应当向各自所在地的主管税务机关申报纳税；经国家税务总局或其授权的税务机关批准，可以由总机构汇总向总机构所在地主管税务机关申报纳税。

（2）固定业户到外县市销售货物的，应当向其机构所在地主管税务机关申请开具外出经营活动税收管理证明，向其机构所在地主管税务机关申报纳税。未持有其机构所在地主管税务机关核发的外出经营活动税收管理证明，到外县市销售货物或者应税劳务的，应向销售地主管税务机关申报纳税，未向销售地主管税务机关申报纳税的，由其机构所在地主管税务机关补征税款。

（二）非固定业户的纳税地点

非固定业户销售货物或者应税劳务，应当向销售地主管税务机关申报纳税。非固定业户到外县市销售货物或者应税劳务未向销售地主管税务机关申报纳税的，由其机构所在地或者居住地主管税务机关补征税款。

（三）其他个人提供建筑服务，销售或者租赁不动产，转让自然资源使用权的纳税地点

其他个人提供建筑服务，销售或者租赁不动产，转让自然资源使用权，应向建筑服务发生地、不动产所在地、自然资源所在地主管税务机关申报纳税。

（四）纳税人跨县（市）提供建筑服务的纳税地点

纳税人跨县（市）提供建筑服务，在建筑服务发生地预缴税款后，向机构所在地主管税务机关进行纳税申报。

（五）纳税人销售不动产的纳税地点

纳税人销售不动产，在不动产所在地预缴税款后，向机构所在地主管税务机关进行纳税申报。

（六）纳税人租赁不动产的纳税地点

纳税人租赁不动产，在不动产所在地预缴税款后，向机构所在地主管税务机关进行纳税申报。

（七）进口货物的纳税地点

进口货物应当由进口人或其代理人向报关地海关申报纳税。

（八）扣缴义务人的纳税地点

扣缴义务人应当向其机构所在地或者居住地的主管税务机关申报缴纳其扣缴的税款。

复习思考题

1. 如何理解理论增值额和法定增值额?
2. 增值税的特点是什么?
3. 增值税的作用是什么?

4. 增值税的类型有哪些?
5. 为什么增值税在税率档次的设计上应尽可能少?
6. 增值税的纳税人中的一般纳税人和小规模纳税人是如何划分的?
7. 增值税的征收范围有哪些?
8. 增值税视同销售的规定是什么?
9. 混合销售和兼营行为是如何规定的?
10. 我国出口货物退（免）税的税收政策是什么?
11. 我国出口货物退（免）税的两种计算方法是什么?
12. 对跨境电子商务零售进口增值税的政策是如何规定的?
13. 增值税的纳税义务发生时间是如何规定的?

第三章

消费税

- 消费税的概念
- 消费税的特点
- 消费税的作用
- 消费税的征收范围
- 消费税的纳税义务人
- 消费税的税率
- 消费税销售额的确定
- 消费税准予扣除已纳税额的确定
- 消费税的纳税环节
- 消费税的纳税义务发生时间
- 消费税的纳税地点

第一节 消费税概述

一、消费税的概念

消费税是以特定消费品和消费行为的流转额为课税对象征收的一种税。世界各国普遍征收消费税，目前有 120 多个国家和地区征收消费税。

我国消费税是国家为了体现消费政策，对生产、委托加工和进口应税消费品的单位和个人取得的收入征收的一种税。消费税是 1994 年税制改革时新设立的一个税种，它和增值税共同构成我国流转税的双层次调节结构。

我国的消费税是 1994 年税制改革新设立的税种。新中国成立初期征收的货物税、20 世纪 50 年代征收的商品流通税、1958 年至 1973 年征收的工商统一税、1973 年至 1983 年征收的工商税中相当于货物税的部分以及 1983 年至 1993 年征收的增值税、产品税，都部分具有消费税的性质，只是一直没有单独设立一个税种。

1993 年 12 月 13 日国务院颁布《中华人民共和国消费税暂行条例》，自 1994 年 1 月 1 日起施行。现行消费税的基本规范，是 2008 年 11 月 5 日国务院第 34 次常务会议修订通过的《中华人民共和国消费税暂行条例》，以及 2008 年 12 月 15 日财政部、国家税务总局第 51 号令颁布的《中华人民共和国消费税暂行条例实施细则》，自 2009 年 1 月 1 日起施行。

二、消费税的特点

目前世界各国开征的消费税都是兼有财政收入职能和经济调节职能的一种商品劳务税。与此相适应，现代消费税一般具有如下基本特征。

（一）具有特殊调节作用

消费税是国家运用税收杠杆对特定消费品和消费行为进行特殊调节的税种，即消费税与增值税相配合，根据国家的产业政策和消费政策，在对货物普遍征收增值税的基础上，选择特定的应税消费品和消费行为再进行一次特殊调节。同时，对选定的特殊应税消费品和消费行为，制定高低不同的税率，对需要限制和控制的消费品和消费行为实行较重的税负。

（二）具有较强的聚财功能

消费税尽管征税范围较小，但纳入征税范围的消费品的消费量一般都比较大，且使用面广，因而税源充足。另外，纳入消费税征收范围的消费品有些本身就是具有重要财政意义的产品，因此消费税具有较强的聚财功能。

（三）具有征税项目的选择性

我国消费税的应税消费品是根据我国的产业政策和消费政策而选择的高档消费品、奢侈品、高能耗消费品、不可再生资源消费品和限制消费的消费品等。对这些消费品征税，既不会影响人们的生活水平，又可以发挥限制有害消费品的使用、抑制不良消费行为、促进资源有效利用和缓解社会分配不公的作用。

（四）具有征税环节的单一性

消费税选择在生产、流通或消费的某一环节一次性征收，其他环节不再征收消费税，税源比较集中，一方面可以防止税款的流失，另一方面可以节约征收成本，提高征管效率。

三、消费税的作用

我国现行的消费税是对在我国境内从事生产、委托加工和进口应税消费品的单位及个人，以其应税消费品的销售额和销售数量为征税对象而征收的一种税。现阶段我国征收消费税的意义主要体现在以下几个方面。

（一）贯彻国家的产业政策和消费政策，调节消费结构，引导消费行为

消费税对特定的消费品征税，税率一般都比较高，并且其税负最终由消费者负担，这就使消费税具有了一定的调节消费的作用。消费环节征税的范围仅限于国家选择的少数商品，这些商品或者具有一定的财政意义，或者是为了限制使用。对消费税的征税范围，国家还可根据一定时期的经济形势变化对之进行调整，分别确定高低不同的税率，以体现调节意图。由于税收负担的高低直接影响到价格的高低，进而关系到消费者的切身利益，影响消费者的消费决策，因此，通过一定时期对消费税征税范围及税率等的调整，可以调节纳税人的经济利益，引导消费的方向和结构，体现国家的消费政策。由于消费对生产的反作用，消费结构的变化对生产结构也会产生直接的影响，进而可以引导产业结构和产品结构的调整。消费税通过调节纳税人的经济利益，影响其经营活动的方向和内容，进而调节整个社会的消费结构，实现国家的消费政策。

（二）保证国家财政收入的稳定增长

由于消费税是在1994年税制改革的大背景下出台的，而此前的流转税主要是增值税、产品税，其收入主要集中在卷烟、酒、石化、化工等几类产品上，税率高且档次多，组织收入的作用强。税制改革后许多高税率产品改征增值税，而增值税又是中性税种，只设一档基本税率（17%）和一档低税率（13%），税负减少很多，影响了国家的财政收入。为了确保税制改革尽量不减少财政收入，同时又不削弱税收对某些产品生产和消费的调节作用，就需要开征消费税。消费税的开征一方面保证了国家的财政收入，另一方面又发挥了税收的调节作用。

消费税尽管征税范围较小，但在取得财政收入方面具有重要意义。消费税的税源广泛，平均税率比较高，以及以流转全额为计税依据，与企业的经营成本无关，这使得消费税可以稳定、及时、足额地聚集财政资金，如表3-1所示。

（三）缓解社会分配不公的矛盾

在我国当前以及今后相当长的一段时间里，居民个人收入水平客观上还会存在较大的差异，在税收上除了可通过征收个人所得税等有关税种缓解收入差距外，还可以通过消费税来加以调节。因为在我国现阶段，受多种因素制约，仅靠个人所得税不可能完全实现税收的公平分配目标。通过对某些奢侈品和高消费行为征收消费税，从调节个人支付能力的角度增加某些消费者的税收负担，可以达到调节高收入者的高消费、缓解社会分配不公矛盾的目的。

表 3-1　　1994—2015 年我国国内消费税收入及其在税收收入总额中的比重

年份	国内消费税/亿元	税收收入总额/亿元	国内消费税占税收收入总额的比重/%
1994	487.40	5 126.88	9.51
1995	541.48	6 038.04	8.97
1996	620.23	6 909.82	8.98
1997	678.70	8 234.04	8.24
1998	814.93	9 262.80	8.80
1999	820.66	10 682.58	7.68
2000	858.29	12 581.51	6.82
2001	929.99	15 301.38	6.08
2002	1 046.32	17 636.45	5.93
2003	1 182.26	20 017.31	5.91
2004	1 501.90	24 165.68	6.22
2005	1 633.81	28 778.54	5.68
2006	1 885.69	34 804.35	5.42
2007	2 206.83	45 621.97	4.84
2008	2 568.27	54 223.79	4.74
2009	4 761.22	59 521.59	8.00
2010	6 071.55	73 210.79	8.29
2011	6 936.21	89 738.39	7.73
2012	7 875.58	100 614.28	7.83
2013	8 231.32	110 530.70	7.45
2014	8 907.12	119 175.31	7.47
2015	10 542.16	124 922.20	8.44

资料来源：根据国家统计局网站相关数据整理计算所得。

第二节 征收范围、纳税义务人

一、征收范围

消费税的征收范围是在中华人民共和国境内生产、委托加工和进口的应税消费品。

消费税征收范围的确定要综合考虑我国的经济发展水平，国家在某一时期的消费政策和产业政策，城乡居民的生活水平、消费水平和消费结构等状况，以及财政收入的稳定增长等因素，同时要考虑我国现阶段流转税的双层次调节结构，即对纳入消费税征税范围的消费品，在普遍征收增值税的基础上还要征收消费税。

消费税的征收范围是《消费税暂行条例》规定的应税消费品。就具体的征税品目来看，并非是所有的消费品都纳入消费税的征收范围，而是选择了部分特定的消费品，这些消费品有：

（1）过度消费会对人身健康、社会秩序和生态环境造成危害的特定消费品，如烟、酒、鞭炮焰火等。

（2）非生活必需品中的奢侈品，如化妆品、贵重首饰及珠宝玉石等。

（3）高能耗及高档消费品，如摩托车、小汽车、游艇等。

（4）不可再生且不宜替代的稀缺性资源消费品，如成品油等。

消费税的征收范围并非一成不变，它会随着我国经济的发展，根据国家的宏观经济政策和消费结构的变化等，适时进行调整。

二、纳税义务人

消费税纳税义务人是指在中华人民共和国境内从事生产、委托加工和进口应税消费品的单位和个人。

所谓“在中华人民共和国境内”是指生产、委托加工和进口应税消费品的起运地或所在地在境内；“单位”是指从事生产、委托加工和进口应税消费品的国有企业、集体企业、私有企业、股份制企业、外商投资企业和外国企业、其他企业和行政单位、事业单位、军事单位、社会团体及其他单位；“个人”是指个体经营者及从事经营的其他个人。

消费税纳税义务人具体包括：

（1）生产应税消费品的单位和个人。

（2）进口应税消费品的单位和个人。其中，个人携带或者邮寄入境的应税消费品的消费税，连同关税一并计征，由携带入境者或者收件人缴纳消费税。

（3）委托加工应税消费品的单位和个人。其中，委托加工的应税消费品由受托方于委托方提货时代扣代缴（受托方为个体经营者除外），自产自用的应税消费品由自产自用单位和个人在移送使用时缴纳消费税。

第三节　税目、税率

一、税目

《消费税暂行条例》规定的税目有15个，即烟、酒及酒精、化妆品、贵重首饰及珠宝玉石、鞭炮焰火、成品油、摩托车、小汽车、高尔夫球及球具、高档手表、游艇、木制一次性筷子、实木地板、电池、涂料。

二、税率

消费税的税率形式包括比例税率和定额税率，不同的应税消费品适用不同的税率形式，其中卷烟、粮食白酒和薯类白酒既适用比例税率，又适用定额税率。

消费税对不同的应税消费品适用不同的税率形式，甚至对同一种应税消费品适用不同的税率形式，目的是贯彻国家的消费政策。消费税税目税率如表3-2所示。

表3-2　消费税税目税率表

税目	税率
一、烟	
1. 卷烟	
(1) 甲类卷烟	56%加0.003元/支
(2) 乙类卷烟	36%加0.003元/支
(3) 批发环节	11%
2. 雪茄烟	36%
3. 烟丝	30%
二、酒及酒精	
1. 白酒	20%加0.5元/500克（或者500毫升）
2. 黄酒	240元/吨
3. 啤酒	
(1) 甲类啤酒	250元/吨
(2) 乙类啤酒	220元/吨
4. 其他酒	10%
5. 酒精	5%
三、高档化妆品	15%
四、贵重首饰及珠宝玉石	
1. 金银首饰、铂金首饰和钻石及钻石饰品	5%
2. 其他贵重首饰和珠宝玉石	10%
五、鞭炮、焰火	15%
六、成品油	
1. 汽油	1.52元/升
2. 柴油	1.20元/升
3. 航空煤油	1.20元/升
4. 石脑油	1.52元/升

续前表

税目	税率
5. 溶剂油	1.52元/升
6. 润滑油	1.52元/升
7. 燃料油	1.20元/升
七、摩托车	
1. 气缸容量（排气量，下同）在250毫升（含250毫升）以下的	3%
2. 气缸容量在250毫升以上的	10%
八、小汽车	
1. 乘用车	
(1) 气缸容量（排气量，下同）在1.0升（含1.0升）以下的	1%
(2) 气缸容量在1.0升以上至1.5升（含1.5升）的	3%
(3) 气缸容量在1.5升以上至2.0升（含2.0升）的	5%
(4) 气缸容量在2.0升以上至2.5升（含2.5升）的	9%
(5) 气缸容量在2.5升以上至3.0升（含3.0升）的	12%
(6) 气缸容量在3.0升以上至4.0升（含4.0升）的	25%
(7) 气缸容量在4.0升以上的	40%
2. 中轻型商用客车	5%
3. 超豪华小汽车（零售环节）	10%
九、高尔夫球及球具	10%
十、高档手表	20%
十一、游艇	10%
十二、木制一次性筷子	5%
十三、实木地板	5%
十四、电池	4%
十五、涂料	4%

注：(1) 自2009年5月1日起，在卷烟批发环节加征一道5%的从价税。自2015年5月10日起，将卷烟批发环节从价税税率由5%提高至11%，并按0.005元/支加征从量税。

(2) 自2016年12月1日起，对超豪华小汽车，在生产（进口）环节按现行税率征收消费税基础上，在零售环节加征消费税，税率为10%。

第四节　计税依据的确定

消费税计税依据的确定，主要从应税消费品的价格变化情况和便于征收管理的角度考虑，分别采用从价定率、从量定额和从价定率与从量定额复合计税方法。

一、从价定率计税方法

在从价定率计税方法下，计税依据是应税消费品的销售额。

（一）销售额的确定

1. 销售额的一般规定

销售额是指纳税人销售应税消费品时向购买方收取的全部价款和价外费用。价外费用是指价外收取的基金、集资费、返还利润、补贴、违约金和手续费、包装费、储备费、优质费、运输装卸费、代收款项、代垫款项以及其他各种性质的价外费用。但下列款项不属于价外费用。

（1）同时符合以下两个条件的代垫运费：1）承运部门将运费发票转交购货方的；2）纳税人将该项发票转交给购货方的。

（2）同时符合以下条件代为收取的政府性基金或者行政事业性收费：1）由国务院或者财政部批准设立的政府性基金，由国务院或者省级人民政府及其财政、价格主管部门批准设立的行政事业性收费；2）收取时开具省级以上财政部门印制的财政票据；3）所收款项全额上缴财政。

（3）向购买方收取的增值税税额。

应税消费品连同包装销售的，无论包装物是否单独计价，也不论在会计上如何核算，均应并入应税消费品的销售额中征收消费税。如果包装物不作价随同产品销售，而是收取押金（收取酒类产品的包装物押金除外），且单独核算又未过期的，此项押金则不应并入应税消费品的销售额中征税。但对因逾期未收回的包装物不再退还的和已收取一年以上的押金，应并入应税消费品的销售额，按照应税消费品的适用税率征收消费税。对既作价随同应税消费品销售，又另外收取包装物押金，凡纳税人在规定的期限内不予退回的，均应并入应税消费品的销售额，按照应税消费品的适用税率征收消费税。

对酒类产品生产企业销售酒类产品而收取的包装物押金，无论押金是否返还与会计上如何核算，均需并入应税消费品的销售额中，依酒类产品的适用税率征收消费税。

2. 含税销售额的换算

应税消费品在缴纳消费税的同时，还应缴纳增值税。按照《消费税暂行条例》的规定，应税消费品的销售额不包括向购货方收取的增值税税款。如果纳税人应税消费品的销售额中未扣除增值税税款，或者因不得开具增值税专用发票而发生价款和增值税税款合并收取的，在计算消费税时，应将含税销售额换算为不含税的销售额，其换算公式为：

$$\text{应税消费品不含税的销售额}=\frac{\text{含税的销售额}}{1+\text{增值税税率或征收率}}$$

3. 特殊销售额的确定

（1）自产自用应税消费品销售额的确定。

所谓自产自用，就是纳税人生产应税消费品后，不是用于直接对外销售，而是用于自己连续生产应税消费品，或用于其他方面。

税法规定，纳税人自产自用的应税消费品，用于连续生产应税消费品的，不纳税。所谓“纳税人自产自用的应税消费品，用于连续生产应税消费品的”，是指作为生产最终应税消费品的直接材料并构成最终产品实体的应税消费品。例如，卷烟厂生产出烟丝，烟丝已是应税消费品，卷烟厂再用生产出的烟丝连续生产卷烟，这样，用于连续生产卷烟的烟丝就不缴纳消费税，只对生产的卷烟征收消费税。当然，生产出的烟丝如果是直接销售，则要缴纳消费税。税法规定对自产自用的应税消费品中用于连续生产应税消费品的不征税，体现了税不重征和计税简便的原则。

税法规定，纳税人自产自用的应税消费品，除用于连续生产应税消费品外，凡用于其他方面的，于移送使用时纳税。“用于其他方面的”，是指纳税人用于生产非应税消费品，用于在建工程，用于管理部门、非生产机构，以及用于馈赠、赞助、集资、广告、样品、职工福利、奖励等方面的应税消费品。所谓“用于生产非应税消费品”，是指把自产的应税消费品用于生产消费税税目税率表所列 15 类产品以外的产品。所谓“用于在建工程”，是指把自产的应税消费品用于本单位的各项建设工程。所谓“用于管理部门、非生产机构”，是指把自产的应税消费品用于与本单位有隶属关系的管理部门或非生产机构。所谓“用于馈赠、赞助、集资、广告、样品、职工福利、奖励”，是指把自产的应税消费品无偿赠送给他人，或以资金的形式投资于外单位，或作为商品广告、经销样品，或以福利、奖励的形式发给职工。总之，企业自产的应税消费品虽然没有用于销售或连续生产应税消费品，但只要是用于税法所规定的范围的，都要视同销售，依法缴纳消费税。

纳税人自产自用的应税消费品，凡用于其他方面，应当纳税的，按照纳税人生产的同类消费品的销售价格计算纳税。“同类消费品的销售价格”是指纳税人当月销售的同类消费品的销售价格，如果当月同类消费品各期销售价格高低不同，应按销售数量加权平均计算。但销售的应税消费品有下列情况之一的，不得列入加权平均计算：1）销售价格明显偏低又无正当理由的；2）无销售价格的，如果当月无销售或者当月未完结，应按照同类消费品上月或最近月份的销售价格计算纳税。

没有同类消费品销售价格的，按照组成计税价格计算纳税。计算公式如下：

$$组成计税价格=\frac{成本+利润}{1-消费税比例税率}$$

$$应纳税额=组成计税价格\times适用税率$$

其中，“成本”是指应税消费品的产品生产成本。“利润”是指根据应税消费品的全国平均成本利润率计算的利润。应税消费品的全国平均成本利润率由国家税务总局确定。

自 2001 年 5 月和 6 月起，分别对酒、烟采用从价与从量混合征收消费税的计税方法。由于从量计征以应税消费品的数量为计税依据，与应税消费品价格的高低没有关系，因此，计算应税消费品的组成计税价格时，暂不考虑从量计征的消费税税额。

1993 年 12 月 28 日国家税务总局颁发的《消费税若干具体问题的规定》和 2006 年 3 月财政部、国家税务总局颁发的《关于消费税若干具体政策的通知》确定了应税消费品的全国平均成本利润率，如表 3 - 3 所示。

表 3-3 应税消费品全国平均成本利润率表

货物名称	利润率/%	货物名称	利润率/%
1. 甲类卷烟	10	11. 贵重首饰及珠宝玉石	6
2. 乙类卷烟	5	12. 摩托车	6
3. 雪茄烟	5	13. 高尔夫球及球具	10
4. 烟丝	5	14. 高档手表	20
5. 粮食白酒	10	15. 游艇	10
6. 薯类白酒	5	16. 木制一次性筷子	5
7. 其他酒	5	17. 实木地板	5
8. 酒精	5	18. 乘用车	8
9. 化妆品	5	19. 中轻型商用客车	5
10. 鞭炮、焰火	5		

案例分析

G 公司是一家摩托车厂（增值税一般纳税人），2012 年 7 月将 5 辆自产摩托车赞助给摩托车拉力赛赛手使用，兼做商业广告，摩托车成本为 10 000 元/辆，成本利润率 6%，无同类消费品的销售价格，适用消费税税率为 10%。请问：应纳消费税税额是多少？

摩托车用于馈赠、赞助、广告方面，属于纳税人将自产应税消费品用于其他方面，应当于移送使用时缴纳消费税，因为无同类消费品的销售价格，应按照组成计税价格计算纳税，公式为：

组成计税价格＝（成本＋利润）÷（1－比例税率）
＝成本×（1＋成本利润率）÷（1－比例税率）
＝10 000×（1＋6%）÷（1－10%）
＝11 777.78（元）

应纳消费税税额＝11 777.78×10%×5＝5 888.89（元）

【例 3-1】某日用化工厂 5 月份将自产的一批化妆品作为职工福利发放给职工，化妆品的成本为 5 000 元。该化妆品无同类产品的销售价格，已知化妆品的成本利润率为 5%，消费税税率为 30%。计算该批化妆品应缴纳的消费税。

解答：

组成计税价格＝［5 000×（1＋5%）］÷（1－30%）＝7 500（元）

应纳消费税＝7 500×30%＝2 250（元）

（2）委托加工的应税消费品销售额的确定。

委托加工的应税消费品是指由委托方提供原料和主要材料，受托方只收取加工费和代垫部分辅助材料加工而成的应税消费品。对于由受托方提供原材料生产的应税消费品，或者受托方先将原材料卖给委托方，然后再接受加工的应税消费品，以及由受托方以委托方名义购进原材料生产的应税消费品，不论纳税人在财务上是否作销售处理，都不得作为委托加工应税消费品，而应当按照销售自制应税消费品缴纳消费税。

税法规定，委托加工的应税消费品，按照受托方的同类消费品的销售价格计算纳税。“同类消费品的销售价格”是指受托方（即代收代缴义务人）当月销售的同类消费品的销售价格。如果当月同类消费品各期销售价格高低不同，则应按销售数量加权平均计算。但销售的应税消费品有下列情况之一的，不得列入加权平均计算：1）销售价格明显偏低又无正当理由的；2）无销售价格的。如果当月无销售或者当月未完结，应按照同类消费品上月或最近月份的销售价格计算纳税。没有同类消费品销售价格的，按照组成计税价格计算纳税。计算公式为：

$$组成计税价格=\frac{材料成本+加工费}{1-消费税比例税率}$$

$$应纳税额=组成计税价格\times适用税率$$

其中：“材料成本”是指委托方所提供加工材料的实际成本。委托加工应税消费品的纳税人必须在委托加工合同上如实注明（或以其他方式提供）材料成本；凡未提供材料成本的，受托方所在地主管税务机关有权核定其材料成本。由此可以看出，税法对委托方提供原料和主要材料并以明确的方式如实提供材料成本，要求是很严格的，其目的就是防止假冒委托加工应税消费品或少报材料成本，逃避纳税的现象。

“加工费”是指受托方加工应税消费品向委托方所收取的全部费用（包括代垫辅助材料的实际成本，不包括增值税税金）。这是税法对受托方的要求，受托方必须如实提供向委托方收取的全部费用，这样才能既保证组成计税价格及代收代缴消费税能准确地计算出来，也保证受托方按加工费正确计算其应纳的增值税。

A 企业是一家化妆品厂，某年 2 月其委托 B 企业加工一批应税高档化妆品，之后收回销售。受托方 B 企业以委托方 A 的名义在市场上购进主要生产材料，并用这些材料生产高档化妆品。同时，B 企业收取加工费，且代垫了部分辅助材料。同年 6 月 A 企业收回该批高档化妆品并将其销售。请问：该业务是否可以视为委托加工应税消费品？

对于由受托方提供原材料生产的应税消费品，或者受托方先将原材料卖给委托方，然后再接受加工的应税消费品，以及由受托方以委托方名义购进原材料生产的应税消费品，不论纳税人在财务上是否作销项处理，都不得作为委托加工应税消费品，而应当按照销售自制应税消费品缴纳消费税。由于 B 企业是以委托方 A 的名义购进主要原材料用于加工应税消费品的，不属于由委托方提供原料和主要材料的情况。因此，上述情况不作为委托加工应税消费品。

（3）进口应税消费品销售额的确定。

进口应税消费品的纳税人是进口应税消费品的收货人或办理报关手续的单位和个人。

进口应税消费品以进口商品总值为计税依据。进口商品总值包括关税完税价值、关税和消费税三部分内容。

进口应税消费品的税率、税目依照消费税税目、税率表执行。

进口应税消费品的消费税由海关代征，由进口人或者代理人向报关地海关申报纳税。

进口应税消费品按照组成计税价格计算纳税。其计算公式为：

$$组成计税价格=\frac{关税完税价格+关税}{1-消费税比例税率}$$

其中，“关税完税价格”是指海关核定的关税完税价格；组成计税价格如涉及复合计税的，只考虑比例税率。

【例 3－2】某外贸公司某年 10 月份从国外进口一批应税消费品，该批应税消费品的完税价格为 200 万元。假设该批应税消费品的关税税率为 20%，消费税税率为 10%。计算该外贸公司进口环节应纳的消费税。

解答：

组成计税价格＝200×（1＋20%）÷（1－10%）＝266.67（万元）

应纳消费税＝266.67×10%＝26.67（万元）

（二）准予扣除已纳税额的计算

由于某些应税消费品是用外购已缴纳消费税的应税消费品连续生产出来的，在对这些连续生产出来的应税消费品计算征税时，税法规定应按当期生产领用数量计算准予扣除外购的应税消费品已纳的消费税税款，其目的是避免重复征税。

1. 准予扣除的应税消费品

（1）以外购或委托加工收回的已税烟丝生产的卷烟。

（2）以外购或委托加工收回的已税高档化妆品生产的高档化妆品。

（3）以外购或委托加工收回的已税珠宝玉石生产的贵重首饰及珠宝玉石。

（4）以外购或委托加工收回的已税鞭炮、焰火生产的鞭炮、焰火。

（5）以外购或委托加工收回的已税汽油、柴油、石脑油、燃料油、润滑油为原料生产的应税成品油。

（6）以外购或委托加工收回的已税摩托车生产的摩托车。

（7）以外购或委托加工收回的杆头、杆身和握把为原料生产的高尔夫球杆。

（8）以外购或委托加工收回的木制一次性筷子为原料生产的木制一次性筷子。

（9）以外购或委托加工收回的实木地板为原料生产的实木地板。

2. 当期准予扣除税额的计算

（1）当期准予扣除外购应税消费品已纳税额，按当期生产领用数量计算扣除。计算公式如下：

$$\begin{matrix}当期准予扣除外购\\应税消费品已纳税额\end{matrix}=\begin{matrix}当期准予扣除外购\\应税消费品买价\end{matrix}\times\begin{matrix}外购应税消费品\\适用税率\end{matrix}$$

$$\begin{matrix}当期准予扣除外购\\应税消费品买价\end{matrix}=\begin{matrix}期初库存的外购\\应税消费品买价\end{matrix}+\begin{matrix}当期购进的\\应税消费品买价\end{matrix}-\begin{matrix}期末库存的外购\\应税消费品买价\end{matrix}$$

（2）当期准予扣除委托加工应税消费品已纳税额，按当期生产领用数量计算扣除。计算公式如下：

$$\text{当期准予扣除委托加工应税消费品已纳税额} = \text{期初库存的委托加工应税消费品已纳税额} + \text{当期收回的委托加工应税消费品已纳税额} - \text{期末库存的委托加工应税消费品已纳税额}$$

二、从量定额计税方法

（一）销售数量的确定

销售数量的确定，适用于从量定额征收的应税消费品，包括：

（1）销售应税消费品，为应税消费品的销售数量。

（2）自产自用应税消费品，为应税消费品的移送使用数量。

（3）委托加工应税消费品，为纳税人收回的应税消费品数量。

（4）进口的应税消费品，为海关核定的应税消费品进口数量。

（二）计量单位的换算

《消费税暂行条例》规定，黄酒、啤酒以吨为税额单位；汽油、柴油以升为税额单位。但是，考虑到在实际销售过程中，一些纳税人会把吨或升这两个计量单位混用，为了规范不同产品的计量单位，以准确计算应纳税额，现介绍吨与升两个计量单位的换算标准如下：

啤酒：	1 吨＝988 升	黄酒：	1 吨＝962 升
汽油：	1 吨＝1 388 升	柴油：	1 吨＝1 176 升
石脑油：	1 吨＝1 385 升	溶剂油：	1 吨＝1 282 升
润滑油：	1 吨＝1 126 升	燃料油：	1 吨＝1 015 升
航空煤油：	1 吨＝1 246 升		

三、计税依据的特殊规定

（一）自设非独立核算门市部的计税规定

纳税人通过自设非独立核算门市部销售的自产应税消费品，应当按照门市部对外销售额或者销售数量计算征收消费税。

（二）应税消费品用于其他方面的规定

纳税人用于换取生产资料或消费资料、投资入股和抵偿债等方面的应税消费品，应当按照同类应税消费品的最高销售价格作为计税依据。

（三）兼营不同税率应税消费品的规定

纳税人兼营不同税率的应税消费品的，应当分别核算不同税率应税消费品的销售额、销售数量；未分别核算销售额、销售数量，或者将不同税率的应税消费品组成成套消费品销售的，从高适用税率。

所称纳税人兼营不同税率的应税消费品，是指纳税人生产销售两种税率以上的应税消费品。所称从高适用税率，就是对兼营高低不同税率的应税消费品，不能分别核算销售额、销售数量，或者将不同税率的应税消费品组成成套消费品销售的，就以应税消费品中适用的高税率与混合在一起的销售额、销售数量相乘，得出应纳消费税额。

第五节 应纳税额的计算

一、从价定率应纳税额的计算

（1）生产销售应税消费品应纳税额的计算公式如下：

应纳税额＝销售额×比例税率

（2）自产、委托加工、进口应税消费品应纳税额的计算公式如下：

应纳税额＝组成计税价格×比例税率

（3）外购、委托加工已税消费品连续加工应税消费品应纳税额的计算公式如下：

应纳税额＝销售额×比例税率－当期准予扣除的已纳税额

【例 3－3】某卷烟厂 7 月份生产经营情况如下：

（1）期初库存外购已税烟丝 110 万元。

（2）10 日，领用外购已税烟丝 350 万元，生产卷烟 1 300 箱（标准箱），全部对外销售，开具增值税专用发票，专用发票上注明的金额为 3 500 万元。

（3）21 日，领用外购已税烟丝 950 万元，生产卷烟 4 000 箱（标准箱），全部对外销售，取得含税销售额 9 360 万元。

烟丝消费税税率为 30%，卷烟消费税税率为 45%、定额税率为每标准箱 150 元。

计算该卷烟厂 7 月份应纳的消费税税额。

解答：

可抵扣生产领用的外购已税烟丝中含的消费税额＝（350＋950）×30%＝390（万元）

应纳消费税税额＝［3 500＋9 360÷（1＋17%）］×45%＋（1 300＋4 000）×0.015－390＝4 864.5（万元）

二、从量定额应纳税额的计算

从量定额征收应纳税额的计算公式如下：

应纳税额＝销售数量×定额税率

【例 3－4】某啤酒厂 3 月份销售啤酒 200 吨，每吨出厂价格 3 200 元。计算该啤酒厂 3 月份应纳消费税。

解答：

应纳消费税＝200×220＝44 000（元）

三、从价定率和从量定额复合计算应纳税额的计算

现行消费税征税范围中，只有卷烟、粮食白酒、薯类白酒采用复合计算方法，其基本计算公式为：

应纳税额＝销售额×比例税率＋销售数量×定额税率

生产销售卷烟、粮食白酒、薯类白酒从量定额计税依据为实际销售数量。进口、委托加工、自产自用卷烟、粮食白酒、薯类白酒从量定额计税依据为海关核定的进口征税数量、委托方收回数量和移送使用数量。

第六节　出口应税消费品退（免）税

对纳税人出口应税消费品，免征消费税。国务院另有规定的除外。

一、出口免税并退税

适用这个政策的有：有出口经营权的外贸企业购进应税消费品直接出口，以及外贸企业受其他外贸企业委托代理出口应税消费品。

需要注意的是，外贸企业只有受其他外贸企业委托，代理出口应税消费品，才可办理退税；外贸企业受其他企业（主要是非生产性的商贸企业）委托，代理出口应税消费品，是不予退（免）税的。

二、出口免税但不退税

适用这个政策的有：有出口经营权的生产性企业自营出口或生产企业委托外贸企业代理出口自产的应税消费品，依据其实际出口数量免征消费税，不予办理退还消费税。这里的“免征消费税”，是指对生产性企业按其实际出口数量免征生产环节的消费税。“不予办理退还消费税”，是指因已免征生产环节的消费税，该应税消费品出口时已不含有消费税，所以也无须再办理退还消费税了。

三、出口不免税也不退税

适用这个政策的是除生产企业、外贸企业外的其他企业，即一般商贸企业委托外贸企业代理出口应税消费品一律不予退（免）税。

第七节　征收管理

一、纳税环节

消费税属于价内税，并实行单一环节征收，一般在应税消费品的生产、委托加工和进

口环节缴纳，在以后的批发、零售环节因价款中已经包含消费税而不再征收。但近些年一些应税消费品的纳税环节有所变化，具体纳税环节如下所述。

（一）生产环节

纳税人生产的应税消费品，由生产者于销售时纳税。其中，生产者自产自用的应税消费品，用于本企业连续生产应税消费品的不征税；用于其他方面的，于移送使用时纳税。

委托加工的应税消费品，由受托方在向委托方交货时代收代缴税款。委托加工的应税消费品，收回后直接出售的，不再征收消费税；收回后用于连续生产应税消费品的，可以抵扣委托加工应税消费品的已纳消费税税额。

（二）进口环节

进口的应税消费品，由进口报关者于报关进口时纳税。

（三）批发环节

卷烟自 2009 年 5 月 1 日起，在批发环节加征一道从价税和从量税；自 2015 年 5 月 10 日起，在批发环节从价税的基础上加征从量税。

（四）零售环节

（1）自 1995 年 1 月 1 日起，金银首饰由生产销售环节改为零售环节征收。

（2）自 2002 年 1 月 1 日起，钻石及钻石饰品由生产、进口环节改为零售环节征收。

（3）自 2016 年 12 月 1 日起，超豪华小汽车在零售环节加征消费税。

二、纳税义务发生时间

消费税纳税义务发生时间分为以下几种情况：

（1）纳税人销售应税消费品，其纳税义务发生时间为：

1）采取赊销和分期收款结算方式的，为书面合同约定的收款日期的当天；书面合同没有约定收款日期或者无书面合同的，为发出应税消费品的当天。

2）纳税人采取预收货款结算方式的，为发出应税消费品的当天。

3）纳税人采取托收承付和委托银行收款方式销售的应税消费品，为发出应税消费品并办妥托收手续的当天。

4）纳税人采取其他结算方式的，为收讫销售款或者取得索取销售款项凭据的当天。

（2）纳税人自产自用的应税消费品，其纳税义务发生时间为移送使用的当天。

（3）纳税人委托加工的应税消费品，其纳税义务发生时间为纳税人提货的当天。

（4）纳税人进口的应税消费品，其纳税义务发生时间为报关进口的当天。

三、纳税期限

消费税的纳税期限分别为 1 日、3 日、5 日、10 日、15 日、1 个月或者 1 个季度。纳税人的具体纳税期限，由主管税务机关根据纳税人应纳税额的大小分别核定；不能按照固定期限纳税的，可以按次纳税。

纳税人以1个月或者1个季度为1个纳税期的，自期满之日起15日内申报纳税；以1日、3日、5日、10日或者15日为1个纳税期的，自期满之日起5日内预缴税款，于次月1日起15日内申报纳税并结清上月应纳税款。

纳税人进口应税消费品，应当自海关填发海关进口消费税专用缴款书之日起15日内缴纳税款。

四、纳税地点

消费税纳税人的纳税地点分为以下几种情况：

(1) 纳税人销售的应税消费品，以及自产自用的应税消费品，除国务院财政、税务主管部门另有规定外，应当向纳税人机构所在地或者居住地的主管税务机关申报纳税。

纳税人的总机构与分支机构不在同一县（市）的，应当分别向各自机构所在地的主管税务机关申报纳税；经财政部、国家税务总局或者其授权的财政、税务机关批准，可以由总机构汇总向总机构所在地的主管税务机关申报纳税。

(2) 纳税人到外县（市）销售或者委托外县（市）代销自产应税消费品的，于应税消费品销售后，向机构所在地或者居住地主管税务机关申报纳税。

(3) 委托加工的应税消费品，除受托方为个人外，由受托方向机构所在地或者居住地的主管税务机关解缴消费税税款。委托个人加工的应税消费品，由委托方向其机构所在地或者居住地主管税务机关申报纳税。

(4) 进口的应税消费品，应当由进口人或者其代理人向报关地海关申报纳税。

(5) 纳税人销售的应税消费品，如因质量等原因由购买者退回时，经机构所在地或者居住地主管税务机关审核批准后，可退还已缴纳的消费税税款。

复习思考题

1. 消费税的特点是什么?
2. 消费税的作用是什么?
3. 消费税规定的应税消费品有哪些?
4. 制定消费税的税率通常要遵循什么原则?
5. 消费税自产自用应税消费品的计税销售额是如何规定的?
6. 消费税委托加工应税消费品的计税销售额是如何规定的?
7. 消费税的征税环节是如何规定的?

第四章

企业所得税

- 企业所得税的特点
- 居民企业和非居民企业及各自的纳税义务
- 企业所得税税率
- 企业收入总额的确定
- 不征税收入和免税收入
- 准予扣除的项目
- 境外所得已纳税额的扣除
- 源泉扣缴
- 税收优惠
- 征收管理与纳税申报

第一节　企业所得税概述

企业所得税是对在中华人民共和国境内的企业和其他取得收入的组织，就其所得征收的一种税。

一、企业所得税的特点

企业所得税作为我国税收体系的第二大主体税种，不仅具有其他税种的共同特征——强制性、无偿性和固定性，而且作为一个独立的税种具有不同于其他税种的特点。现行企业所得税的主要特点如下。

（一）征税对象是所得额

企业所得税的征税对象为所得额，即为纳税人每一纳税年度的收入总额，减除不征税收入、免税收入、各项扣除以及允许弥补的以前年度亏损后的余额。它既不是企业实现的利润额，也不是企业实现的销售额或营业额。企业所得税是一种不同于流转税的税种。

（二）应纳税所得额计算复杂

企业所得税的计税依据是应纳税所得额。应纳税所得额与企业账面的会计利润是两个不同的概念，二者既有联系又有区别。应纳税所得额是在企业按照会计准则规定进行核算得出利润的基础上，根据《企业所得税法》的规定作相应的调整后得出的。为此，应纳税所得额的计算要涉及一定时期成本、费用及损失的归集和分摊，并且为了对纳税人的不同项目实行区别对待，还需要通过不予计列项目，将某些收入所得排除在应纳税所得额之外，或对某些项目的支出给予一定限制，从而使应纳税所得额的计算程序较为复杂。这与流转税一般是直接依据销售额或营业额计算征税，计算简便是不同的。

（三）征税以量能负担为原则

企业所得税以纳税人取得的所得为征税对象，贯彻量能负担的原则，即所得多的多征、所得少的少征、无所得的不征。也就是说，按照纳税人负担能力的大小和有无所得确定所得税的税收负担。有所得，也就是有负担能力的，才征税；无所得，也就是没有负担能力的，就不征税。而在有所得、有负担能力的纳税人中，所得多、负担能力强的，多征税；所得少、负担能力小的，少征税。这种将所得税负担和纳税人所得多少联系起来征税的办法，便于体现税收的公平原则。

（四）一般实行按年计征、分期预缴、年终汇算清缴的征收办法

会计利润是应纳税所得额的基础，而会计利润是企业一定时期生产经营成果的最终反映，一般是按年度计算和衡量的。因此，企业所得税也以全年的应纳税所得额为计税依据，分月或分季度预缴，年终汇算清缴。

二、企业所得税的作用

国家与企业的利润分配关系，是我国经济分配制度中最重要的一个方面，它是处理其他分配关系的前提和基础，而企业所得税调节的正是国家与企业之间的利润分配关系。企业所得税的作用表现在以下两个方面。

（一）广泛筹集财政资金

企业所得税的征收面比较广，只要是取得所得的企业，无论是内资企业还是外资企业，都要缴纳企业所得税。目前企业所得税是我国组织收入的第二大税种，组织收入的作用极强，特别是随着我国国民经济的快速发展以及企业经济效益的不断提高，企业所得税组织收入的作用会更加突出，如表 4－1 所示。

（二）有效实施税收调控

企业所得税作为国家宏观调控的重要手段之一，在组织收入的同时，可以有效地贯彻国家的产业政策和社会政策。例如，通过实施一系列的税收优惠政策，包括直接降低税率、减免税、加速折旧、加计扣除和投资抵免等，促进我国产业结构的调整、微观企业经济效益的提高和宏观经济的健康快速发展。

表 4－1　1994—2015 年我国企业所得税收入及其在税收收入总额中的比重

年份	企业所得税/亿元	税收收入总额/亿元	企业所得税占税收收入总额的比重/%
1994	708.49	5 126.88	13.82
1995	878.44	6 038.04	14.55
1996	968.48	6 909.82	14.02
1997	963.18	8 234.04	11.70
1998	925.54	9 262.80	9.99
1999	811.41	10 682.58	7.60
2000	999.63	12 581.51	7.95
2001	2 630.87	15 301.38	17.19
2002	3 082.79	17 636.45	17.48
2003	2 919.51	20 017.31	14.58
2004	3 957.33	24 165.68	16.38
2005	5 343.92	28 778.54	18.57
2006	7 039.60	34 804.35	20.23
2007	8 779.25	45 621.97	19.24
2008	11 175.63	54 223.79	20.61
2009	11 536.84	59 521.59	19.38
2010	12 843.54	73 210.79	17.54
2011	16 769.64	89 738.39	18.69
2012	19 654.53	100 614.28	19.53

续前表

年份	企业所得税/亿元	税收收入总额/亿元	企业所得税占税收收入总额的比重/%
2013	22 427.20	110 530.70	20.29
2014	24 642.19	119 175.31	20.68
2015	27 133.87	124 922.20	21.72

资料来源：根据国家统计局网站相关数据整理计算所得。

第二节　征税对象、纳税义务人

一、征税对象

（一）征税对象的具体内容

企业所得税的征税对象是企业取得的所得，包括销售货物所得、提供劳务所得、转让财产所得、股息红利等权益性投资所得、利息所得、租金所得、特许权使用费所得、接受捐赠所得和其他所得。

（二）所得来源的确定

虽然企业所得税的征税对象是企业取得的所得，但并不是企业取得的任何一项所得都是企业所得税的征税对象。确定企业的一项所得是否属于征税对象，应遵循以下原则：

（1）销售货物所得，按照交易活动发生地确定。

（2）提供劳务所得，按照劳务发生地确定。

（3）转让财产所得：不动产转让所得按照不动产所在地确定；动产转让所得按照转让动产的企业或者机构、场所所在地确定；权益性投资资产转让所得按照被投资企业所在地确定。

（4）股息、红利等权益性投资所得，按照分配所得的企业所在地确定。

（5）利息所得、租金所得、特许权使用费所得，按照负担、支付所得的企业或者机构、场所所在地确定，或者按照负担、支付所得的个人的住所地确定。

（6）其他所得，由国务院财政、税务主管部门确定。

二、纳税义务人

企业所得税的纳税人，是指在中华人民共和国境内的企业和其他取得收入的组织（以下统称“企业”），包括居民企业和非居民企业。个人独资企业和个人合伙企业不适用《企业所得税法》（适用《个人所得税法》）。

（一）居民企业和非居民企业的判定标准

《企业所得税法》对居民企业和非居民企业的判定采用了“登记注册地标准”和“实

际管理机构地标准”相结合的方法。

1. 居民企业

居民企业，是指依法在中国境内成立，或者依照外国（地区）法律成立但实际管理机构在中国境内的企业。其中：(1) 在中国境内成立的企业，包括依照中国法律、行政法规在中国境内成立的企业、事业单位、社会团体以及其他取得收入的组织；(2) 依照外国（地区）法律成立的企业，包括依照外国（地区）法律成立的企业和其他取得收入的组织；(3) 实际管理机构，是指对企业的生产经营、人员、账务、财产等实施实质性全面管理和控制的机构。

2. 非居民企业

非居民企业，是指依照外国（地区）法律成立且实际管理机构不在中国境内，但在中国境内设立机构、场所的，或者在中国境内未设立机构、场所，但有来源于中国境内所得的企业。所谓的机构、场所，是指在中国境内从事生产经营活动的机构、场所，包括：(1) 管理机构、营业机构、办事机构；(2) 工厂、农场、开采自然资源的场所；(3) 提供劳务的场所；(4) 从事建筑、安装、装配、修理、勘探等工程作业的场所；(5) 其他从事生产经营活动的机构、场所。非居民企业委托营业代理人在中国境内从事生产经营活动的，包括委托单位或者个人经常代其签订合同，或者储存、交付货物等，该营业代理人视为非居民企业在中国境内设立的机构、场所。

（二）居民企业纳税人和非居民企业纳税人的纳税义务

1. 居民企业的纳税义务

居民企业应当就其来源于中国境内、境外的所得缴纳企业所得税。也就是说，居民企业负有全面纳税义务，应就其中国境内、境外全部所得纳税。

2. 非居民企业的纳税义务

非居民企业在中国境内设立机构、场所的，应当就其所设机构、场所取得的来源于中国境内的所得，以及发生在中国境外但与其所设机构、场所有实际联系的所得，缴纳企业所得税。非居民企业在中国境内未设立机构、场所的，或者虽设立机构、场所但取得的所得与其所设机构、场所没有实际联系的，应当就其来源于中国境内的所得缴纳企业所得税。也就是说，非居民企业负有有限纳税义务，仅就其来源于中国境内的所得纳税。具体包括两种所得：(1) 在中国境内设立机构、场所取得的来源于中国境内的所得，以及发生在中国境外但与其所设机构、场所有实际联系的所得；(2) 在中国境内未设立机构、场所的，或者虽设立机构、场所但取得的所得与其所设机构、场所没有实际联系的来源于中国境内的所得。所谓的实际联系是指非居民企业在中国境内设立机构、场所，拥有据以取得所得的股权、债权，以及拥有、管理、控制据以取得所得的财产等。

第三节 税率

一、基本税率

企业所得税实行比例税率，其基本税率为25%。

企业所得税之所以采用25%的比例税率，主要原因如下所述。

（一）按照国民待遇的原则，实行统一的企业所得税税率

2008年1月1日以前施行的内资、外资企业所得税的法定名义税率为33%；一些特殊地区的外资企业实行24%和15%优惠税率；对内资微利企业实行27%和18%两档照顾税率。税率的档次多，使不同类型企业名义税率和实际税负存在较大差距。内资企业实际税负为25%左右，外资企业实际税负为15%左右。所以，有必要对内外资企业实行统一的所得税税率，对内资企业要减轻税负，对外资企业也要尽可能少地增加税负，从而使内外资企业享受相同的国民待遇，达到税负公平。

（二）将财政减收控制在可以承受的范围内

2008年1月1日起实施《企业所得税法》后，内资企业所得税法定名义税率由33%下降为25%，降低了8个百分点；而实际执行24%和15%优惠税率的一些外资企业，其法定名义税率分别上升了1个百分点和10个百分点。2008年1月1日实施的新税法与原税法的口径相比，财政减收大约930亿元，其中内资企业所得税减收大约1 340亿元，外资企业所得税增收大约410亿元。考虑到新税法执行后其中一部分内资企业可以继续按新税法规定享受高新技术企业优惠税率和小型微利企业照顾税率，一部分外资企业可以享受过渡优惠政策等因素，加上对原享受法定税收优惠的老企业实行过渡措施，在新税法实施当年带来的财政减收将更大一些，但在财政可承受范围之内。

（三）考虑到国际上尤其是周边国家（地区）的税率水平

全世界159个实行企业所得税的国家（地区）平均税率为28.6%，我国周边18个国家（地区）的平均税率为26.7%。我国《企业所得税法》规定的25%的税率在国际上是适中偏低的水平，有利于提高企业竞争力和吸引外商投资。

二、预提所得税税率

对于非居民企业在中国境内未设立机构、场所的，或者虽设立机构、场所但取得的所得与其所设机构、场所没有实际联系的而来源于中国境内的所得，应按规定征收预提所得税。

预提所得税的适用税率为20%，减按10%征收。

三、优惠税率

（一）照顾税率

为了照顾众多小型微利企业的实际困难，对符合条件的小型微利企业，减按20%的税率征收企业所得税。

小型微利企业，是指从事国家非限制和禁止行业，并符合下列条件的企业：

（1）工业企业，年度应纳税所得额不超过30万元，从业人数不超过100人，资产总额不超过3 000万元。

（2）其他企业，年度应纳税所得额不超过30万元，从业人数不超过80人，资产总额不超过1 000万元。

2015年1月1日至2017年12月31日，对年应纳税所得额低于20万元（含20万元）的小型微利企业，其所得减按50%计入应纳税所得额，按20%的税率缴纳企业所得税。

自2015年10月1日起至2017年12月31日，对年应纳税所得额在20万元到30万元（含30万元）之间的小型微利企业，其所得减按50%计入应纳税所得额，按20%的税率缴纳企业所得税。

自2017年1月1日至2019年12月31日，将小型微利企业的年应纳税所得额上限由30万元提高至50万元，对年应纳税所得额低于50万元（含50万元）的小型微利企业，其所得减按50%计入应纳税所得额，按20%的税率缴纳企业所得税。

符合规定的小型微利企业，无论是采取查账征收，还是采取核定征收方式，均可享受小型微利企业所得税优惠政策。

符合规定的小型微利企业，在季度、月份预缴企业所得税时，可自行享受小型微利企业所得税优惠政策，无须税务机关审核批准。

企业预缴时享受了小型微利企业优惠政策，但年度汇算清缴超过规定标准的，应按规定补缴税款。

（二）鼓励税率

为了鼓励高新技术企业的发展，对国家需要重点扶持的高新技术企业，减按15%的税率征收企业所得税。

国家需要重点扶持的高新技术企业，是指拥有核心自主知识产权，并同时符合下列条件的企业：

（1）在中国境内（不含港、澳、台地区）注册的企业，近三年内通过自主研发、受让、受赠、并购等方式，或通过5年以上的独占许可方式，对其主要产品（服务）的核心技术拥有自主知识产权。

（2）产品（服务）属于《国家重点支持的高新技术领域》规定的范围。

（3）具有大学专科以上学历的科技人员占企业当年职工总数的30%以上，其中研发人员占企业当年职工总数的10%以上。

（4）企业为获得科学技术（不包括人文、社会科学）新知识，创造性运用科学技术新知识，或实质性改进技术、产品（服务）而持续进行了研究开发活动，且近三个会计年度的研究开发费用总额占销售收入总额的比例符合如下要求：

1）最近一年销售收入小于 5 000 万元的企业，比例不低于 6%。

2）最近一年销售收入在 5 000 万元至 20 000 万元的企业，比例不低于 4%。

3）最近一年销售收入在 20 000 万元以上的企业，比例不低于 3%。

其中，企业在中国境内发生的研究开发费用总额占全部研究开发费用总额的比例不低于 60%。企业注册成立时间不足三年的，按实际经营年限计算。

（5）高新技术产品（服务）收入占企业当年总收入的 60%以上。

（6）企业研究开发组织管理水平、科技成果转化能力、自主知识产权数量、销售与总资产成长性等指标符合《高新技术企业认定管理工作指引》的要求。

S集团公司是一家涉及医药和建材领域的集团公司，旗下有三家全资子公司。一家是医药研发公司，是高新技术企业（符合国家重点扶持的高新技术企业的有关规定）；另一家是药厂；还有一家是建材公司。2016 年三家公司的年度应纳税所得额分别为1 200万元、4 000 万元、25 万元。请问：三家子公司适用的企业所得税税率分别是多少？

由于三家公司都是A集团公司旗下的全资子公司，而且子公司是法人企业，因此三家公司各自均是企业所得税的纳税人。医药研发公司是高新技术企业，符合国家重点扶持的高新技术企业的有关规定，因此适用优惠税率 15%；药厂的年度应纳税所得额超过 30 万元，适用基本税率 25%；建材公司的年度应纳税所得额未超过 30 万元，属于小型微利企业，适用优惠税率 20%。

第四节　计税依据的确定

企业所得税的计税依据是应纳税所得额。应纳税所得额是企业每一纳税年度的收入总额，减除不征税收入、免税收入、各项扣除以及允许弥补的以前年度亏损后的余额。

企业应纳税所得额的计算，以权责发生制为原则，属于当期的收入和费用，不论款项是否收付，均作为当期的收入和费用；不属于当期的收入和费用，即使款项已经在当期收付，也不作为当期的收入和费用。但是，《企业所得税法实施条例》和国务院财政、税务主管部门另有规定的除外。

企业在计算应纳税所得额时，企业财务、会计处理办法与税收法律、行政法规的规定不一致的，应当依照税收法律、行政法规的规定计算。

一、收入总额

收入总额，是指企业以货币形式和非货币形式从各种来源取得的收入。其中，企业取得收入的货币形式，包括现金、存款、应收账款、应收票据、准备持有至到期的债券投资以及债务的豁免等。企业取得收入的非货币形式，包括固定资产、生物资产、无形资产、股权投资、存货、不准备持有至到期的债券投资、劳务以及有关权益等。企业以非货币形式取得的收入，应当按照公允价值确定收入额。公允价值是指按照市场价格确定的价值。

企业的收入总额具体包括销售货物收入，提供劳务收入，转让财产收入，股息、红利等权益性投资收益，利息收入，租金收入，特许权使用费收入，接受捐赠收入和其他收入。

（一）收入确定的基本规定

（1）销售货物收入，是指企业销售商品、产品、原材料、包装物、低值易耗品以及其他存货取得的收入。

（2）提供劳务收入，是指企业从事建筑安装、修理修配、交通运输、仓储租赁、金融保险、邮电通信、咨询经纪、文化体育、科学研究、技术服务、教育培训、餐饮住宿、中介代理、卫生保健、社区服务、旅游、娱乐、加工以及其他劳务服务活动取得的收入。

（3）财产转让收入，是指企业转让固定资产、生物资产、无形资产、股权、债权等财产取得的收入。

（4）股息、红利等权益性投资收益，是指企业因权益性投资从被投资方取得的收入。股息、红利等权益性投资收益，除国务院财政、税务主管部门另有规定外，按照被投资方作出利润分配决定的日期确认收入的实现。

（5）利息收入，是指企业将资金提供他人使用但不构成权益性投资，或者因他人占用本企业资金取得的收入，包括存款利息、贷款利息、债券利息、欠款利息等收入。利息收入按照合同约定的债务人应付利息的日期确认收入的实现。

（6）租金收入，是指企业提供固定资产、包装物或者其他有形资产的使用权取得的收入。租金收入按照合同约定的承租人应付租金的日期确认收入的实现。

（7）特许权使用费收入，是指企业提供专利权、非专利技术、商标权、著作权以及其他特许权的使用权取得的收入。特许权使用费收入按照合同约定的特许权使用人应付特许权使用费的日期确认收入的实现。

（8）接受捐赠收入，是指企业接受的来自其他企业、组织或者个人无偿给予的货币性资产、非货币性资产。接受捐赠收入按照实际收到捐赠资产的日期确认收入的实现。

（9）其他收入，是指企业取得的除上述收入外的其他收入，包括企业资产溢余收入、逾期未退包装物押金收入、确实无法偿付的应付款项、已作坏账损失处理后又收回的应收款项、债务重组收入、补贴收入、违约金收入、汇兑收益等。

（二）收入确定的特殊规定

（1）可以分期确认收入实现的生产经营业务。企业的下列生产经营业务可以分期确认收入的实现：1）以分期收款方式销售货物的，按照合同约定的收款日期确认收入的实现。2）企业受托加工制造大型机械设备、船舶、飞机，以及从事建筑、安装、装配工程业务或者提供其他劳务等，持续时间超过 12 个月的，按照纳税年度内完工进度或者完成的工作量确认收入的实现。

（2）采取产品分成方式取得收入的，按照企业分得产品的日期确认收入的实现，其收入额按照产品的公允价值确定。

（3）企业发生非货币性资产交换，以及将货物、财产、劳务用于捐赠、偿债、赞助、集资、广告、样品、职工福利或者利润分配等用途的，应当视同销售货物、转让财产或者提供劳务，但国务院财政、税务主管部门另有规定的除外。

二、不征税收入和免税收入

（一）不征税收入

不征税收入是指永久不纳入征税范围的收入。按照《企业所得税法》的规定，企业的收入总额中不征税收入包括：财政拨款，依法收取并纳入财政管理的行政事业性收费、政府性基金，国务院规定的其他不征税收入。

（1）财政拨款，是指各级人民政府对纳入预算管理的事业单位、社会团体等组织拨付的财政资金，但国务院和国务院财政、税务主管部门另有规定的除外。

（2）行政事业性收费，是指依照法律法规等有关规定，按照国务院规定程序批准，在实施社会公共管理，以及在向公民、法人或者其他组织提供特定公共服务过程中，向特定对象收取并纳入财政管理的费用。

（3）政府性基金，是指企业依照法律、行政法规等有关规定，代政府收取的具有专项用途的财政资金。

（4）国务院规定的其他不征税收入，是指企业取得的，由国务院财政、税务主管部门规定专项用途，并经国务院批准的财政性资金。

（二）免税收入

免税收入，是指企业应纳税所得额免予征收企业所得税的收入。免税收入不同于不征税收入，企业取得的不征税收入，不属于营利性活动带来的经济利益，不应缴纳企业所得税；免税收入是属于企业所得税的征税范围，但国家基于某些方面的考虑而免予征税的收入。可见，免税收入属于税收优惠的范畴。

按照《企业所得税法》的规定，企业的免税收入包括国债利息收入，符合条件的居民企业之间的股息、红利等权益性投资收益，在中国境内设立机构、场所的非居民企业从居民企业取得与该机构、场所有实际联系的股息、红利等权益性投资收益，符合条件的非营利组织的收入。

（1）国债利息收入，是指企业持有国务院财政部门发行的国债所取得的利息收入。

（2）符合条件的居民企业之间的股息、红利等权益性投资收益，是指居民企业直接投资于其他居民企业所取得的投资收益，但不包括连续持有居民企业公开发行并上市流通的股票不足 12 个月取得的投资收益。

（3）在中国境内设立机构、场所的非居民企业从居民企业取得与该机构、场所有实际联系的股息、红利等权益性投资收益，不包括连续持有居民企业公开发行并上市流通的股票不足 12 个月取得的投资收益。此部分权益性投资收益在居民企业已经缴纳企业所得税，因此中国境内设立机构、场所的非居民企业在取得时就不再缴纳企业所得税，以避免重复征税。

(4) 符合条件的非营利组织的收入，不包括非营利组织从事营利性活动取得的收入，但国务院财政、税务主管部门另有规定的除外。符合条件的非营利组织，是指同时符合下列条件的组织：1) 依法履行非营利组织登记手续；2) 从事公益性或者非营利性活动；3) 取得的收入除用于与该组织有关的合理的支出外，全部用于登记核定或者章程规定的公益性或者非营利性事业；4) 财产及其孳息不用于分配；5) 按照登记核定或者章程规定，该组织注销后的剩余财产用于公益性或者非营利性目的，或者由登记管理机关转赠给与该组织性质、宗旨相同的组织，并向社会公告；6) 投入人对投入该组织的财产不保留或者享有任何财产权利；7) 工作人员工资福利开支控制在规定的比例内，不变相分配该组织的财产。非营利组织的认定管理办法由国务院财政、税务主管部门会同国务院有关部门制定。

三、准予扣除项目

(一) 扣除项目遵循的原则

企业在生产经营活动中所发生的支出应当区分收益性支出和资本性支出。收益性支出在发生当期直接扣除；资本性支出应当分期扣除或者计入有关资产成本，不得在发生当期直接扣除。企业申报的扣除项目要真实、合法。真实是指能够提供国家允许使用的有效证明，证明其相关支出确属已经实际发生；合法是指符合现行税收法规的规定，如果其他法规规定与税收法规规定不一致，应以税收法规规定为准。除税收法规另有规定的外，企业税前扣除项目的确认一般应遵循以下原则。

1. 权责发生制原则

权责发生制原则即纳税人应在费用发生时而不是实际支付时确认扣除。

2. 配比原则

配比原则即纳税人发生的费用应在费用应配比或应分配的当期申报扣除。纳税人某一纳税年度应申报的可扣除费用不得提前或滞后申报扣除。

3. 相关性原则

相关性原则即纳税人可扣除的费用从性质和根源上必须与取得应税收入相关。

4. 确定性原则

确定性原则即纳税人可扣除的费用不论何时支付，其金额必须是确定的。

5. 合理性原则

合理性原则即纳税人可扣除费用的计算和分配方法应符合一般的经营常规和会计惯例。

（二）具体扣除项目

1. 准予扣除的基本支出项目

企业实际发生的与取得收入有关的、合理的支出，包括成本、费用、税金、损失和其他支出，准予在计算应纳税所得额时扣除。其中，有关的支出，是指与取得收入直接相关的支出；合理的支出，是指符合生产经营活动常规，应当计入当期损益或者有关资产成本的必要和正常的支出。企业原则上准予扣除的项目具体包括：

（1）成本，是指企业在生产经营活动中发生的销售成本、销货成本、业务支出以及其他耗费。

（2）费用，是指企业在生产经营活动中发生的销售费用、管理费用和财务费用，已经计入成本的有关费用除外。

（3）税金，是指企业发生的除企业所得税和允许抵扣的增值税以外的各项税金及其附加。

（4）损失，是指企业在生产经营活动中发生的固定资产和存货的盘亏、毁损、报废损失，转让财产损失，呆账损失，坏账损失，自然灾害等不可抗力因素造成的损失以及其他损失。企业发生的损失，减除责任人赔偿和保险赔款后的余额，依照国务院、财政、税务主管部门的规定扣除。企业已经作为损失处理的资产，在以后纳税年度又全部收回或者部分收回时，应当计入当期收入。

（5）其他支出，是指除成本、费用、税金、损失外，企业在生产经营活动中发生的与生产经营活动有关的、合理的支出。

需要指出的是，企业的不征税收入用于支出所形成的费用或者财产，不得扣除或者计算对应的折旧、摊销扣除。除《企业所得税法》及其实施条例另有规定外，企业实际发生的成本、费用、税金、损失和其他支出不得重复扣除。

2. 部分扣除项目的具体范围和标准

（1）工资薪金支出。企业发生的合理的工资薪金支出，准予扣除。

工资薪金，是指企业每一纳税年度支付给在本企业任职或者受雇的员工的所有现金形式或者非现金形式的劳动报酬，包括基本工资、奖金、津贴、补贴、年终加薪、加班工资，以及与员工任职或者受雇有关的其他支出。

合理的工资、薪金，是指企业按照股东大会、董事会、薪酬委员会或相关管理机构制定的工资薪金制度规定实际发放给员工的工资薪金。税务机关在对工资薪金进行合理性确认时，可按以下原则掌握：1）企业制订了较为规范的员工工资薪金制度；2）企业所制定的工资薪金制度符合行业及地区水平；3）企业在一定时期内所发放的工资薪金是相对固定的，工资薪金的调整是有序进行的；4）企业对实际发放的工资薪金，已依法履行了代扣代缴个人所得税义务；5）有关工资薪金的安排，不以减少或逃避税款为目的。

（2）职工福利费、工会经费和职工教育经费。企业发生的职工福利费支出，不超过工资薪金总额14%的部分，准予扣除。企业拨缴的工会经费，不超过工资薪金总额2%的部分，准予扣除。除国务院财政、税务主管部门另有规定外，企业发生的职工教育经费支出，不超过工资、薪金总额2.5%的部分，准予扣除；超过部分，准予在以后纳税年度结转扣除。

软件生产企业发生的职工教育经费中的职工培训费用，可以全额在企业所得税税前扣除。软件生产企业应准确划分职工教育经费中的职工培训费用支出，对于不能准确划分的，以及准确划分后职工教育经费中扣除职工培训费用的余额，一律按照工资、薪金总额2.5%的比例扣除。

企业发生的合理的劳动保护支出，准予扣除。

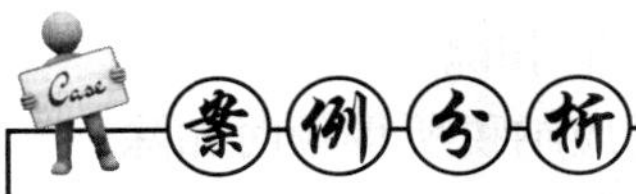

S公司2016年度职工工资薪金总额为400万元，实际发生职工福利费支出52万元、工会经费9万元、教育经费25万元。请问：该公司年度允许税前扣除的职工福利费、工会经费和教育经费是多少？超过标准的教育经费如何处理？

准予税前扣除的职工福利费支出限额为：400×14%=56（万元），企业实际发生的职工福利费支出是52万元，实际数小于扣除标准，按实际数扣除。准予税前扣除的工会经费支出限额为：400×2%=8（万元），企业实际发生的工会经费支出是9万元，实际数大于扣除标准，按扣除标准扣除。准予税前扣除的教育经费支出限额为：400×2.5%=10（万元），企业实际发生的教育经费支出是25万元，实际数大于扣除标准，按扣除标准扣除。S公司2016年度允许税前扣除的职工福利费、工会经费和教育经费分别是52万元、8万元和10万元。教育经费超过限额的15万元可以结转以后纳税年度扣除。

（3）社会保险费。企业依照国务院有关主管部门或者省级人民政府规定的范围和标准为职工缴纳的基本养老保险费、基本医疗保险费、失业保险费、工伤保险费、生育保险费等基本社会保险费和住房公积金，准予扣除。

企业为投资者或者职工支付的补充养老保险费、补充医疗保险费，在国务院财政、税务主管部门规定的范围和标准内，准予扣除。

（4）借款费用。企业在生产经营活动中发生的下列利息支出，准予扣除：1）非金融企业向金融企业借款的利息支出、金融企业的各项存款利息支出和同业拆借利息支出、企业经批准发行债券的利息支出；2）非金融企业向非金融企业借款的利息支出，不超过按照金融企业同期同类贷款利率计算的数额的部分可据实扣除，超过的部分不允许扣除。

企业在生产经营活动中发生的合理的不需要资本化的借款费用，准予扣除。企业为购置、建造固定资产、无形资产和经过12个月以上的建造才能达到预定可销售状态的存货发生借款的，在有关资产购置、建造期间发生的合理的借款费用，应予以资本化，作为资本性支出计入有关资产的成本；有关资产交付使用后发生的借款利息，可在发生当期扣除。

（5）汇兑损失。企业在货币交易中以及纳税年度终了时将人民币以外的货币性资产、负债按照期末即期人民币汇率中间价折算为人民币时产生的汇兑损失，除已经计入有关资产成本以及与向所有者进行利润分配相关的部分外，准予扣除。

（6）业务招待费。企业发生的与生产经营活动有关的业务招待费支出，按照发生额的60%扣除，但最高不得超过当年销售（营业）收入的5‰。

企业在筹建期间发生的与筹办活动有关的业务招待费支出，可按发生额的60%计入企业筹办费，并按有关规定在税前扣除。

（7）广告费和业务宣传费。企业发生的符合条件的广告费和业务宣传费支出，除国务院财政、税务主管部门另有规定外，不超过当年销售（营业）收入15%的部分，准予扣除；超过部分，准予在以后纳税年度结转扣除。

自2016年1月1日起至2020年12月31日止，对化妆品制造或销售、医药制造及饮料制造（不含酒类制造）企业发生的广告费和业务宣传费支出，不超过当年销售（营业）收入30%的部分，准予扣除；超过部分，准予在以后纳税年度结转扣除。

烟草企业的烟草广告费和业务宣传费支出，一律不得在计算应纳税所得额时扣除。

企业在筹建期间发生的广告费和业务宣传费，可按实际发生额计入企业筹办费，并按有关规定在税前扣除。

（8）公益性捐赠。企业发生的公益性捐赠支出，在年度利润总额12%以内的部分，准予在计算应纳税所得额时扣除。超过年度利润总额12%的部分，准予结转以后3年内在计算应纳税所得额时扣除。

公益性捐赠，是指企业通过公益性社会团体或者县级以上人民政府及其部门，用于《中华人民共和国公益事业捐赠法》规定的公益事业的捐赠。其中，公益性社会团体，是指同时符合下列条件的基金会、慈善组织等社会团体：1）依法登记，具有法人资格；2）以发展公益事业为宗旨，且不以营利为目的；3）全部资产及其增值为该法人所有；4）收益和营运结余主要用于符合该法人设立目的的事业；5）终止后的剩余财产不归属任何个人或者营利组织；6）不经营与其设立目的无关的业务；7）有健全的财务会计制度；8）捐赠者不以任何形式参与社会团体财产的分配；9）国务院财政、税务主管部门会同国务院民政部门等登记管理部门规定的其他条件。这里说的公益性社会团体，包括中国青少年发展基金会、希望工程基金会、宋庆龄基金会、减灾委员会、中国红十字会、中国残疾人联合会、全国老年基金会、老区促进会以及经民政部门批准成立的其他非营利的公益性组织。

年度利润总额，是指企业依照国家统一会计制度的规定计算的年度会计利润。

（9）固定资产租赁费。企业根据生产经营活动的需要租入固定资产所支付的租赁费，按照以下方法扣除：1）以经营租赁方式租入固定资产发生的租赁费支出，按照租赁期限均匀扣除；2）以融资租赁方式租入固定资产发生的租赁费支出，按照规定构成融资租入固定资产价值的部分应当提取折旧费用，分期扣除。

（10）商业保险费。企业依照国家有关规定为特殊工种职工支付的人身安全保险费，可以扣除。企业参加财产保险，按照规定缴纳的保险费，准予扣除。企业为投资者或者职工支付的商业保险费，不得扣除。

（11）总机构分摊的费用。非居民企业在中国境内设立的机构、场所，就其中国境外总机构发生的与该机构、场所生产经营有关的费用，能够提供总机构出具的费用汇集范围、定额、分配依据和方法等证明文件，并合理分摊的，准予扣除。

（12）环境保护专项资金。企业依照法律、行政法规有关规定提取的用于环境保护、生态恢复等方面的专项资金，准予扣除。上述专项资金提取后改变用途的，不得扣除。

（三）不得扣除的项目

不得扣除的项目，是企业在计算应纳税所得额时不得扣除的项目。企业在计算应纳税所得额时，下列项目不得扣除：

(1) 向投资者支付的股息、红利等权益性投资收益款项，是指企业因使用权益性资本而付出的代价。

(2) 企业所得税税款，是指企业按应纳税所得额和适用的税率计算的应纳所得税税额。

(3) 税收滞纳金，是指企业违反税收法规，被税务机关处以的滞纳金、罚金。

(4) 罚金、罚款和被没收财物的损失，是指企业生产、经营因违反国家法律、法规和规章，被有关部门处以的罚款以及被没收财物的损失。

(5) 超出税法允许扣除比例以外的捐赠支出，是指企业超出税法允许扣除比例的公益性捐赠支出和非公益性捐赠支出。

(6) 赞助支出，是指企业发生的与生产经营活动无关的各种非广告性质支出。

(7) 未经核定的准备金支出，是指不符合国务院财政、税务主管部门规定的各项资产减值准备、风险准备等准备金支出。

(8) 企业间支付的费用。企业之间支付的管理费、企业内营业机构之间支付的租金和特许权使用费，以及非银行企业内营业机构之间支付的利息，不得扣除。

(9) 与取得收入无关的其他支出。

G公司是一家股份有限公司，2016年度该企业营业外支出科目共列支57.5万元，其中包括：因迟缴税款缴纳的税收滞纳金1.5万元；向工商银行借款，到期未归还本金，支付银行的罚金6万元；赞助某电视剧的拍摄，赞助支出50万元。请问：该企业的营业外支出科目中有多少金额可以在企业所得税前扣除？

根据《企业所得税法》的规定，企业支付的税收滞纳金是因违反国家的税法受到的处罚，不得在企业所得税前扣除。企业支付的银行罚金并不是违反国家的相关法律法规，而是违反了企业与工商银行签订的合同，该项支出可以在企业所得税前扣除。企业支付的赞助支出因与企业的生产经营活动无关，不得在企业所得税前扣除。2016年允许在企业所得税前扣除的营业外支出是6万元。

(四) 亏损弥补

《企业所得税法》规定，允许弥补的以前年度亏损，准予在计算应纳税所得额时扣除。这里说的亏损，是指企业依照《企业所得税法》及其实施条例的规定，将每一纳税年度的收入总额减除不征税收入、免税收入和各项扣除后小于零的数额。

企业纳税年度发生的亏损，准予向以后年度结转，用以后年度的所得弥补，但结转年限最长不得超过5年。弥补亏损期限，是指纳税人某一纳税年度发生亏损，准予用以后年度的应纳税所得弥补，1年弥补不足的，可以逐年延续弥补，弥补期限最长不得超过5年，5年内不论是盈利还是亏损，都作为实际弥补年限计算。

企业发生亏损用以前年度的所得弥补时，需要注意以下两个问题：一是亏损弥补期应自亏损年度的下一个年度起连续5年不间断地计算。例如，某企业2011年发生亏损10万元，其亏损弥补期间应是 2012—2016 年。二是亏损弥补期间发生的年度亏损，应依照规定按每个亏损年度分别连续计算各自的弥补期限，并按照先亏先补的顺序进行弥补。例如，上述企业 2012 年又亏损 5 万元，则 2012 年的亏损弥补期间应是 2013—2017 年，假定 2013 年盈利 12 万元，则应先弥补 2011 年的亏损 10 万元，再弥补 2012 年的亏损 5 万元，这样 2012 年的亏损还剩 3 万元未弥补完，再用 2014—2017 年的盈利弥补。

S 公司是一家有限责任公司，2010—2016 年的盈亏情况如表 4-2 所示。

表 4-2

年度	2010	2011	2012	2013	2014	2015	2016
应纳税所得额/万元	－60	4	－10	7	13	30	42

请问：该企业 2016 年度可以弥补的亏损金额是多少？

该企业 2010 年的亏损，依次由 2011—2015 年各年度应纳税所得额弥补，即使此弥补期内 2012 年是亏损的，也算弥补期。截至 2015 年弥补期结束，2010 年的亏损尚未弥补完。2012 年的亏损，从下一年 2013 年算起，依次由 2013—2017 年弥补，由于 2013—2015 年的应纳税所得额都弥补了 2010 年的亏损，所以只能用 2016 年的应纳税所得额弥补。可知，该企业 2016 年度可以弥补的亏损金额是 10 万元。

第五节　资产的税务处理

资产是企业拥有或者控制的、预期会给企业带来经济利益的资源。企业为取得其拥有的各项资产所支付的金额，应区分资本性支出和收益性支出，从而确定从企业的收入总额中准予扣除的项目和不得扣除的项目，以正确计算应纳税所得额。对于资本性的支出，不允许作为成本费用从企业收入总额中一次性扣除，而应采取分期计提折旧或者分期摊销的方式从以后各期的收入总额中分期予以扣除。收益性支出可以作为成本费用从企业收入总额中一次性扣除。《企业所得税法》规定的资产税务处理主要包括固定资产、生物资产、无形资产、长期待摊费用、投资资产、存货等。

企业的固定资产、生物资产、无形资产、长期待摊费用、投资资产、存货等各项资产，应以历史成本为计税基础。所谓历史成本，是指企业取得该项资产时实际发生的支出。企业持有各项资产期间资产增值或者减值，除国务院财政、税务主管部门规定可以确认损益外，不得调整该资产的计税基础。

一、固定资产的税务处理

固定资产，是指企业为生产产品、提供劳务、出租或者经营管理而持有的、使用时间超过 12 个月的非货币性资产，包括房屋、建筑物、机器、机械、运输工具以及其他与生产经营活动有关的设备、器具、工具等。

（一）固定资产计税基础的确定

企业的固定资产应当按照以下方法确定计税基础：

（1）外购的固定资产，以购买价款和支付的相关税费以及直接归属于使该资产达到预定用途发生的其他支出为计税基础。

（2）自行建造的固定资产，以竣工结算前发生的支出为计税基础。

（3）融资租入的固定资产，以租赁合同约定的付款总额和承租人在签订租赁合同过程中发生的相关费用为计税基础，租赁合同未约定付款总额的，以该资产的公允价值和承租人在签订租赁合同过程中发生的相关费用为计税基础。

（4）盘盈的固定资产，以同类固定资产的重置完全价值为计税基础。

（5）通过捐赠、投资、非货币性资产交换、债务重组等方式取得的固定资产，以该资产的公允价值和支付的相关税费为计税基础。

（6）改建的固定资产，除已足额提取折旧仍继续使用的固定资产的改建支出和租入固定资产的改建支出外，以改建过程中发生的改建支出增加计税基础。

（二）固定资产折旧的处理规定

1. 应当提取折旧的固定资产

（1）房屋、建筑物。

（2）飞机、火车、轮船、机器、机械和其他生产设备。

（3）与生产经营活动有关的器具、工具、家具等。

（4）飞机、火车、轮船以外的运输工具。

（5）电子设备。

2. 不得提取折旧的固定资产

（1）房屋、建筑物以外未投入使用的固定资产。

（2）以经营租赁方式租入的固定资产。

（3）以融资租赁方式租出的固定资产。

（4）已足额提取折旧仍继续使用的固定资产。

（5）与经营活动无关的固定资产。

（6）单独估价作为固定资产入账的土地。

（7）其他不得计算折旧扣除的固定资产。

3. 提取折旧的依据和方法

（1）企业应当自固定资产投入使用月份的次月起计算折旧；停止使用的固定资产，应当自停止使用月份的次月起停止计算折旧。固定资产应当按月计提折旧，当月增加的固定资产，当月不计提折旧，从下月起计提折旧；当月减少的固定资产，当月仍计提折旧，从下月起不计提折旧。固定资产提足折旧后，不论能否继续使用，均不再计提折旧，提前报废的固定资产也不再计提折旧。

（2）企业应当根据固定资产的性质和使用情况，合理确定固定资产的预计净残值。固定资产的预计净残值一经确定，不得变更。

（3）固定资产折旧的计算采用直线法。直线折旧法一般包括平均年限法和工作量法。

（4）除国务院财政、税务主管部门另有规定外，固定资产计算折旧的最低年限如下：1）房屋、建筑物，为20年；2）飞机、火车、轮船、机器、机械和其他生产设备，为10年；3）与生产经营活动有关的器具、工具、家具等，为5年；4）飞机、火车、轮船以外的运输工具，为4年；5）电子设备，为3年。

此外，从事开采石油、天然气等矿产资源的企业，在开始商业性生产前发生的费用和有关固定资产的折耗、折旧方法，由国务院财政、税务主管部门另行规定。

4. 固定资产加速折旧的范围

企业的固定资产由于技术进步等原因，确需加速折旧的，可以缩短折旧年限或者采取加速折旧的方法。可以采取缩短折旧年限或者采取加速折旧的方法的固定资产有两类：（1）由于技术进步，产品更新换代较快的固定资产；（2）常年处于强震动、高腐蚀状态的固定资产。

采取缩短折旧年限方法的，最低折旧年限不得低于《企业所得税法实施条例》规定的折旧年限的60%；采取加速折旧方法的，可以采取双倍余额递减法或者年数总和法。

二、生产性生物资产的税务处理

生产性生物资产，是指企业为生产农产品、提供劳务或者出租等而持有的生物资产，包括经济林、薪炭林、产畜和役畜等。

（一）生产性生物资产计税基础的确定

企业的生产性生物资产按照以下方法确定计税基础：

（1）外购的生产性生物资产，以购买价款和支付的相关税费为计税基础。

（2）通过捐赠、投资、非货币性资产交换、债务重组等方式取得的生产性生物资产，以该资产的公允价值和支付的相关税费为计税基础。

（二）生产性生物资产折旧的处理规定

（1）企业应当自生产性生物资产投入使用月份的次月起计算折旧；停止使用的生产性生物资产，应当自停止使用月份的次月起停止计算折旧。

（2）企业应当根据生产性生物资产的性质和使用情况，合理确定生产性生物资产的预计净残值。生产性生物资产的预计净残值一经确定，不得变更。

（3）企业的生产性生物资产折旧的计算，采用直线法。

（4）生产性生物资产计算折旧的最低年限为：1）林木类生产性生物资产，为10年；2）畜类生产性生物资产，为3年。

三、无形资产的税务处理

无形资产，是指企业为生产产品、提供劳务、出租或者经营管理而持有的、没有实物形态的非货币性长期资产，包括专利权、商标权、著作权、土地使用权、非专利技术、商誉等。

（一）无形资产计税基础的确定

企业的无形资产按照以下方法确定计税基础：

（1）外购的无形资产，以购买价款和支付的相关税费以及直接归属于使该资产达到预定用途发生的其他支出为计税基础。

（2）自行开发的无形资产，以开发过程中该资产符合资本化条件后至达到预定用途前发生的支出为计税基础。

（3）通过捐赠、投资、非货币性资产交换、债务重组等方式取得的无形资产，以该资产的公允价值和支付的相关税费为计税基础。

（二）无形资产摊销的处理规定

（1）无形资产摊销采用直线法。

（2）无形资产的摊销年限不得低于 10 年。作为投资或者受让的无形资产，有关法律规定或者合同约定了使用年限的，可以按照规定或者约定的使用年限分期摊销。

（3）外购商誉的支出，在企业整体转让或者清算时，准予扣除。

（三）不得计算摊销费用扣除的无形资产

（1）自行开发的支出已在计算应纳税所得额时扣除的无形资产。

（2）自创商誉，与经营活动无关的无形资产。

（3）其他不得计算摊销费用扣除的无形资产。

四、长期待摊费用的税务处理

长期待摊费用，是指企业已经发生但由本期和以后各期负担的分摊期限在一年以上的各项费用。企业在计算应纳税所得额时发生的下列支出，作为长期待摊费用按照规定摊销的，准予扣除：

（1）已足额提取折旧的固定资产的改建支出。固定资产的改建支出，是指改变房屋或者建筑物结构、延长使用年限等发生的支出。这里的支出按照固定资产预计尚可使用年限分期摊销。

（2）租入固定资产的改建支出。固定资产的改建支出，是指改变房屋或者建筑物结构、延长使用年限等发生的支出。这里的支出按照合同约定的剩余租赁期限分期摊销。

（3）固定资产的大修理支出。固定资产的大修理支出，是指同时符合下列条件的支出：1）修理支出达到取得固定资产时的计税基础的 50%以上；2）修理后固定资产的使用年限延长 2 年以上。这里的支出按照固定资产尚可使用年限分期摊销。

（4）其他应当作为长期待摊费用的支出。其他应当作为长期待摊费用的支出，自支出发生月份的次月起分期摊销，摊销年限不得低于 3 年。

五、投资资产的税务处理

投资资产，是指企业对外进行权益性投资和债权性投资形成的资产。

企业在转让或者处置投资资产时，投资资产的成本准予扣除。投资资产按照以下方法确定成本：

（1）通过支付现金方式取得的投资资产，以购买价款为成本。

（2）通过支付现金以外的方式取得的投资资产，以该资产的公允价值和支付的相关税费为成本。

企业对外投资期间，投资资产的成本在计算应纳税所得额时不得扣除；企业在转让或者处置投资资产时，投资资产的成本准予扣除。

六、存货的税务处理

存货，是指企业持有以备出售的产品或者商品、处在生产过程中的在产品、在生产或者提供劳务过程中耗用的材料和物料等。企业使用或者销售存货，按照规定计算存货成本，准予在计算应纳税所得额时扣除。

（一）存货计税基础的确定

企业的存货按照以下方法确定成本：

（1）通过支付现金方式取得的存货，以购买价款和支付的相关税费为成本。

（2）通过支付现金以外的方式取得的存货，以该存货的公允价值和支付的相关税费为成本。

（3）生产性生物资产收获的农产品，以产出或者采收过程中发生的材料费、人工费和分摊的间接费用等必要支出为成本。

（二）存货成本的计算方法

企业使用或者销售的存货的成本，计算时可以在先进先出法、加权平均法、个别计价法中选用一种。计价方法一经选用，不得随意变更。

第六节　特别纳税调整

一、特别纳税调整

（一）特别纳税调整的概念

特别纳税调整是指企业与其关联方之间的业务往来，不符合独立交易原则而减少企业或者其关联方应纳税收入或者所得额的，税务机关有权按照合理方法调整。

上述关联方是指与企业有下列关联关系之一的企业、其他组织或者个人，具体指：

（1）在资金、经营、购销等方面存在直接或者间接的控制关系。

（2）直接或者间接地同为第三者控制。

（3）在利益上具有相关联的其他关系。

上述所称独立交易原则，是指没有关联关系的交易各方，按照公平成交价格和营业常规进行业务往来遵循的原则。

（二）部分关联业务的税务处理

（1）受控外国企业管理。由居民企业，或者由居民企业和中国居民控制的设立在实际税负明显低于25%的税率水平的国家（地区）的企业，并非由于合理的经营需要而对利润不作分配或者减少分配的，上述利润中应归属于该居民企业的部分，应当计入该居民企业的当期收入。

上述实际税负明显偏低是指实际税负明显低于企业所得税法规定的25%税率的50%。

（2）资本弱化管理。企业从其关联方接受的债权性投资与权益性投资的比例超过规定标准而发生的利息支出，不得在计算应纳税所得额时扣除。

（3）母子公司间提供服务支付费用有关企业所得税处理。

1）母公司为其子公司（以下简称子公司）提供各种服务而发生的费用，应按照独立企业之间公平交易原则确定服务的价格，作为企业正常的劳务费用进行税务处理。

母子公司未按照独立企业之间的业务往来收取价款的，税务机关有权予以调整。

2）母公司向其多个子公司提供同类项服务，其收取的服务费既可以采取分项签订合同或协议收取，也可以采取服务分摊协议的方式。

3）母公司以管理费形式向子公司提取费用，子公司因此支付给母公司的管理费，不得在税前扣除。

（三）特别纳税调整管理的内容

依据国税发〔2009〕2号文件，《特别纳税调整实施办法（试行）》适用于税务机关对企业的转让定价、预约定价安排、成本分摊协议、受控外国企业、资本弱化以及一般反避税等特别纳税调整事项的管理。

（1）转让定价管理是指税务机关按照《企业所得税法》第六章和《税收征管法》第三十六条的有关规定，对企业与其关联方之间的业务往来（以下简称关联交易）是否符合独立交易原则进行审核评估和调查调整等工作的总称。

（2）预约定价安排管理是指税务机关按照《企业所得税法》第四十二条和《税收征管法实施细则》第五十三条的规定，对企业提出的未来年度关联交易的定价原则和计算方法进行审核评估，并与企业协商达成预约定价安排等工作的总称。

（3）成本分摊协议管理是指税务机关按照《企业所得税法》第四十一条第二款的规定，对企业与其关联方签署的成本分摊协议是否符合独立交易原则进行审核评估和调查调整等工作的总称。

（4）受控外国企业管理是指税务机关按照《企业所得税法》第四十五条的规定，对受控外国企业不作利润分配或减少分配进行审核评估和调查，并对归属于中国居民企业的所得进行调整等工作的总称。

（5）资本弱化管理是指税务机关按照《企业所得税法》第四十六条的规定，对企业接受关联方债权性投资与企业接受的权益性投资的比例是否符合规定比例或独立交易原则进行审核评估和调查调整等工作的总称。

（6）一般反避税管理是指税务机关按照《企业所得税法》第四十七条的规定，对企业实施其他不具有合理商业目的的安排而减少其应纳税收入或所得额进行审核评估和调查调整等工作的总称。

二、关联申报管理

（一）关联关系是指企业与其他企业、组织或个人具有下列之一关系

（1）一方直接或者间接持有另一方的股份总和达到25%以上；双方直接或者间接同为第三方所持有的股份达到25%以上。

如果一方通过中间方对另一方间接持有股份，只要其对中间方持股比例达到25%以上，则其对另一方的持股比例按照中间方对另一方的持股比例计算。

两个以上具有夫妻、直系血亲、兄弟姐妹以及其他抚养、赡养关系的自然人共同持股同一企业，在判定关联关系时持股比例合并计算。

（2）双方存在持股关系或者同为第三方持股，虽持股比例未达到第（1）项规定，但双方之间借贷资金总额占任一方实收资本比例达到50%以上，或者一方全部借贷资金总额的10%以上由另一方担保（与独立金融机构之间的借贷或者担保除外）。

借贷资金总额占实收资本比例＝年度加权平均借贷资金/年度加权平均实收资本

其中：

年度加权平均借贷资金＝i笔借入或者贷出资金账面金额×i笔借入或者贷出资金年度实际占用天数/365

年度加权平均实收资本＝i笔实收资本账面金额×i笔实收资本年度实际占用天数/365

（3）双方存在持股关系或者同为第三方持股，虽持股比例未达到第（1）项规定，但一方的生产经营活动必须由另一方提供专利权、非专利技术、商标权、著作权等特许权才能正常进行。

（4）双方存在持股关系或者同为第三方持股，虽持股比例未达到第（1）项规定，但一方的购买、销售、接受劳务、提供劳务等经营活动由另一方控制。

上述控制是指一方有权决定另一方的财务和经营政策，并能据以从另一方的经营活动中获取利益。

（5）一方半数以上董事或者半数以上高级管理人员（包括上市公司董事会秘书、经理、副经理、财务负责人和公司章程规定的其他人员）由另一方任命或者委派，或者同时担任另一方的董事或者高级管理人员；或者双方各自半数以上董事或者半数以上高级管理人员同为第三方任命或者委派。

（6）具有夫妻、直系血亲、兄弟姐妹以及其他抚养、赡养关系的两个自然人分别与双方具有第（1）至（5）项关系之一。

（7）双方在实质上具有其他共同利益。

除上述第（2）项规定外，上述关联关系年度内发生变化的，关联关系按照实际存续期间认定。

（二）关联交易类型

（1）有形资产使用权或者所有权的转让。有形资产包括商品、产品、房屋建筑物、交通工具、机器设备、工具器具等。

（2）金融资产的转让。金融资产包括应收账款、应收票据、其他应收款项、股权投资、债权投资和衍生金融工具形成的资产等。

（3）无形资产使用权或者所有权的转让。无形资产包括专利权、非专利技术、商业秘密、商标权、品牌、客户名单、销售渠道、特许经营权、政府许可、著作权等。

（4）资金融通。资金包括各类长短期借贷资金（含集团资金池）、担保费、各类应计息预付款和延期收付款等。

（5）劳务交易。劳务包括市场调查、营销策划、代理、设计、咨询、行政管理、技术服务、合约研发、维修、法律服务、财务管理、审计、招聘、培训、集中采购等。

三、同期资料管理

企业应当依据《企业所得税法实施条例》的规定，按纳税年度准备并按税务机关要求提供其关联交易的同期资料。同期资料包括主体文档、本地文档和特殊事项文档。

（一）主体文档

（1）符合下列条件之一的企业，应当准备主体文档：

1）年度发生跨境关联交易，且合并该企业财务报表的最终控股企业所属企业集团已准备主体文档。

2）年度关联交易总额超过10亿元。

（2）主体文档主要披露最终控股企业所属企业集团的全球业务整体情况，包括以下内容：

1）组织架构。以图表形式说明企业集团的全球组织架构、股权结构和所有成员实体的地理分布。成员实体是指企业集团内任一营运实体，包括公司制企业、合伙企业和常设机构等。

2）企业集团业务。企业集团业务描述，包括利润的重要价值贡献因素；企业集团营业收入前五位以及占营业收入超过5%的产品或者劳务的供应链及其主要市场地域分布情况，供应链情况可以采用图表形式进行说明；企业集团除研发外的重要关联劳务及简要说明，说明内容包括主要劳务提供方提供劳务的胜任能力、分配劳务成本以及确定关联劳务价格的转让定价政策；企业集团内各成员实体主要价值贡献分析，包括执行的关键功能、承担的重大风险以及使用的重要资产；企业集团会计年度内发生的业务重组，产业结构调整，集团内企业功能、风险或者资产的转移；企业集团会计年度内发生的企业法律形式改变、债务重组、股权收购、资产收购、合并、分立等。

3）无形资产。企业集团开发、应用无形资产及确定无形资产所有权归属的整体战略，包括主要研发机构所在地和研发管理活动发生地及主要功能、风险、资产、人员情况；企业集团对转让定价安排有显著影响的无形资产或者无形资产组合，以及对应的无形资产所有权人；企业集团内各成员实体与其关联方的无形资产重要协议清单，重要协议包括成本分摊协议、主要研发服务协议和许可协议等；企业集团内与研发活动及无形资产相关的转让定价政策；企业集团会计年度内重要无形资产所有权和使用权关联转让情况，包括转让涉及的企业、国家以及转让价格等。

4）融资活动。企业集团内部各关联方之间的融资安排以及与非关联方的主要融资安排；企业集团内提供集中融资功能的成员实体情况，包括其注册地和实际管理机构所在地；企业集团内部各关联方之间融资安排的总体转让定价政策。

5）财务与税务状况。企业集团最近一个会计年度的合并财务报表；企业集团内各成员实体签订的单边预约定价安排、双边预约定价安排以及涉及国家之间所得分配的其他税收裁定的清单及简要说明；报送国别报告的企业名称及所在地。

（二）本地文档

（1）年度关联交易金额符合下列条件之一的企业，应当准备本地文档：

1）有形资产所有权转让金额（来料加工业务按照年度进出口报关价格计算）超过 2 亿元。

2）金融资产转让金额超过 1 亿元。

3）无形资产所有权转让金额超过 1 亿元。

4）其他关联交易金额合计超过 4 000 万元。

（2）本地文档主要披露企业关联交易的详细信息，包括以下内容：企业概况、关联关系、关联交易、可比性分析以及转让定价方法的选择和使用。

（三）特殊事项文档

（1）特殊事项文档包括成本分摊协议特殊事项文档和资本弱化特殊事项文档。

企业签订或者执行成本分摊协议的，应当准备成本分摊协议特殊事项文档。

企业关联债资比例超过标准比例需要说明符合独立交易原则的，应当准备资本弱化特殊事项文档。

（2）成本分摊协议特殊事项文档包括以下内容：

1）成本分摊协议副本。

2）各参与方之间达成的为实施成本分摊协议的其他协议。

3）使用协议成果的情况、支付的金额和形式，以及支付金额在参与方之间的分配方式。

4）本年度成本分摊协议的参与方加入或者退出的情况，包括加入或者退出的参与方名称、所在国家和关联关系，加入支付或者退出补偿的金额及形式。

5）分摊协议的变更或者终止情况，包括变更或者终止的原因、对已形成协议成果的处理或者分配。

6）本年度按照成本分摊协议发生的成本总额及构成情况。

7）本年度各参与方成本分摊的情况，包括成本支付的金额、形式和对象，作出或者接受补偿支付的金额、形式和对象。

8）本年度协议预期收益与实际收益的比较以及由此作出的调整。

9）预期收益的计算，包括计量参数的选取、计算方法和改变理由。

（3）资本弱化特殊事项文档包括以下内容：

1）企业偿债能力和举债能力分析。

2）企业集团举债能力及融资结构情况分析。

3）企业注册资本等权益投资的变动情况说明。

4）关联债权投资的性质、目的及取得时的市场状况。

5）关联债权投资的货币种类、金额、利率、期限及融资条件。

6）非关联方是否能够并且愿意接受上述融资条件、融资金额及利率。

7）企业为取得债权性投资而提供的抵押品情况及条件。

8）担保人状况及担保条件。

9）同类同期贷款的利率情况及融资条件。

10）可转换公司债券的转换条件。

四、转让定价方法管理

转让定价方法包括：可比非受控价格法、再销售价格法、成本加成法、交易净利润法、利润分割法和其他符合独立交易原则的方法。选用合理的转让定价方法应进行可比性分析。可比性分析因素主要包括以下五个方面：（1）交易资产或劳务特性；（2）交易各方功能和风险；（3）合同条款；（4）经济环境；（5）经营策略。

（一）可比非受控价格法

可比非受控价格法以非关联方之间进行的与关联交易相同或类似业务活动所收取的价格作为关联交易的公平成交价格。

可比性分析应特别考察关联交易与非关联交易在交易资产或劳务的特性、合同条款及经济环境上的差异，按照不同交易类型具体包括如下内容：（1）有形资产的购销或转让；（2）有形资产的使用；（3）无形资产的转让和使用；（4）融通资金：融资的金额、币种、期限、担保、融资人的资信、还款方式、计息方法；（5）提供劳务：业务性质、技术要求、专业水准、承担责任、付款条件和方式、直接和间接成本等。

关联交易与非关联交易之间在以上方面存在重大差异的，应就该差异对价格的影响进行合理调整；无法合理调整的，应根据规定选择其他合理的转让定价方法。

可比非受控价格法可以适用于所有类型的关联交易。

（二）再销售价格法

再销售价格法以关联方购进商品再销售给非关联方的价格减去可比非关联交易毛利后的金额作为关联方购进商品的公平成交价格。其计算公式如下：

公平成交价格＝再销售给非关联方的价格×（1－可比非关联交易毛利率）

可比非关联交易毛利率＝可比非关联交易毛利/可比非关联交易收入净额×100%

可比性分析应特别考察关联交易与非关联交易在功能风险及合同条款上的差异以及影

响毛利率的其他因素，具体包括销售、广告及服务功能，存货风险，机器、设备的价值及使用年限，无形资产的使用及价值，批发或零售环节，商业经验，会计处理及管理效率等。

关联交易与非关联交易之间在以上方面存在重大差异的，应就该差异对毛利率的影响进行合理调整；无法合理调整的，应根据规定选择其他合理的转让定价方法。

再销售价格法通常适用于再销售者未对商品进行改变外形、性能、结构或更换商标等实质性增值加工的简单加工或单纯购销业务。

（三）成本加成法

成本加成法以关联交易发生的合理成本加上可比非关联交易毛利作为关联交易的公平成交价格。其计算公式如下：

公平成交价格＝关联交易的合理成本×（1＋可比非关联交易成本加成率）

可比非关联交易成本加成率＝可比非关联交易毛利/可比非关联交易成本×100%

可比性分析应特别考察关联交易与非关联交易在功能风险及合同条款上的差异以及影响成本加成率的其他因素，具体包括制造、加工、安装及测试功能，市场及汇兑风险，机器、设备的价值及使用年限，无形资产的使用及价值，商业经验，会计处理及管理效率等。

关联交易与非关联交易之间在以上方面存在重大差异的，应就该差异对成本加成率的影响进行合理调整；无法合理调整的，应根据规定选择其他合理的转让定价方法。

成本加成法通常适用于有形资产的购销、转让和使用，劳务提供或资金融通的关联交易。

（四）交易净利润法

交易净利润法以可比非关联交易的利润率指标确定关联交易的净利润。利润率指标包括资产收益率、销售利润率、完全成本加成率、贝里比率等。

可比性分析应特别考察关联交易与非关联交易之间在功能风险及经济环境上的差异以及影响营业利润的其他因素，具体包括执行功能、承担风险和使用资产，行业和市场情况，经营规模，经济周期和产品生命周期，成本、费用、所得和资产在各交易间的分摊，会计处理及经营管理效率等。

关联交易与非关联交易之间在以上方面存在重大差异的，应就该差异对营业利润的影响进行合理调整；无法合理调整的，应根据规定选择其他合理的转让定价方法。

交易净利润法通常适用于有形资产的购销、转让和使用，无形资产的转让和使用以及劳务提供等关联交易。

（五）利润分割法

利润分割法根据企业与其关联方对关联交易合并利润的贡献计算各自应该分配的利润额。利润分割法分为一般利润分割法和剩余利润分割法。

一般利润分割法根据关联交易各参与方所执行的功能、承担的风险以及使用的资产，确定各自应取得的利润。

剩余利润分割法将关联交易各参与方的合并利润减去分配给各方的常规利润的余额作为剩余利润，再根据各方对剩余利润的贡献程度进行分配。

可比性分析应特别考察交易各方执行的功能、承担的风险和使用的资产，成本、费用、所得和资产在各交易方之间的分摊，会计处理，确定交易各方对剩余利润贡献所使用信息和假设条件的可靠性等。

利润分割法通常适用于各参与方关联交易高度整合且难以单独评估各方交易结果的情况。

五、转让定价调查及调整

转让定价调查应重点选择以下企业：

（1）关联交易数额较大或类型较多的企业。

（2）长期亏损、微利或跳跃性盈利的企业。

（3）低于同行业利润水平的企业。

（4）利润水平与其所承担的功能风险明显不相匹配的企业。

（5）与避税港关联方发生业务往来的企业。

（6）未按规定进行关联申报或准备同期资料的企业。

（7）其他明显违背独立交易原则的企业。

六、预约定价安排管理

（1）年度发生的关联交易金额在 4 000 万元人民币以上。

（2）依法履行关联申报义务。

（3）按规定准备、保存和提供同期资料。

七、成本分摊协议管理

企业与其关联方共同开发、受让无形资产，或者共同提供、接受劳务发生的成本，在计算应纳税所得额时应当按照独立交易原则进行分摊。

企业可以依照《企业所得税法》的规定，按照独立交易原则与其关联方分摊共同发生的成本，达成成本分摊协议。企业与其关联方分摊成本时，应当按照成本与预期收益相配比的原则进行分摊，并在税务机关规定的期限内，按照税务机关的要求报送有关资料。企业与其关联方分摊成本时违反前述规定的，其自行分摊的成本不得在计算应纳税所得额时扣除。

八、受控外国企业管理

由居民企业或者由居民企业和中国居民控制的设立在实际税负低于12.5%的国家（地区）的企业，并非由于合理的经营需要而对利润不作分配或者减少分配的，上述利润中应归属于该居民企业的部分，应当计入该居民企业的当期收入。

九、资本弱化管理

《企业所得税法》第四十六条所称不得在计算应纳税所得额时扣除的利息支出应按以下公式计算：

不得扣除利息支出＝年度实际支付的全部关联方利息×（1－标准比例/关联债资比例）

其中：

标准比例是指《财政部　国家税务总局关于企业关联方利息支出税前扣除标准有关税收政策问题的通知》（财税〔2008〕121号）规定的比例，金融企业为5∶1，其他企业为2∶1。

关联债资比例是指根据《企业所得税法》第四十六条及《企业所得税法实施条例》第一百一十九的规定，企业从其全部关联方接受的债权性投资（以下简称关联债权投资）占企业接受的权益性投资（以下简称权益投资）的比例，关联债权投资包括关联方以各种形式提供担保的债权性投资。

关联债资比例的具体计算方法如下：

关联债资比例＝年度各月平均关联债权投资之和/年度各月平均权益投资之和

其中：

各月平均关联债权投资＝（关联债权投资月初账面余额＋月末账面余额）/2

各月平均权益投资＝（权益投资月初账面余额＋月末账面余额）/2

权益投资为企业资产负债表所列示的所有者权益金额。如果所有者权益小于实收资本（股本）与资本公积之和，则权益投资为实收资本（股本）与资本公积之和；如果实收资本（股本）与资本公积之和小于实收资本（股本）金额，则权益投资为实收资本（股本）金额。

十、一般反避税管理

对存在以下避税安排的企业，启动一般反避税调查：

（1）滥用税收优惠。

（2）滥用税收协定。

（3）滥用公司组织形式。

（4）利用避税港避税。

（5）其他不具有合理商业目的的安排。

第七节　应纳税额的计算

一、居民企业应纳税额的计算

居民企业应纳税额等于应纳税所得额乘以适用税率，基本计算公式为：

居民企业应纳税额＝应纳税所得额×适用税率－减免税额－抵免税额

根据计算公式可以看出，居民企业应纳税额的多少，取决于应纳税所得额和适用税率两个因素。在实际过程中，应纳税所得额的计算一般有两种方法。

（一）直接计算法

在直接计算法下，居民企业每一纳税年度的收入总额减除不征税收入、免税收入、各项扣除以及允许弥补的以前年度亏损后的余额为应纳税所得额。计算公式与前述相同，即：

应纳税所得额＝收入总额－不征税收入－免税收入－各项扣除金额－弥补亏损

（二）间接计算法

在间接计算法下，在会计利润总额的基础上加或减按照税法规定调整的项目金额后，即为应纳税所得额。计算公式为：

应纳税所得额＝会计利润总额±纳税调整项目金额

税收调整项目金额包括两方面的内容：一是企业的财务会计处理和税收规定不一致的应予以调整的金额；二是企业按照税法规定准予扣除的税收金额。

【例 4－1】 振华公司是一家居民企业，2016 年度有关经营情况如下：

（1）取得产品销售收入 7 000 万元，销售成本共计 4 000 万元。

（2）销售费用 1 400 万元，其中广告费 1 095 万元。

（3）管理费用 530 万元，其中，研究开发费 160 万元，当年未形成无形资产。

（4）财务费用 100 万元，其中，含向关联公司借款 500 万元，支付年利息 40 万元（当年金融企业贷款的年利率为 6％）。

（5）营业外收入 50 万元；营业外支出 150 万元，其中向中国红十字会捐款 140 万元。

计算该企业 2016 年实际应缴纳的企业所得税税额。

解答：

会计利润总额＝7 000－4 000－1 400－530－100＋50－150＝870（万元）

广告费税前扣除＝7 000×15％＝1 050（万元）

纳税调增＝1 095－1 050＝45（万元）

研究开发费税前扣除＝160×（1＋50％）＝240（万元）

纳税调减＝240－160＝80（万元）

利息税前扣除＝500×6％＝30（万元）

纳税调增＝40－30＝10（万元）

公益捐赠税前扣除＝870×12％＝104.4（万元）

纳税调增＝140－104.4＝35.6（万元）

应纳税所得额＝870＋45－80＋10＋35.6＝880.6（万元）

应纳税额＝880.6×25％＝220.15（万元）

二、境外所得抵扣税额的计算

企业所得税的税额扣除，是指国家对企业来自境外所得依法征收所得税时允许企业将其已在境外缴纳的所得税税额从其应向本国缴纳的所得税税额中扣除。税额扣除，是避免国家间对同一所得重复征税的一项重要措施。对同一企业的同一所得重复征税，是双重征税，这种现象扩展到国际范围，就形成了国际双重征税。国际双重征税的存在，一方面违背了税负公平的原则，增加了跨国企业的税收负担；另一方面又会阻碍国际投资活动的正常开展。为了避免国际双重征税现象，坚持公平税负的原则，各国政府对此都给予重视，并采取了相应的措施消除国际双重征税。避免国际双重征税的方法主要有免税法、税收抵免法、税收协定法等。目前我国采取税收抵免法避免国际双重征税。

（一）国外税收直接抵免

企业取得的下列所得已在境外缴纳的所得税税额，可以从其当期应纳税额中抵免，抵免限额为该项所得依照《企业所得税法》规定计算的应纳税额；超过抵免限额的部分，可以在以后 5 个年度内，用每年度抵免限额抵免当年应抵税额后的余额进行抵补：

（1）居民企业来源于中国境外的应税所得。

（2）非居民企业在中国境内设立机构、场所，取得发生在中国境外但与该机构、场所有实际联系的应税所得。

居民企业从其直接或者间接控制的外国企业分得的来源于中国境外的股息、红利等权益性投资收益，外国企业在境外实际缴纳的所得税税额中属于该项所得负担的部分，可以作为该居民企业的可抵免境外所得税税额，在《企业所得税法》规定的抵免限额内抵免。

上述所称直接控制，是指居民企业直接持有外国企业 20%以上股份。

上述所称间接控制，是指居民企业以间接持股方式持有外国企业 20%以上股份，具体认定办法由国务院财政、税务主管部门另行制定。

已在境外缴纳的所得税税额，是指企业来源于中国境外的所得依照中国境外税收法律以及相关规定应当缴纳并已经实际缴纳的企业所得税性质的税款。企业依照《企业所得税法》的规定抵免企业所得税税额时，应当提供中国境外税务机关出具的税款所属年度的有关纳税凭证。

抵免限额，是指企业来源于中国境外的所得，依照《企业所得税法》及其实施条例的规定计算的应纳税额。除国务院财政、税务主管部门另有规定外，该抵免限额应当分国（地区）不分项计算，计算公式为：

$$\text{抵免限额}=\text{中国境内、境外所得依照《企业所得税法》及其实施条例规定计算的应纳税总额}\times\text{来源于某国（地区）的应纳税所得额}\div\text{中国境内、境外应纳税所得总额}$$

前述 5 个年度，是指从企业取得的来源于中国境外的所得，已经在中国境外缴纳的企业所得税性质的税额超过抵免限额的当年的次年起连续 5 个纳税年度。

【例 4－2】 总机构设在中国境内的某外商投资企业，2016 年中国境内生产经营所得为 1 000 万元。同期从在 A 国设立的分公司取得生产经营所得折合人民币 500 万元，在 A 国已实际缴纳所得税税款折合人民币 160 万元；从设在 B 国的分公司取得生产经营所得折合人民币 200 万元，在 B 国已实际缴纳所得税税款折合人民币 25 万元。计算该企业本年度应纳所得税额。

解答：

（1）境外已纳税款扣除限额。

A 国生产经营所得已纳税款扣除限额＝500×25%＝125（万元）

该所得在A国已纳所得税税款超过扣除限额的35（160－125）万元不得在本年度的应纳税额中扣除，也不得列为费用支出，但可以在不超过5年的期限内，用以后年度税额扣除不超过限额的余额补扣。

B国生产经营所得已纳税款扣除限额＝200×25％＝50（万元）

该所得在B国实际缴纳的所得税税款为25万元，低于扣除限额25万元，但可以从本年度应纳税额中扣除的已纳所得税税款也只能是25万元。

（2）全年应纳税额＝（1 000＋500＋200）×25％－125－25＝275（万元）。

（二）国外税收间接抵免

居民企业从其直接或者间接控制的外国企业分得的来源于中国境外的股息、红利等权益性投资收益，外国企业在境外实际缴纳的所得税税额中属于该项所得负担的部分，可以作为该居民企业的可抵免境外所得税税额，在法定的抵免限额内抵免。其中：

（1）“外国企业”是指依照其他国家（地区）法律在中国境外设立的公司、企业和其他经济组织。

（2）由居民企业直接或间接控制的外国企业包括：居民企业直接持有20％以上股份的外国企业；居民企业以间接持股方式持有20％以上股份的外国企业。具体认定办法由国务院财政、税务主管部门另行制定。

三、居民企业核定征收应纳税额的计算

为了加强企业所得税的征收管理，对部分中小企业采取核定征收的办法计算其应纳税额。根据《税收征收管理法》及其实施细则和《企业所得税法》及其实施条例的有关规定，核定征收企业所得税的有关规定如下。

（一）核定征收企业所得税的适用范围

纳税人有下列情形之一的，税务机关有权核定其应纳税额：

（1）依照法律、行政法规的规定可以不设置账簿的。

（2）依照法律、行政法规的规定应当设置但未设置账簿的。

（3）擅自销毁账簿或者拒不提供纳税资料的。

（4）虽设置账簿，但账目混乱或者成本资料、收入凭证、费用凭证残缺不全，难以查账的。

（5）发生纳税义务，未按照规定的期限办理纳税申报，经税务机关责令限期申报，逾期仍不申报的。

（6）纳税人申报的计税依据明显偏低，又无正当理由的。

（二）核定应纳税额的方法

纳税人有上述所列情形之一的，税务机关有权采用下列任何一种方法核定其应纳税额：

（1）参照当地同类行业或者类似行业中经营规模和收入水平相近的纳税人的税负水平核定。

（2）按照营业收入或者成本加合理的费用和利润的方法核定。

（3）按照耗用的原材料、燃料、动力等推算或者测算核定。

（4）按照其他合理方法核定。

如果采用上述所列一种方法不足以正确核定应纳税额，可以同时采用两种以上的方法核定。如果纳税人对税务机关采取规定的方法核定的应纳税额有异议，应当提供相关证据，经税务机关认定后，调整应纳税额。

应税所得率按表 4－3 规定的幅度标准执行。

表 4－3　各行业应税所得率幅度表

行业	应税所得率/%
农、林、牧、渔业	3～10
制造业	5～15
批发和零售贸易业	4～15
交通运输业	7～15
建筑业	8～20
饮食业	8～25
娱乐业	15～30
其他行业	10～30

实行核定应税所得率征收办法的，应纳所得税额的计算公式如下：

应纳所得税额＝应纳税所得额×适用税率

应纳税所得额＝应税收入额×应税所得率

＝成本费用支出额÷（1－应税所得率）×应税所得率

四、非居民企业应纳税额的计算

对于在中国境内未设立机构、场所的，或者虽设立机构、场所但取得的所得与其所设机构、场所没有实际联系的非居民企业的所得，按照下列方法计算应纳税所得额：

（1）股息、红利等权益性投资收益和利息、租金、特许权使用费所得，以收入全额为应纳税所得额。

（2）转让财产所得，以收入全额减除财产净值后的余额为应纳税所得额。

（3）其他所得，参照前两项规定的方法计算应纳税所得额。

财产净值是指财产的计税基础减除已经按照规定扣除的折旧、折耗、摊销、准备金等后的余额。

扣缴义务人在每次向非居民企业支付或者到期应支付所得时，应从支付或者到期支付的款项中扣缴企业所得税。

扣缴企业所得税应纳税额计算公式：

扣缴企业所得税应纳税额＝应纳税所得额×实际征收率

【例 4－3】美国某公司在中国境内没有设立机构场所，2016 年从中国境内取得垫付款利息所得 8 万元；将一项专利权提供给中国企业 A 公司使用，获得使用费 10 万元，还为 A 公司提供货物运输担保，A 公司向其支付担保费 15 万元。计算该美国公司 2016 年应纳企业所得税税额。

解答：

2016 年应纳企业所得税税额＝（8＋10＋15）×10%＝3.3（万元）

第八节　源泉扣缴

源泉扣缴，是指以所得支付人为扣缴义务人，在每次向纳税人支付有关所得款项时，代为扣缴所得税税款的做法。实行源泉扣缴的主要目的在于有效保护税源，保证国家财政收入，防止偷漏税，简化纳税手续。对此类所得征税是国际上通行的做法，统称为预提税或预提所得税。预提所得税不是一个独立的税种，而是企业所得税的重要组成部分，是所得税源泉扣缴的方式。

一、扣缴义务人

对非居民企业在中国境内未设立机构、场所的，或者虽设立机构、场所但取得的所得与其所设机构、场所没有实际联系的，来源于中国境内的所得应缴纳的所得税，以支付人为扣缴义务人。税款由扣缴义务人在每次支付或者到期应支付时，从支付或者到期应支付的款项中扣缴。

所谓支付人，是指依照有关法律规定或者合同约定对非居民企业直接负有支付相关款项义务的单位或者个人。所谓支付，包括现金支付、汇拨支付、转账支付和权益兑价支付等货币支付和非货币支付。所谓到期应支付的款项，是指支付人按照权责发生制原则应当计入相关成本、费用的应付款项。

对非居民企业在中国境内取得工程作业和劳务所得应缴纳的所得税，税务机关可以指定工程价款或者劳务费的支付人为扣缴义务人。

二、税款扣缴办法

按税法规定应当扣缴的所得税，扣缴义务人未依法扣缴或者无法履行扣缴义务的，由纳税人在所得发生地缴纳。纳税人未依法缴纳的，税务机关可以从该纳税人在中国境内其他收入项目的支付人应付的款项中，追缴该纳税人的应纳税款。

所谓所得发生地，是指依照税法规定的原则确定的所得发生地。在中国境内存在多处所得发生地的，由纳税人选择其中之一申报缴纳企业所得税。所谓纳税人在中国境内其他收入，是指该纳税人在中国境内取得的其他各种来源的收入。

税务机关在追缴该纳税人应纳税款时，应当将追缴理由、追缴数额、缴纳期限和缴纳方式等告知该纳税人。

扣缴义务人每次代扣的税款，应当自代扣之日起 7 日内缴入国库，并向所在地的税务机关报送扣缴企业所得税报告表。

第九节　税收优惠

税收优惠是现代税收政策的一种形式，是政府为促进和扶持某些重要产业和部门的发展，而给予特定纳税人、征税对象以减征或免征所得税的措施，是国家调控经济的一种重要手段。

企业所得税的具体减免税优惠政策主要包括以下内容。

一、免征、减征的税收优惠

（一）从事农、林、牧、渔业项目的所得

1. 企业从事下列项目的所得，免征企业所得税

（1）蔬菜、谷物、薯类、油料、豆类、棉花、麻类、糖料、水果、坚果的种植。
（2）农作物新品种的选育。
（3）中药材的种植。
（4）林木的培育和种植。
（5）牲畜、家禽的饲养。
（6）林产品的采集。
（7）灌溉、农产品初加工、兽医、农技推广、农机作业和维修等农、林、牧、渔服务业项目。
（8）远洋捕捞。

2. 企业从事下列项目的所得，减半征收企业所得税

（1）花卉、茶以及其他饮料作物和香料作物的种植。
（2）海水养殖、内陆养殖。

但是，企业从事国家限制和禁止发展的项目，不得享受企业所得税优惠。

（二）从事国家重点扶持的公共基础设施项目投资经营的所得

国家重点扶持的公共基础设施项目，是指《公共基础设施项目企业所得税优惠目录》规定的港口码头、机场、铁路、公路、城市公共交通、电力、水利等项目。

企业从事上述国家重点扶持的公共基础设施项目的投资经营的所得，自项目取得第一笔生产经营收入所属纳税年度起，第一年至第三年免征企业所得税，第四年至第六年减半征收企业所得税。但是，上述项目在减免税期限内转让的，受让方自受让之日起，可以在剩余期限内享受规定的减免税优惠；减免税期限届满后转让的，受让方不得就该项目重复享受减免税优惠。企业承包经营、承包建设和内部自建自用上述的项目，也不得享受此项企业所得税优惠。

国家重点扶持的公共基础设施项目、减计收入和税额抵免的企业所得税优惠目录，由国务院财政、税务主管部门会同有关部门制定，报国务院批准后公布施行。

（三）从事符合条件的环境保护、节能节水项目的所得

符合条件的环境保护、节能节水项目，包括公共污水处理、公共垃圾处理、沼气综合

开发利用、节能减排技术改造、海水淡化等。项目的具体条件和范围由国务院财政、税务主管部门会同有关部门制定，报国务院批准后公布施行。

企业从事上述符合条件的环境保护、节能节水项目的所得，自项目取得第一笔生产经营收入所属纳税年度起，第一年至第三年免征企业所得税，第四年至第六年减半征收企业所得税。但是，上述项目在减免税期限内转让的，受让方自受让之日起，可以在剩余期限内享受规定的减免税优惠；减免税期限届满后转让的，受让方不得就该项目重复享受减免税优惠。

（四）符合条件的技术转让所得

符合条件的技术转让所得免征、减征企业所得税，是指一个纳税年度内，居民企业技术转让所得不超过500万元的部分，免征企业所得税；超过500万元的部分，减半征收企业所得税。

二、对小型微利企业和高新技术企业的税收优惠

符合条件的小型微利企业，减按20%的税率征收企业所得税。国家需要重点扶持的高新技术企业，减按15%的税率征收企业所得税。符合条件的小型微利企业和国家需要重点扶持的高新技术企业的认定条件参见本章第三节有关内容。

三、加计扣除的税收优惠

（一）研究开发费

开发新技术、新产品、新工艺所发生的研究开发费用。企业发生的开发新技术、新产品、新工艺的研究开发费用，在计算应纳税所得额时加计扣除。所谓的研究开发费用的加计扣除，是指企业为开发新技术、新产品、新工艺而发生的研究开发费用，未形成无形资产计入当期损益的，在按照规定据实扣除的基础上，按照研究开发费用的50%加计扣除；形成无形资产的，按照无形资产成本的150%摊销。

科技型中小企业开展研发活动中实际发生的研发费用，未形成无形资产计入当期损益的，在按规定据实扣除的基础上，在2017年1月1日至2019年12月31日期间，再按照实际发生额的75%在税前加计扣除；形成无形资产的，在上述期间按照无形资产成本的175%在税前摊销。

案例分析

C公司2016年度会计利润为900万元，开发新技术、新产品、新工艺发生的研究开发费用实际发生额为300万元，无形资产的摊销期为10年。请问：C公司2016年度当年投入的研究开发费在形成无形资产和未形成无形资产的情况下，企业的应纳税所得分别是多少？

企业当年投入的研究开发费如果形成无形资产的，税法规定按照无形资产成本的

150％在所得税前摊销。即税法规定的计税成本是：300×（1＋50％）＝450（万元）。税前可以扣除的研究开发费是：450÷10＝45（万元）。企业当年投入的研究开发费如果未形成无形资产的，税法规定在按照规定据实扣除的基础上，按照研究开发费用的50％加计扣除。则税法规定的计税成本是：300×（1＋50％）＝450（万元），即450万元可以在所得税前扣除。C公司2016年度当年投入的研究开发费在形成无形资产的情况下，其应纳税所得是900－15＝885（万元）。C公司2016年度当年投入的研究开发费在未形成无形资产的情况下，其应纳税所得是900－150＝750（万元）。

（二）企业安置残疾人员支付的工资

企业发生的安置残疾人员及国家鼓励安置的其他就业人员所支付的工资可加计扣除。所谓的安置残疾人员及国家鼓励安置的其他就业人员所支付的工资的加计扣除，是指企业安置残疾人员的，在支付给残疾职工工资据实扣除的基础上，按照支付给残疾职工工资的100％加计扣除。残疾人员的范围适用《中华人民共和国残疾人保障法》的有关规定。企业安置国家鼓励安置的其他就业人员所支付的工资的加计扣除办法，由国务院另行规定。

四、创业投资企业的税收优惠

创业投资企业从事国家需要重点扶持和鼓励的创业投资，可以按投资额的一定比例抵扣应纳税所得额。创业投资企业采取股权投资方式投资于未上市的中小高新技术企业2年以上的，可以按照其投资额的70％在股权持有满2年的当年抵扣该创业投资企业的应纳税所得额；当年不足抵扣的，可以在以后纳税年度结转抵扣。

W公司是创业投资企业，R公司是未上市的中小高新技术企业，2014年1月1日，W公司以股权投资的方式投资于R公司1 000万元，2014—2016年，W公司的应纳税所得额分别为100万元、500万元、1 000万元。请问：W公司2014年度至2016年度三年的应纳税额是多少？

W公司属于创业投资企业，R公司属于未上市的中小高新技术企业，W公司以股权投资的方式投资于R公司满2年以后可以享受抵扣应纳税所得额的优惠政策。2014年度，W公司不能享受税收优惠政策。2015年度，W公司股权持有已经满2年，可以享受按照投资额的70％抵扣应纳税所得额的优惠政策，应纳税所得额为：500－1 000×70％＝－200（万元）。2015年度的应纳税所得额不足抵扣，可以继续抵扣2016年的应纳税所得额。W公司2014年度应纳税额为：25（100×25％）万元；2015年度应纳税所得额为：－200（500－1 000×70％）万元，无须缴纳企业所得税；2016年度应纳税额为：200（800×25％）万元。

五、加速折旧优惠

企业的固定资产由于技术进步等原因，确需加速折旧的，可以缩短折旧年限或者采取加速折旧的方法。可以采取缩短折旧年限或者采取加速折旧的方法的固定资产，包括：

（1）由于技术进步，产品更新换代较快的固定资产。

（2）常年处于强震动、高腐蚀状态的固定资产。

采取缩短折旧年限方法的，最低折旧年限不得低于规定折旧年限的60%；采取加速折旧方法的，可以采取双倍余额递减法或者年数总和法。

自2015年1月1日起，对轻工、纺织、机械、汽车等四个领域重点行业的企业2015年1月1日后新购进的固定资产（包括自行建造），可由企业选择缩短折旧年限或采取加速折旧的方法；对这些行业的小型微利企业2015年1月1日后新购进的研发和生产经营共用的仪器、设备，单位价值不超过100万元的，允许一次性计入当期成本费用在计算应纳税所得额时扣除，不再分年度计算折旧；单位价值超过100万元的，可由企业选择缩短折旧年限或采取加速折旧的方法。

六、减计收入优惠

企业综合利用资源，生产符合国家产业政策规定的产品所取得的收入，可以在计算应纳税所得额时减计收入。减计收入，是指企业以《资源综合利用企业所得税优惠目录》规定的资源作为主要原材料，生产国家非限制和禁止并符合国家和行业相关标准的产品取得的收入，减按90%计入收入总额。但原材料占生产产品材料的比例不得低于《资源综合利用企业所得税优惠目录》规定的标准。

七、鼓励企业保护环境、节能节水、安全生产的税收优惠

企业购置用于环境保护、节能节水、安全生产等专用设备的投资额，可以按一定比例实行税额抵免。税额抵免，是指企业购置并实际使用《环境保护专用设备企业所得税优惠目录》《节能节水专用设备企业所得税优惠目录》和《安全生产专用设备企业所得税优惠目录》规定的环境保护、节能节水、安全生产等专用设备的，该专用设备的投资额的10%可以从企业当年的应纳税额中抵免；当年不足抵免的，可以在以后5个纳税年度结转抵免。

享受上述企业所得税优惠的企业，应当实际购置并自身实际投入使用上述专用设备；企业购置上述专用设备在5年内转让、出租的，应当停止享受企业所得税优惠，并补缴已经抵免的企业所得税税款。

八、民族自治地方的税收优惠

民族自治地方的自治机关对本民族自治地方的企业应缴纳的企业所得税中属于地方分享的部分，可以决定减征或者免征。自治州、自治县决定减征或者免征的，须报省、自治区、直辖市人民政府批准。民族自治地方，是指依照《中华人民共和国民族区域自治法》的规定实行民族区域自治的自治区、自治州、自治县。但是，对民族自治地方内国家限制

和禁止行业的企业，不得减征或者免征企业所得税。

九、其他税收优惠

（一）“两免三减半”“五免五减半”过渡政策

自 2008 年 1 月 1 日起，原享受企业所得税“两免三减半”“五免五减半”等定期减免税优惠的企业，现行税法施行后继续按原税收法律、行政法规及相关文件规定的优惠办法及年限享受至期满为止，但因未获利而尚未享受税收优惠的，其优惠期限从 2008 年度起计算。

享受上述过渡优惠政策的企业，是指 2007 年 3 月 16 日以前经工商等登记管理机关登记设立的企业。

（二）西部大开发优惠

继续执行西部大开发税收优惠政策。根据国务院实施西部大开发有关文件精神，财政部、国家税务总局和海关总署联合下发的《关于西部大开发税收优惠政策问题的通知》中规定的西部大开发企业所得税优惠政策继续执行。

1. 适用范围

本政策的适用范围包括重庆市、四川省、贵州省、云南省、西藏自治区、陕西省、甘肃省、宁夏回族自治区、青海省、新疆维吾尔自治区、新疆生产建设兵团、内蒙古自治区和广西壮族自治区（上述地区统称西部地区）。湖南省湘西土家族苗族自治州、湖北省恩施土家族苗族自治州、吉林省延边朝鲜族自治州，可以比照西部地区的税收优惠政策执行。

2. 具体内容

（1）对设在西部地区国家鼓励类产业的内资企业，在 2011—2020 年，减按 15%的税率征收企业所得税。

国家鼓励类产业的企业是指以《西部地区鼓励类产业目录》中规定的产业项目为主营业务，其主营业务收入占企业总收入 70%以上的企业。

收入达到比例的，实行企业自行申请、税务机关审核的管理办法。经税务机关审核确认后，企业方可减按 15%的所得税税率缴纳企业所得税。企业未按规定提出申请或未经税务机关审核确认的，不得享受上述税收优惠政策。

（2）经省级人民政府批准，民族自治地方的内资企业可以定期减征或免征企业所得税；凡减免税款涉及中央收入 100 万元（含 100 万元）以上的，须报国家税务总局批准。

（3）对在西部地区新办交通、电力、水利、邮政、广播电视企业，上述项目业务收入占企业总收入 70%以上的，可以享受企业所得税优惠政策：内资企业自开始生产经营之日起，第一年至第二年免征企业所得税，第三年至第五年减半征收企业所得税。

新办交通企业，是指投资新办从事公路、铁路、航空、港口、码头运营和管道运输的企业。新办电力企业是指投资新办从事电力运营的企业。新办水利企业是指投资新办从事江河湖泊综合治理、防洪除涝、灌溉、供水、水资源保护、水力发电、水土保持、河道疏浚、河海堤防建设等开发水利、防治水害的企业。新办邮政企业是指投资新办从事邮政运营的企业。新办广播电视企业是指投资新办从事广播电视运营的企业。

上述企业同时符合政策规定条件的，第三年至第五年减半征收企业所得税时，按15%税率计算出应纳所得税额后减半执行。

上述所称企业，是指投资主体自建、运营上述项目的企业，单纯承揽上述项目建设的施工企业不得享受两年免征、三年减半征收企业所得税的政策。

企业同时从事适用不同企业所得税待遇的项目的，其优惠项目应当单独计算所得，并合理分摊企业的期间费用；没有单独计算的，不得享受企业所得税优惠。

第十节 征收管理

一、纳税地点

（一）居民企业的纳税地点

除税收法律、行政法规另有规定外，居民企业以企业登记注册地为纳税地点；但登记注册地在境外的，以实际管理机构所在地为纳税地点。居民企业在中国境内设立不具有法人资格的营业机构的，应当汇总计算并缴纳企业所得税。企业登记注册地，是指企业依照国家有关规定登记注册的住所地。

（二）非居民企业的纳税地点

非居民企业在中国境内设立机构、场所的，应当就其所设机构、场所取得的来源于中国境内的所得，以及发生在中国境外但与其所设机构、场所有实际联系的所得，以机构、场所所在地为纳税地点。

非居民企业在中国境内设立两个或者两个以上机构、场所的，经税务机关审核批准，可以选择由其主要机构、场所汇总缴纳企业所得税。

所谓主要机构、场所，应当同时符合下列条件：对其他各机构、场所的生产经营活动负有监督管理责任；设有完整的账簿、凭证，能够准确反映各机构、场所的收入、成本、费用和盈亏情况。所谓经税务机关审核批准，是指经各机构、场所所在地税务机关的共同上级税务机关审核批准。非居民企业经批准汇总缴纳企业所得税后，需要增设、合并、迁移、关闭机构、场所或者停止机构、场所业务的，应当事先由负责汇总申报缴纳企业所得税的主要机构、场所向其所在地税务机关报告；需要变更汇总缴纳企业所得税的主要机构、场所的，依照上述规定办理。

非居民企业在中国境内未设立机构、场所的，或者虽设立机构、场所但取得的所得与其所设机构、场所没有实际联系的来源于中国境内的所得，以扣缴义务人所在地为纳税地点。

二、纳税年度

企业所得税的纳税年度，自公历1月1日起至12月31日止。

企业在一个纳税年度中间开业，或者终止经营活动，使该纳税年度的实际经营期不足12个月的，应当以其实际经营期为一个纳税年度。

企业依法清算时，应当以清算期间作为一个纳税年度。

三、纳税申报

企业在纳税年度内无论盈利或者亏损，都应当依照税法规定的期限，向税务机关报送企业所得税预缴纳税申报表、年度企业所得税纳税申报表、财务会计报告和税务机关规定应当报送的其他有关资料。

企业应当自月份或者季度终了之日起15日内，向税务机关报送企业所得税预缴纳税申报表，预缴税款。企业应当自年度终了之日起5个月内，向税务机关报送年度企业所得税纳税申报表，并汇算清缴，结清应缴应退税款。企业在报送企业所得税纳税申报表时，应当按照规定附送财务会计报告和其他有关资料。

企业所得以人民币以外的货币计算的，预缴企业所得税时，应当按照月度或者季度最后一日的人民币汇率中间价，折合成人民币计算应纳税所得额。年度终了汇算清缴时，对已经按照月度或者季度预缴税款的，不再重新折合计算，只就该纳税年度内未缴纳企业所得税的部分，按照纳税年度最后一日的人民币汇率中间价，折合成人民币计算应纳税所得额。

企业在年度中间终止经营活动的，应当自实际经营终止之日起60日内，向税务机关办理当期企业所得税汇算清缴。企业应当在办理注销登记前，就其清算所得向税务机关申报并依法缴纳企业所得税。所谓的清算所得，是指企业的全部资产可变现价值或者交易价格减除资产净值、清算费用以及相关税费等后的余额。

经税务机关检查确认，企业少计或者多计所得的，应当按照检查确认补税或者退税时的上一个月最后一日的人民币汇率中间价，将少计或者多计的所得折合成人民币计算应纳税所得额，再计算应补缴或者应退的税款。

除国务院另有规定外，企业之间不得合并缴纳企业所得税。

复习思考题

1. 企业所得税有哪些特点?
2. 什么是居民企业和非居民企业? 它们各自的纳税义务是什么?
3. 企业所得税的纳税人具体包括哪些?
4. 企业所得税实际执行的税率有哪些?
5. 企业所得税的应纳税所得额如何确定?
6. 企业所得税法规定的不征税收入和免税收入各自包括哪些项目?
7. 在计算应纳税所得额时，哪些项目不得从收入总额中扣除?

8. 企业所得税的优惠政策包括哪些内容?
9. 境外所得已纳税额如何抵免?
10. 企业发生的年度亏损如何弥补?
11. 什么是源泉扣缴? 实行源泉扣缴的应税所得包括哪些?

第五章

个人所得税

- 个人所得税的概念
- 个人所得税的特点
- 个人所得税的作用
- 个人所得税的纳税义务人
- 个人所得税的应税所得项目
- 个人所得税的税率
- 应纳税所得额的确定
- 个人所得税的税收优惠
- 个人所得税的征收管理

第一节　个人所得税概述

一、个人所得税的概念及沿革

个人所得税是对个人（自然人）取得的各项应税所得征收的一种税，它体现了国家与个人之间的分配关系。

中华人民共和国成立初期，政务院于 1950 年初颁布的《全国税政实施要则》明确规定了对个人所得征收两税，即薪给报酬所得税和存款利息所得税。由于我国当时实行的是低工资制度，居民工薪收入低，同时居民个人很少有存款，薪给报酬所得税始终未开征，存款利息所得税虽于 1950 年开征，但在 1959 年取消。

党的十一届三中全会以后，我国实行对外开放政策，来我国工作的外籍人员日益增多，根据国际惯例以及为维护我国的税收权益，我国于 1980 年 9 月 10 日第五届全国人民代表大会第三次会议通过颁布并实施了《中华人民共和国个人所得税法》。为了更好地调节个体工商户的收入水平，保护其合法权益，国务院于 1986 年 1 月 7 日颁布并实施了《中华人民共和国城乡个体工商业户所得税暂行条例》，改变了新中国成立以后一直对个体工商业户的生产经营所得征收工商所得税的做法。1987 年随着国内人民生活水平不断提高，考虑到 1980 年制定的个人所得税法已基本上不适应我国公民的实际收入水平，为了使社会成员间的收入水平不至于过分悬殊，国务院于 1986 年 9 月 25 日颁布并于 1987 年 1 月 1 日实施了《中华人民共和国个人收入调节税暂行条例》。至此，我国对个人所得的征税制度就形成了“三税并存”的格局。随着经济形势的发展，对个人所得征税三税并存，逐渐暴露出税收征收制度的不规范和执行中体现的税负不公等问题，影响了税收职能作用的充分发挥。为此，自 1993 年至 2007 年全国人民代表大会常务委员会先后作出了修改个人所得税的若干决定。1993 年 10 月 31 日第八届全国人民代表大会常务委员会第四次会议《关于修改〈中华人民共和国个人所得税法〉的决定》是第一次修正；1999 年 8 月 30 日第九届全国人民代表大会常务委员会第十一次会议《关于修改〈中华人民共和国个人所得税法〉的决定》是第二次修正；2005 年 10 月 27 日第十届全国人民代表大会常务委员会第十八次会议《关于修改〈中华人民共和国个人所得税法〉的决定》是第三次修正；2007 年 6 月 29 日第十届全国人民代表大会常务委员会第二十八次会议《关于修改〈中华人民共和国个人所得税法〉的决定》是第四次修正；2007 年 12 月 29 日第十届全国人民代表大会常务委员会第三十一次会议《关于修改〈中华人民共和国个人所得税法〉的决定》是第五次修正；2011 年 6 月 30 日第十一届全国人民代表大会常务委员会第二十一次会议《关于修改〈中华人民共和国个人所得税法〉的决定》是第六次修订，共同构成了现行个人所得税的征收制度。

二、个人所得税的特点

（一）实行分类课征制

世界各国的个人所得税的课征制度主要分为分类所得税制、综合所得税制和分类综合所得税制（混合所得税制）三种类型。我国目前实行的是分类所得税制，即把个人应税所得划分成 11 类，分别扣除不同的费用和适用不同的税率。这样做可以简化纳税手续，加强税收征管，从源泉上控制税款。

（二）多种税率形式并用

现行个人所得税在税率上实行多种税率形式并用，即根据不同的应税所得分别实行累进税率和比例税率。对工资薪金所得、个体工商户生产经营所得以及对企事业单位的承包、承租经营所得实行超额累进税率，对其他应税所得实行比例税率，通过多种税率形式实现对个人收入差距的合理调节。

（三）多种费用扣除方式并用

现行个人所得税在征收时按分类所得税制的要求，就不同应税所得采用不同的费用扣除方式。目前，我国个人所得税的费用扣除方式有定额扣除、定率扣除、限定据实扣除和据实扣除等多种方式，另外对消极所得采取不扣除费用的方式。

（四）自行申报和代扣代缴申报方式并用

现行的个人所得税在申报方式上分别实行由纳税人自行申报和由支付单位代扣代缴。对可以在应税所得的支付环节扣缴的，由扣缴义务人代扣代缴税款。从中国境内两处或者两处以上取得工资、薪金所得的，从中国境外取得所得的，取得应税所得、没有扣缴义务人的，对自 2006 年 1 月 1 日起年所得 12 万元以上的，实行由纳税人自行申报纳税的方法。这样的规定既便于税收征管，又有利于控制税款的流失。

三、个人所得税的作用

（一）调节个人收入分配差距，促进社会分配公平

改革开放以来，特别是社会主义市场经济体制的确立，我国个人之间收入差距正在不断扩大，地区之间、行业之间、城乡之间以及居民之间的收入分配差距越来越悬殊，而这种差距其中很大一部分是由于经济转轨时期体制不完善造成的。征收个人所得税，本着公平税负的原则，能够把高收入者的一部分收入转化为国家所有，这在客观上有利于缓和社会分配不公的矛盾。同时，由于个人所得税在费用扣除标准及税率等方面作出的相关规定，既不会挫伤高收入者生产经营和工作的积极性，又可以维持低收入者的基本生活需要。

（二）为国家建设筹集建设资金

目前，一些发达国家实行以所得税为主体的税制结构，个人所得税的规模和比重都比较大，个人所得税的调节作用也比较强。我国个人所得税收入占财政收入的比重还比较小，远远达不到发达国家的水平，但随着我国社会主义经济体制的不断完善，经济的不断发展，我国居民收入水平也将进一步提高，加上个人所得税制的不断完善，个人所得税收入将会逐步增长，个人所得税收入的聚财功能和调节功能也必将上升到重要地位，如表 5－1 所示。

（三）维护国家权益，促进对外经济交往的发展

税收是维护国家权益的重要工具。征税权是国家主权的重要组成部分，任何一个主权国家都应该行使这个权力。开征个人所得税，对在我国取得收入的外籍人员及我国在外工作人员征税，是我国根据对等原则行使税收管辖权的表现，这不仅起到维护国家主权、推动对外经济技术合作与交流的作用，还可以防止我国经济利益外溢。

表 5-1 1994—2015 年我国个人所得税收入及其在税收收入总额中的比重

年份	个人所得税/亿元	税收收入总额/亿元	个人所得税占税收收入总额的比重/%
1994	72.70	5 126.88	1.42
1995	131.30	6 038.04	2.17
1996	193.20	6 909.82	2.80
1997	259.90	8 234.04	3.16
1998	338.60	9 262.80	3.66
1999	413.66	10 682.58	3.87
2000	659.64	12 581.51	5.24
2001	995.26	15 301.38	6.50
2002	1 211.78	17 636.45	6.87
2003	1 418.03	20 017.31	7.08
2004	1 737.06	24 165.68	7.19
2005	2 094.91	28 778.54	7.28
2006	2 453.71	34 804.35	7.05
2007	3 185.58	45 621.97	6.98
2008	3 722.31	54 223.79	6.86
2009	3 949.35	59 521.59	6.64
2010	4 837.27	73 210.79	6.61
2011	6 054.11	89 738.39	6.75
2012	5 820.28	100 614.28	5.78
2013	6 531.53	110 530.70	5.91
2014	7 376.61	119 175.31	6.19
2015	8 617.27	124 922.20	6.90

资料来源：根据国家统计局网站相关数据整理计算所得。

第二节 纳税义务人

个人所得税的纳税义务人是指在中国境内有住所，或者虽无住所但在境内居住满一年，以及无住所又不居住或居住不满一年但有从中国境内取得所得的个人，包括中国公民、个体工商户、外籍个人以及香港、澳门、台湾同胞等。

个人所得税的纳税义务人是自然人，而在实际生活中，自然人的情况通常较为复杂，用什么样的标准来确定他们的纳税人身份以及应当承担的纳税义务，这是各国个人所得税法不能回避的问题。

一、居民纳税义务人和非居民纳税义务人的判定

（一）居民纳税人和非居民纳税人的判定标准

为了有效地行使税收管辖权，我国对居民纳税义务人和非居民纳税义务人的划分采用了国际上通常用的住所和居住时间两个标准。

税法规定的住所标准和居住时间标准，是判定居民身份的两个并列标准，个人只要符合或达到其中任何一个标准，就可以被认定为居民纳税义务人。

1. 住所标准

所谓在中国境内有住所的个人，是指因户籍、家庭、经济利益关系而在中国境内习惯性居住的个人。我国目前采取的住所标准实际上是习惯性住所标准。所谓习惯性居住，是指个人因学习、工作、探亲等原因消除之后，没有理由在其他地方继续居留时所要回到的地方，而不是指实际居住或在某一个特定时期内的居住地。它是判定纳税义务人属于居民还是非居民的一个重要依据。税法所说的“住所”的概念与我们通常所说的住所是有区别的。

2. 时间标准

居住时间是指个人在一国境内实际居住的日数。在现实生活中，有相当多的个人在一国并无住所或经常性居住地，但却在该国停留较长的时间，并取得了收入，该国应视其为居民，对其行使税收管辖权。在各国的个人所得税的税收实践中，就形成了以个人的居住时间的长短作为衡量居民与非居民的居住时间标准，我国个人所得税法也采用了这一标准。

所谓在境内居住满一年，是指在一个纳税年度（即公历 1 月 1 日起至 12 月 31 日止，下同）内，在中国境内居住满 365 日。达到这一标准的即为居民纳税义务人。在计算居住天数时，对临时离境应视同在华居住，不扣减其在华居住的天数。这里所说的临时离境，是指在一个纳税年度内，一次不超过 30 日或者多次累计不超过 90 日的离境。

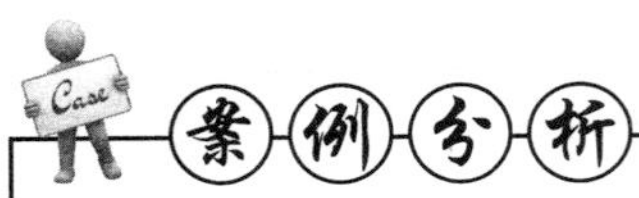

英国人皮特先生 2014 年 1 月 20 日受所在公司委派来华工作，2015 年 3 月 15 日离境，2015 年 4 月 11 日又入境，2015 年 9 月 25 日再次离境，2015 年 10 月 9 日再一次入境，2016 年 12 月 12 日离华回国。请问：皮特先生 2015 年度、2016 年度是否是我国个人所得税的居民纳税人？

皮特先生 2015 年在中国工作，一共离境两次，属于个人所得税规定的多次累计离

境。一次是3月15日至4月11日，由于出入境当天均算在华居住一天，故离境天数为26天；一次是9月25日至10月9日，由于出入境当天均算在华居住一天，故离境天数为13天，两次离境合计天数为39天。由于两次离境天数小于90天，属于临时离境，临时离境不扣减皮特先生在华居住时间，故皮特先生2015年度在华居住满365天，是我国个人所得税的居民纳税人。根据以上叙述得知，皮特先生2015年1月1日在华，一直到12月12日离华，在2016年度皮特先生只离境一次，一次的天数是12月13日（12月12日算在华天数）至12月31日共计19天，没有超过30天，属于“临时离境”，临时离境不扣减皮特先生在华居住时间，故皮特先生2016年度在华居住满365天，是我国个人所得税的居民纳税人。

（二）居民纳税义务人

居民纳税义务人是指在中国境内有住所，或者无住所而在中国境内居住满一年的个人。具体包括以下两类：

（1）在中国境内定居的中国公民和外国侨民。但不包括虽具有中国国籍，却并没有在中国大陆定居，而是侨居海外的华侨和居住在香港、澳门、台湾的同胞。

（2）从公历1月1日起至12月31日止，居住在中国境内的外国人、海外侨胞和香港、澳门、台湾同胞。

自2000年1月1日起，个人独资企业和合伙企业为个人所得税的纳税义务人。

张先生名下有两个个人独资企业，他和他妻子共同举办了一个个人合伙企业（夫妇两人的出资比例为1：1），另外他还与他父亲和弟弟合办一个有限责任公司。请问：张先生名下的四家公司是否是企业所得税的纳税人？

自2000年1月1日起，个人独资企业、合伙企业不适用《企业所得税法》，适用《个人所得税法》，比照个体工商户的生产、经营所得征收个人所得税。张先生名下有两个个人独资企业，个人独资企业应缴纳个人所得税。张先生和他妻子共同创办的个人合伙企业，应缴纳个人所得税。张先生与其父亲和弟弟合办的有限责任公司，应缴纳企业所得税。

（三）非居民纳税义务人

非居民纳税义务人是指在中国境内无住所又不居住或者无住所而在境内居住不满一年的个人，即习惯性居住地不在中国境内，而且不在中国居住，或者在一个纳税年度内在中国境内居住不满一年的个人。

此外，需要注意的是，对在我国境内无住所的个人，自2004年7月1日起，对境内居住的天数和境内实际工作期间按以下规定计算：

第一，对在中国境内无住所的个人，需要确定其在中国境内居住天数，以便依照税法和协定的规定判定其在华负有何种纳税义务时，均应以该个人实际在华逗留天数计算。上述个人入境、离境、往返或多次往返境内外的当日，均按1天计算。

第二，对在中国境内、境外机构同时担任职务或仅在境外机构任职的境内无住所个人，对其入境、离境、往返或多次往返境内外的当日，均按半天计算。

二、居民、非居民纳税义务人应履行的纳税义务

居民纳税义务人负无限纳税义务，其所取得的应纳税所得，无论是来源于中国境内还是中国境外，都要在中国缴纳个人所得税。

非居民纳税义务人负有限纳税义务，其所取得的应纳税所得，仅就来源于中国境内的所得向中国缴纳个人所得税。

现行税法中关于“中国境内”的概念，是指中国大陆地区，目前还不包括香港、澳门和台湾地区。

三、所得来源地的确定

（一）所得来源地的判定

判断所得来源地，是确定该项所得是否应该征收个人所得税的重要依据。对于居民纳税义务人，因为要承担无限纳税义务，其所得来源地的判断问题，相对来说不那么重要。但对于非居民纳税义务人而言，由于只就其来源于中国境内的所得征税，因此判断其所得来源地就显得十分重要。中国的个人所得税关于所得来源地的判断，以是否反映经济活动的实质为依据，同时要遵循税务机关征管便利的原则。具体规定如下：

（1）工资、薪金所得，以纳税人任职、受雇的公司、企业、事业单位、机关、团体、部队、学校等单位的所在地为所得来源地。

（2）生产、经营所得，以生产、经营活动实现地为所得来源地。

（3）劳务报酬所得，以纳税人实际提供劳务的地点为所得来源地。

（4）不动产转让所得，以不动产坐落地为所得来源地；动产转让所得，以实现转让的地点为所得来源地。

（5）财产租赁所得，以被租赁财产的使用地为所得来源地。

（6）利息、股息、红利所得，以支付利息、股息、红利的企业、机构、组织的所在地为所得来源地。

（7）特许权使用费所得，以特许权的使用地为所得来源地。

（二）来源于中国境内的所得

（1）在中国境内的公司、企业、事业单位、机关、社会团体、部队、学校等单位或经济组织中任职、受雇而取得的工资、薪金所得。

（2）在中国境内提供各种劳务而取得的劳务报酬所得。

（3）在中国境内从事生产、经营活动而取得的所得。

（4）个人出租的财产，被承租人在中国境内使用而取得的财产租赁所得。

（5）转让中国境内的房屋、建筑物、土地使用权，以及在中国境内转让其他财产而取得的财产转让所得。

（6）提供在中国境内使用的专利权、专有技术、商标权、著作权，以及其他各种特许权利而取得的特许权使用费所得。

（7）因持有中国的各种债券、股票、股权而从中国境内的公司、企业或其他经济组织以及个人取得的利息、股息、红利所得。

需要注意的是：所得的来源地与所得支付地不是同一个概念，两者有时一致，有时不一致。

四、居民、非居民纳税义务的宽免规定

税法的这一规定，主要是针对在中国境内无住所，但在一个纳税年度中在中国境内连续或者累计居住的个人，其纳税义务的宽免规定。

（一）连续或者累计居住不超过 90 天或 183 天（对与我国签有国际税收协定的国家，下同）的纳税义务

对在中国境内无住所，但在一个纳税年度中在中国境内连续或者累计居住不超过 90 天或 183 天的个人，其来源于中国境内的所得，由中国境外雇主支付并且不是由该雇主设在中国境内机构负担的工资、薪金所得，免于缴纳个人所得税。仅就其实际在中国境内工作期间由中国境内企业或个人雇主支付或者由中国境内机构负担的工资、薪金所得纳税。

（二）连续或者累计居住超过 90 天或 183 天但不满一年的纳税义务

对在中国境内无住所，但在一个纳税年度中在中国境内连续或者累计居住超过 90 天或 183 天但不满一年的个人，其来源于中国境内的所得，无论是由中国境内企业或个人雇主支付还是由境外企业或个人雇主支付，均应缴纳个人所得税。至于个人在中国境外取得的工资、薪金所得，除担任中国境内企业董事或高层管理人员，并在境外履行职务由境内企业支付董事费或工资、薪金所得之外，不缴纳个人所得税。担任中国境内企业董事或高层管理人员取得的由中国境内企业支付的董事费或工资、薪金所得，不论个人是否在中国境外履行职务，均应申报缴纳个人所得税。

对于上述涉及的境外雇主支付并且不是由中国境内机构负担工资、薪金所得的个人，如事先可预定在一个纳税年度中连续或者累计居住超过 90 天或 183 天的，其每月应纳税额按期申报缴纳。事先不能预定的，可以待达到 90 天或 183 天后的次月 7 日内，就以前月份应纳的税款一并申报缴纳。

（三）连续或累计居住超过 1 年但不满 5 年的纳税义务

对在中国境内无住所，但在中国境内居住超过 1 年但不满 5 年的个人，其来源于中国境内的所得应全部缴纳个人所得税。对其来源于中国境外的各种所得，经主管税务机关批准，可以只就由中国境内公司、企业及其他经济组织或个人支付的部分缴纳个人所得税。如果上述个人在居住期间临时离境，在临时离境工作期间的工资、薪金所得，仅就由中国境内企业或个人雇主支付的部分纳税。

（四）连续或累计居住超过 5 年的纳税义务

对在中国境内无住所，但在中国境内居住超过 5 年的个人，从第 6 年起的以后年度中，凡在境内居住满 1 年的，应当就其来源于境内、境外的所得申报纳税；凡在境内居住不满 1 年的，则仅就其来源于境内的所得申报纳税。

第三节 应税所得项目

我国个人所得税实行分类课征制，纳税人的全部所得根据所得来源渠道的不同，在税法上分为 11 项所得，每项所得计征个人所得税有不同规定。

一、工资、薪金所得

工资、薪金所得是指个人因任职或者受雇而取得的工资、薪金、奖金、年终加薪、劳动分红、津贴、补贴以及与任职或者受雇有关的其他所得。

一般来说，工资、薪金所得属于非独立个人劳动所得。所谓非独立个人劳动，是指个人所从事的是由他人指定、安排并接受管理的劳动。工作或服务于公司、工厂、行政事业单位的人员（私营企业主除外）均为非独立劳动者。他们从上述单位取得的劳动报酬，是以工资、薪金的形式体现的。在这类报酬中，工资和薪金的收入主体略有差异。通常情况下，把直接从事生产、经营或服务的劳动者（工人）的收入称为工资，即所谓“蓝领阶层”所得；而将从事社会公职或管理活动的劳动者（公职人员）的收入称为薪金，即所谓“白领阶层”所得。但实际立法过程中，各国都从简便易行的角度考虑，将工资、薪金合并为一个项目计征个人所得税。

除工资、薪金以外，奖金、年终加薪、劳动分红、津贴、补贴也被确定为工资、薪金范畴。其中，年终加薪、劳动分红不分种类和取得情况，一律按工资、薪金所得课税；津贴、补贴等则有例外。

我国税法对于一些不属于工资、薪金性质的补贴、津贴或者不属于纳税人本人工资、薪金所得项目的收入，不予征税。这些项目包括：独生子女补贴；执行公务员工资制度未纳入基本工资总额的补贴、津贴差额和家属成员的副食品补贴；托儿补助费；差旅费津贴、误餐补助。其中，误餐补助是指按照财政部规定，个人因公在城区、郊区工作，不能在工作单位或返回就餐的，根据实际误餐顿数，按规定的标准领取的误餐费。单位以误餐补助名义发给职工的补助、津贴不能包括在不予征税的范围内。

奖金是指所有具有工资性质的奖金，免税奖金的范围在税法中另有规定。

关于企业减员增效和行政、事业单位、社会团体在机构改革过程中实行内部退养办法人员取得收入如何征税问题，现行规定如下：实行内部退养的个人在其办理内部退养手续后至法定离退休年龄之间从原任职单位取得的工资、薪金，不属于离退休工资，应按“工资、薪金所得”项目计征个人所得税。个人在办理内部退养手续后从原任职单位取得的一次性收入，应按办理内部退养手续后至法定离退休年龄之间的所属月份进行平均，并与领取当月的“工资、薪金”所得合并后减除当月费用扣除标准，以余额为基数确定适用税率，再将当月工资、薪金加上取得的一次性收入，减去费用扣除标准，按适用税率计征个人所得税。个人在办理内部退养手续后至法定离退休年龄之间重新就业取得的“工资、薪金”所得，应与其从原任职单位取得的同一月份的“工资、薪金”所得合并，并依法自行向主管税务机关申报缴纳个人所得税。

二、个体工商户的生产、经营所得

个体工商户的生产、经营所得包括：

（1）个体工商户从事工业、手工业、建筑业、交通运输业、商业、饮食业、服务业、修理业及其他行业取得的所得。

（2）个人经政府有关部门批准，取得执照，从事办学、医疗、咨询以及其他有偿服务活动取得的所得。

（3）上述个体工商户和个人取得的与生产、经营有关的各项应税所得。

（4）个人因从事彩票代销业务而取得的所得。

（5）其他个人从事个体工商业生产、经营取得的所得。

从事个体出租车运营的出租车驾驶员取得的收入，按“个体工商户的生产、经营所得”项目缴纳个人所得税。出租车属个人所有，但挂靠出租汽车经营单位，或企事业单位驾驶员向挂靠单位缴纳管理费的，或出租汽车经营单位将出租车所有权转移给驾驶员的，出租车驾驶员从事客货运营取得的收入，比照“个体工商户的生产、经营所得”项目征税。

个体工商户和从事生产、经营的个人，取得与生产、经营活动无关的其他各项应税所得，应分别按照其他应税项目的有关规定，计算征收个人所得税。如取得银行存款的利息所得、对外投资取得的股息所得，应按“股息、利息、红利”税目的规定单独计征个人所得税。

个人独资企业、合伙企业的个人投资者以企业资金为本人、家庭成员及其相关人员支付与企业生产经营无关的消费性支出及购买汽车、住房等财产性支出，视为企业对个人投资者利润分配，并入投资者个人的生产经营所得，依照“个体工商户的生产、经营所得”项目计征个人所得税。

三、对企事业单位的承包经营、承租经营所得

对企事业单位的承包经营、承租经营所得，是指个人承包经营或承租经营以及转包、转租取得的所得。承包项目可分多种，如生产经营、采购、销售、建筑安装等各种承包。转包包括全部转包和部分转包。

四、劳务报酬所得

劳务报酬所得，是指个人独立从事各种非雇佣的劳务所取得的所得。具体包括：

（1）设计。指按照客户的要求，代为制定工程、工艺等各类设计业务。

（2）装潢。指接受委托，对物体进行装饰、修饰，使之美观或具有特定用途的作业。

（3）安装。指按照客户要求，对各种机器、设备的装配、安置，以及与机器、设备相

连的附属设施的装设和被安装机器设备的绝缘、防腐、保温、油漆等工程作业。

（4）制图。指受托按实物或设想物体的形象，依体积、面积、距离等，用一定比例绘制成平面图、立体图、透视图等的业务。

（5）化验。指受托用物理或化学的方法，检验物质的成分和性质等业务。

（6）测试。指利用仪器仪表或其他手段代客对物品的性能和质量进行检测试验的业务。

（7）医疗。指从事各种病情诊断、治疗等医护业务。

（8）法律。指受托担任辩护律师、法律顾问，撰写辩护词、起诉书等法律文书的业务。

（9）会计。指受托从事会计核算的业务。

（10）咨询。指对客户提出的政治、经济、科技、法律、会计、文化等方面的问题进行解答、说明的业务。

（11）讲学。指应邀（聘）进行讲课、作报告、介绍情况等业务。

（12）新闻。指提供新闻信息、编写新闻消息的业务。

（13）广播。指从事播音等劳务。

（14）翻译。指受托从事中、外语言或文字的翻译（包括笔译和口译）的业务。

（15）审稿。指对文字作品或图形作品进行审查、核对的业务。

（16）书画。指按客户要求，或自行从事书法、绘画、题词等业务。

（17）雕刻。指代客镌刻图章、牌匾、碑、玉器、雕塑等业务。

（18）影视。指应邀或应聘在电影、电视节目中出任演员，或担任导演、音响、化妆、道具、制作、摄影等与拍摄影视节目有关的业务。

（19）录音。指用录音器械代客录制各种音响带的业务，或者应邀演讲、演唱、采访而被录音的服务。

（20）录像。指用录像器械代客录制各种图像、节目的业务，或者应邀表演、采访被录像的业务。

（21）演出。指参加戏剧、音乐、舞蹈、曲艺等文艺演出活动的业务。

（22）表演。指从事杂技、体育、武术、健美、时装、气功以及其他技巧性表演活动的业务。

（23）广告。指利用图书、报纸、杂志、广播、电视、电影、招贴、路牌、橱窗、霓虹灯、灯箱、墙面及其他载体，为介绍商品、经营服务项目、文体节目或通告、声明等事项所做的宣传和提供相关服务的业务。

（24）展览。指举办或参加书画展、影展、盆景展、邮展、个人收藏品展、花鸟虫鱼展等各种展示活动的业务。

（25）技术服务。指利用一技之长进行技术指导、提供技术帮助的业务。

（26）介绍服务。指介绍供求双方商谈，或者介绍产品、经营服务项目等的业务。

（27）经纪服务。指经纪人通过居间介绍，促成各种交易和提供劳务等的业务。

（28）代办服务。

（29）其他劳务。指上述列举 28 项劳务项目之外的各种劳务。

五、稿酬所得

稿酬所得是指个人因其作品以图书、报刊形式出版、发表而取得的所得。

将稿酬所得与作为劳务报酬所得项目的翻译、审稿、书画所得区分开，单独作为一个应税所得项目，给予较轻的税负，主要是基于稿酬所得是一种依靠较高智力创作的精神产品的考虑。

六、特许权使用费所得

特许权使用费所得是指个人提供专利权、商标权、著作权、非专利技术以及其他特许权的使用权取得的所得。提供著作权的使用权取得的所得，不包括稿酬所得。

专利权是指由国家专利主管机关依法授予专利申请人或其权利继承人在一定期间内实施其发明创造的专有权。对于专利权，许多国家只将提供他人使用取得的所得列入特许权使用费，而将转让专利权所得列为资本利得税的征税对象。我国由于没有开征资本利得税，因而将个人提供和转让专利权取得的所得都列入特许权使用费所得征收个人所得税。

商标权是指商标注册人享有的商标专用权。著作权，即版权，是作者依法对文学、艺术和科学作品享有的专有权。个人提供或转让商标权、著作权、专有技术或技术秘密、技术诀窍取得的所得，应当依法缴纳个人所得税。

七、利息、股息、红利所得

利息、股息、红利所得，是指个人拥有债权、股权而取得的利息、股息、红利所得。利息，是指个人拥有债权而取得的利息，包括存款利息、贷款利息和各种债券的利息。个人取得的利息所得，除国债和国家发行的金融债券利息外，应当缴纳个人所得税。股息、红利，是指个人拥有股权取得的股息、红利。股息、红利所得，除另有规定外，都应当缴纳个人所得税。

除个人独资企业、合伙企业以外的其他企业的个人投资者，以企业资金为本人、家庭成员及其相关人员支付与企业生产经营无关的消费性支出以及购买汽车、住房等财产性支出，视为企业对个人投资者的红利分配，依照“利息、股息、红利所得”项目计征个人所得税。企业的上述支出不允许在所得税前扣除。

八、财产租赁所得

财产租赁所得，是指个人出租建筑物、土地使用权、机器设备、车船以及其他财产取得的所得。

个人取得的财产转租收入属于“财产租赁所得”的征税范围，由财产转租人缴纳个人所得税。在确认纳税义务人时，应以产权凭证为依据；对无产权凭证的，由主管税务机关根据实际情况确定。产权所有人死亡，在未办理产权继承手续期间，该财产出租且有租金收入的，以领取租金的个人为纳税义务人。

九、财产转让所得

财产转让所得是指个人转让有价证券、股权、建筑物、土地使用权、机器设备、车船以及其他财产取得的所得。

（一）个人出售自有住房

（1）根据《个人所得税法》的规定，个人出售自有住房取得的所得应按照“财产转让所得”项目征收个人所得税。

（2）个人出售自有住房的应纳税所得税额，按下列原则确定：

1）个人出售除已购公有住房以外的其他自有住房，其应纳税所得额按照《个人所得税法》的有关规定确定。

2）个人出售已购公有住房，其应纳税所得额为个人出售已购公有住房的销售价，减除住房面积标准的经济适用房价款、原支付超过住房面积标准的房价款、向财政或原产权单位缴纳的所得收益以及税法规定的合理费用后的余额。

已购公有住房是指城镇职工根据国家和县级（含县级）以上人民政府有关城镇住房制度改革政策规定，按照成本价（或标准价）购买的公有住房。

经济适用住房价格按县级（含县级）以上地方人民政府规定的标准确定。

3）职工以成本价（或标准价）出资的集资合作建房、安居工程住房、经济适用住房以及拆迁安置住房，比照已购公有住房确定应纳税所得额。

（3）为鼓励个人换购住房，对出售自有住房并拟在现住房出售后1年内按市场价重新购房的纳税人，其出售现住房所应缴纳的个人所得税，视其重新购房的价值可全部或部分予以免税。具体办法为：

1）个人出售现住房所应缴纳的个人所得税税款，应在办理产权过户手续前以纳税保证金形式向当地主管税务机关缴纳。税务机关在收取纳税保证金时，应向纳税人正式开具“中华人民共和国纳税保证金收据”，并纳入专户存储。

2）个人出售现住房后1年内重新购房的，按照购房金额大小相应退还纳税保证金。购房金额大于或等于原住房销售额（原住房为已购公有住房的，原住房销售额应扣除已按规定向财政或原产权单位缴纳的所得收益，下同）的，全部退还纳税保证金；购房金额小于原住房销售额的，按照购房金额占原住房销售额的比例退还纳税保证金，余额作为个人所得税缴入国库。

3）个人出售现住房后1年内未重新购房的，所缴纳的纳税保证金全部作为个人所得税缴入国库。

4）个人在申请退还纳税保证金时，应向主管税务机关提供合法、有效的售房、购房合同和主管税务机关要求提供的其他有关证明材料，经主管税务机关审核确认后方可办理纳税保证金退还手续。

5）跨行政区域售、购住房又符合退还纳税保证金条件的个人，应向纳税保证金缴纳地主管税务机关申请退还纳税保证金。

（4）企事业单位将自建住房以低于购置或建造成本价格销售给职工的个人所得税的征税规定如下：

1）根据住房制度改革政策的有关规定，国家机关、企事业单位及其他组织（以下简称单位）在住房制度改革期间，按照所在地县级以上人民政府规定的房改成本价格向职工出售公有住房，职工因支付的房改成本价格低于房屋建造成本价格或市场价格而取得的差价收益，免征个人所得税。

2）除上述符合规定的情形外，根据《个人所得税法》及其实施条例的有关规定，单位按低于购置或建造成本价格出售住房给职工，职工因此而少支出的差价部分，属于个人所得税应税所得，应按照“工资、薪金所得”项目缴纳个人所得税。其中“差价部分”，是指职工实际支付的购房价款低于该房屋的购置或建造成本价格的差额。

3）对职工取得的上述应税所得，比照《国家税务总局关于调整个人取得全年一次性奖金等计算征收个人所得税方法问题的通知》规定的全年一次性奖金的征税办法，计算征收个人所得税，即先将全部所得数额除以12，按其商数并根据《个人所得税法》规定的税率表确定适用的税率和速算扣除数，再根据全部所得数额、适用的税率和速算扣除数按照税法规定计算征税。此前未征税款不再追征，已征税款不予退还。

（5）对个人转让自用5年以上并且是家庭唯一生活用房取得的所得，继续免征个人所得税。

（6）为了确保有关住房转让的个人所得税政策得到全面、正确的实施，各级房地产交易管理部门应与税务机关加强协作、配合，主管税务机关需要有关本地区房地产交易情况的，房地产交易管理部门应及时提供。

（7）个人现自有住房房产证登记的产权人为1人，在出售后1年内又以产权人配偶名义或产权人夫妻双方名义按市场价重新购房的，产权人出售住房所得应缴纳的个人所得税，可以按照《财政部　国家税务总局　建设部关于个人出售住房所得征收个人所得税有关问题的通知》的规定，全部或部分予以免税；以其他人名义按市场价重新购房的，产权人出售住房所得应缴纳的个人所得税，不予免税。

（二）股票转让所得

根据《个人所得税法实施条例》的规定，对股票所得征收个人所得税的办法由财政部另行制定，报国务院批准施行。国务院决定，对股票转让所得暂不征收个人所得税。

（三）量化资产股份转让

集体所有制企业在改制为股份合作制企业时，对职工个人以股份形式取得的拥有所有权的企业量化资产，暂缓征收个人所得税；待个人将股份转让时，就其转让收入额，减除个人取得该股份时实际支付的费用支出和合理转让费用后的余额，按“财产转让所得”项目计征个人所得税。

十、偶然所得

偶然所得，是指个人得奖、中奖、中彩以及其他偶然性质的所得。得奖是指参加各种有奖竞赛活动，取得名次而得到的奖金。中奖、中彩是指参加各种有奖活动，如有奖销售、有奖储蓄，或者购买彩票，经过规定程序，抽中、摇中号码而取得的奖金。偶然所得应缴纳的个人所得税税款，一律由发奖单位或机构代扣代缴。

十一、其他所得

除上述列举的各项个人应税所得外，其他确有必要征税的个人所得，由国务院财政部门确定。

个人取得的所得，难以界定应纳税所得项目的，由主管税务机关确定。

李先生是一名从事运输服务的个体工商户，2016 年共取得四项收入：（1）提供运输服务，取得收入 30 万元；（2）将提供运输服务取得的收入购买企业债券，取得收入 0.5 万元；（3）业余时间写诗歌，取得稿酬收入 0.3 万元；（4）将其名下的两套住房中的一套已经自用 10 年的住房转让，取得收入 50 万元。请问：李先生 2016 年取得的上述收入是否需要缴纳个人所得税，如需缴纳，按哪项应税所得项目计税？

提供运输服务收入是李先生作为个体工商户从事交通运输行业取得的所得，应缴纳个人所得税，按"个体工商户的生产、经营所得"项目计税。由于个人所得税是实行分类课征制，不同的应税所得，分别扣除费用、适用不同的税率。因此，购买企业债券取得的收入，不计入"个体工商户的生产、经营所得"项目，而是按"利息、股息、红利所得"项目计税。李先生写诗歌取得的收入，按"稿酬所得"项目计税。李先生转让的住房虽然已自用了 10 年，但不是税法规定的"唯一"住房，不享受税收优惠，而是按"财产转让所得"项目计税。可见，李先生的上述四项收入，均须缴纳个人所得税，并分别按"个体工商户的生产、经营所得""利息、股息、红利所得""稿酬所得"和"财产转让所得"项目计税。

第四节　税率

个人所得税税率按应税所得项目的不同分别加以规定，即不同应税所得项目适用不同税率。

一、工资、薪金所得

工资、薪金所得，适用七级超额累进税率，税率为 3%～45%，详见表 5－2。

表 5－2　　工资、薪金所得个人所得税税率表

级数	全月应纳税所得额	税率/%	速算扣除数/元
1	不超过 1 500 元（含）的	3	0
2	超过 1 500～4 500 元的部分	10	105
3	超过 4 500～9 000 元的部分	20	555
4	超过 9 000～35 000 元的部分	25	1 005

续前表

级数	全月应纳税所得额	税率/%	速算扣除数/元
5	超过 35 000～55 000 元的部分	30	2 755
6	超过 55 000～80 000 元的部分	35	5 505
7	超过 80 000 的部分	45	13 505

二、个体工商户的生产、经营所得和对企事业单位的承包经营、承租经营所得

个体工商户的生产、经营所得和对企事业单位的承包经营、承租经营所得，适用5%～35%的五级超额累进税率，详见表 5-3。

表 5-3　个体工商户的生产、经营所得和对企事业单位的承包经营、承租经营所得个人所得税税率表

级数	全月应纳税所得额	税率/%	速算扣除数/元
1	不超过 15 000 元的	5	0
2	超过 15 000～30 000 元的部分	10	750
3	超过 30 000～60 000 元的部分	20	3 750
4	超过 60 000～100 000 元的部分	30	9 750
5	超过 100 000 元的部分	35	14 750

三、劳务报酬所得

劳务报酬所得，适用比例税率，税率为 20%。对劳务报酬所得一次收入畸高的，实行加成征收，具体办法由国务院规定。

根据《个人所得税法实施条例》的规定，“劳务报酬所得一次收入畸高”，是指个人一次取得劳务报酬，其应纳税所得额超过 20 000 元。对应纳税所得额超过 20 000 元～50 000元的部分，依照税法规定计算应纳税额后再按照应纳税额加征五成；超过 50 000 元的部分，加征十成。因此，劳务报酬所得实际上适用 20%、30%、40%的三级超额累进税率，详见表 5-4。

表 5-4　劳务报酬所得个人所得税税率表

级数	全月应纳税所得额	税率/%	速算扣除数/元
1	超过 20 000 元的部分	20	0
2	超过 20 000～50 000 元的部分	30	2 000
3	超过 50 000 元的部分	40	7 000

四、稿酬所得

稿酬所得，适用比例税率，税率为 20%，并按应纳税额减征 30%。故其实际税率为 14%。

五、特许权使用费所得、利息、股息、红利所得、财产租赁所得、偶然所得和其他所得

特许权使用费所得、利息、股息、红利所得、财产租赁所得、偶然所得和其他所得，适用比例税率，税率为20%。

自2008年10月9日起，对储蓄存款利息所得暂免征收个人所得税。自2008年10月9日起，对证券市场个人投资者的证券交易结算资金在2008年10月9日后（含10月9日）孳生的利息所得，暂免征收个人所得税。

对个人按市场价格出租的居民住房取得的所得，暂减按10%的税率征收。

第五节　计税依据的确定

一、每次收入的确定

税法对纳税义务人取得的劳务报酬所得，稿酬所得，特许权使用费所得，利息、股息、红利所得，财产租赁所得，偶然所得和其他所得等七项所得，明确规定按次计算征税。准确划分“次”，对于准确计算个人所得税款、保证国家税收收入有着重要的意义。具体规定为：

（1）劳务报酬所得，根据不同劳务项目的特点，分别规定为：

1）只有一次性收入的，以取得该项收入为一次。

2）属于同一事项连续取得收入的，以一个月内取得的收入为一次。

（2）稿酬所得，以每次出版、发表取得的收入为一次。具体又可细分为：

1）同一作品再版取得的所得，应视作另一次稿酬所得计征个人所得税。

2）同一作品先在报刊上连载，然后再出版，或先出版，再在报刊上连载的，应视为两次稿酬所得征税。即连载作为一次，出版作为另一次。

3）同一作品在报刊上连载取得收入的，以连载完成后取得的所有收入合并为一次，计征个人所得税。

4）同一作品在出版和发表时，以预付稿酬或分次支付稿酬等形式取得的稿酬收入，应合并计算为一次。

5）同一作品出版、发表后，因添加印数而追加稿酬的，应与以前出版、发表时取得的稿酬合并计算为一次，计征个人所得税。

（3）特许权使用费所得，以某项使用权的一次转让所取得的收入为一次。一个纳税义务人，可能不仅拥有一项特许权利，每项特许权的使用权也可能不止一次地向他人提供。因此，对特许权使用费所得的“次”的界定，明确为每一项使用权的每次转让所取得的收入为一次。如果该次转让取得的收入是分笔支付的，则应将各笔收入相加为一次的收入，计征个人所得税。

（4）财产租赁所得，以一个月内取得的收入为一次。

（5）利息、股息、红利所得，以支付利息、股息、红利时取得的收入为一次。

（6）偶然所得，以每次收入为一次。

（7）其他所得，以每次收入为一次。

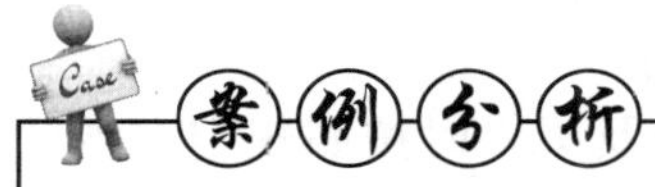

卢先生转让自己的一项专利权，取得收入50万元。50万元的转让费收入购买方是分两笔支付的，分别是2016年3月份支付25万元和4月份支付25万元。请问：卢先生的特许权使用费所得如何确认个人所得税应税收入？

卢先生转让该项专利权所得属于“一次转让、分笔支付”的情形，应将50万元一次确认为财产转让收入。

二、费用减除标准

由于个人所得税实行分类课征，故其费用减除标准也分类规定，根据所得的不同情况，分别实行定额、定率和会计核算三种扣除方法。具体规定如下：

（1）工资、薪金所得，以每月收入额减除费用3 500元后的余额，为应纳税所得额。

《个人所得税法实施条例》中规定，附加减除费用适用的范围包括：1）在中国境内的外商投资企业和外国企业中工作取得工资、薪金所得的外籍人员；2）应聘在中国境内的企业、事业单位、社会团体、国家机关中工作取得工资、薪金所得的外籍专家；3）在中国境内有住所而在中国境外任职或者受雇取得工资、薪金所得的个人；4）国务院、财政、税务主管部门确定的其他人员。上述适用范围内的人员每月工资、薪金所得，在减除3 500元费用的基础上再减除1 300元。

华侨和香港、澳门、台湾同胞参照上述附加减除费用标准执行。

（2）个体工商户的生产、经营所得，以每一纳税年度的收入总额，减除成本、费用以及损失后的余额，为应纳税所得额。成本、费用，是指纳税义务人从事生产、经营所发生的各项直接支出和分配计入成本的间接费用以及销售费用、管理费用、财务费用；损失，是指纳税义务人在生产、经营过程中发生的各项营业外支出。

从事生产、经营的纳税义务人未提供完整、准确的纳税资料，不能正确计算应纳税所得额的，由主管税务机关核定其应纳税所得额。

个人独资企业的投资者以全部生产经营所得为应纳税所得额。合伙企业的投资者按照合伙企业的全部生产经营所得和合伙协议约定的分配比例，确定应纳税所得额；合伙协议没有约定分配比例的，以全部生产经营所得和合伙人数量平均计算每个投资者的应纳税所得额。上述所称生产经营所得，包括企业分配给投资者个人的所得和企业当年留存的所得（利润）。

（3）对企事业单位的承包经营、承租经营所得，以每一纳税年度的收入总额，减除必要费用后的余额，为应纳税所得额。每一纳税年度的收入总额，是指纳税义务人按照承包经营、承租经营合同规定分得的经营利润和工资、薪金性质的所得；减除必要费用是指按月减除3 500元。

（4）劳务报酬所得、稿酬所得、特许权使用费所得、财产租赁所得，每次收入不超过

4 000元的，减除费用800元；4 000元以上的，减除20%的费用，其余额为应纳税所得额。

(5) 财产转让所得，以转让财产的收入额减除财产原值和合理费用后的余额，为应纳税所得额。合理费用，是指卖出财产时按照规定支付的有关费用。

财产原值的确定分为以下情况：1) 有价证券，为买入价以及买入时按照规定交纳的有关费用；2) 建筑物，为建造费或者购进价格以及其他有关费用；3) 土地使用权，为取得土地使用权所支付的金额、开发土地的费用以及其他有关费用；4) 机器设备、车船，为购进价格、运输费、安装费以及其他有关费用；5) 其他财产，参照以上方法确定。

纳税义务人未提供完整、准确的财产原值凭证，不能正确计算财产原值的，由主管税务机关核定其财产原值。

(6) 利息、股息、红利所得，偶然所得和其他所得，以每次收入额为应纳税所得额。

三、计税依据的特殊规定

(1) 个人将其所得通过中国境内的社会团体、国家机关向教育和其他社会公益事业以及遭受严重自然灾害地区、贫困地区捐赠，捐赠额未超过纳税义务人申报的应纳税所得额30%的部分，可以从其应纳税所得额中扣除。

(2) 纳税人通过中国人口福利基金会、光华科技基金会的公益、救济性捐赠，可在应纳税所得额的30%内扣除。

(3) 个人通过非营利的社会团体和国家机关向农村义务教育的捐赠，准予在缴纳个人所得税前的所得额中全额扣除。农村义务教育的范围，是政府和社会力量举办的农村乡镇(不含县和县级市政府所在地的镇)、村的小学和初中以及属于这一阶段的特殊教育学校。纳税人对农村义务教育与高中在一起的学校的捐赠，也享受此项所得税前扣除。

(4) 个人通过非营利的社会团体和国家机关向红十字的捐赠，在计算缴纳个人所得税时，准予在税前的所得额中全额扣除。

(5) 个人的所得（不含偶然所得和经国务院、财政部门确定征税的其他所得）用于资助非关联的科研机构和高等学校研究开发新产品、新技术、新工艺所发生的研究开发经费，经主管税务机关确定，可以全额在下月（工资、薪金所得）或下次（按次计征的所得）或当年（按年计征的所得）计征个人所得税时，从应纳税所得额中扣除，不足抵扣的，不得结转抵扣。

第六节　境外所得的税额扣除

对于居民纳税人而言，中国政府根据属人主义税收管辖权，对其来源于中国境内外的所得都要征税。但居民来源于中国境外某一国家的所得，一般均已缴纳或负担了相关国家的所得税。为了避免发生对同一笔跨国所得在两个国家同时征税给纳税人带来重复征税的问题，同时为了维护我国的国家权益，税法作出了对境外所得已纳税额扣除的规定。

税法规定，纳税义务人从中国境外取得的所得，准予其在应纳税额中扣除已在境外缴纳的个人所得税税额。但扣除额不得超过该纳税义务人境外所得依照我国税法规定计算的应纳税额。

税法所说的已在境外缴纳的个人所得税税额，是指纳税义务人从中国境外取得的所得，依照该所得来源国家或者地区的法律应当缴纳并且实际已经缴纳的税额。

税法所说的依照规定计算的应纳税额，是指纳税义务人从中国境外取得的所得，区别不同国家或者地区和不同应税项目，依照我国税法规定的费用减除标准和适用税率计算的应纳税额；同一国家或者地区内不同应税项目，依照我国税法计算的应纳税额之和，为该国家或者地区的扣除限额，即扣除限额的计算分国别且分项目。

纳税义务人在中国境外一个国家或者地区实际已经缴纳的个人所得税税额，低于依照上述规定计算出的该国家或者地区扣除限额的，应当在中国缴纳差额部分的税款；超过该国家或者地区扣除限额的，其超过部分不得在本纳税年度的应纳税额中扣除，但是可以在以后纳税年度的该国家或者地区扣除限额的余额中补扣，补扣期限最长不得超过 5 年。

纳税义务人依照税法的规定申请扣除已在境外缴纳的个人所得税税额时，应当提供境外税务机关填发的完税凭证原件。

为了保证正确计算扣除限额及合理扣除境外已纳税额，税法规定，在中国境内有住所，或者无住所而在境内居住满 1 年的个人，从中国境内和境外取得的所得，应当分别计算应纳税额。

【例 5－1】某纳税人在同一纳税年度从 A、B 两国取得应税收入。其中，在 A 国因提供一项专利技术使用权，一次取得特许权使用费收入 35 000 元（人民币，下同），取得偶然收入 12 000 元，该两项收入在 A 国缴纳个人所得税 5 200 元；因在 B 国出版著作，获得稿酬收入 29 000 元，并在 B 国缴纳该项收入的个人所得税 4 120 元。其抵扣计算方法如下：

（1）按照我国税法规定的费用减除标准和税率，计算该纳税义务人从 A 国取得的应税所得应纳税额，该应纳税额即为抵减限额。

1）特许权使用费所得。

该纳税义务人从 A 国取得的特许权使用费收入按照中国的税法计算的应纳税额为：

扣除限额＝35 000×（1－20%）×20%＝5 600（元）

2）偶然所得。

该纳税义务人从 A 国取得的偶然收入按照中国的税法计算的应纳税额为：

扣除限额＝12 000×20%＝2 400（元）

A 国扣除限额合计数＝5 600＋2 400＝8 000（元）

应在中国补缴个人所得税＝8 000－5 200＝2 800（元）

（2）按照我国税法的规定，该纳税义务人从 B 国取得的稿酬收入，应减除 20%的费用，就其余额按 20%的税率计算应纳税额并减征 30%。

扣除限额＝29 000×（1－20%）×20%×（1－30%）＝3 248（元）

该纳税义务人的稿酬所得在 B 国实际缴纳个人所得税 4 120 元，超出抵减限额 872（＝4 120－3 248）元，不能在本年度扣除，但可在以后 5 个纳税年度的该国减除限额的余额中补减。

综合上述计算结果，该纳税义务人在本纳税年度中的境外所得，应在中国补缴个人所得税 2 800 元。其在 B 国缴纳的个人所得税未抵减完的 872 元，可按我国税法的规定补减。

第七节　应纳税额的计算

一、工资、薪金所得应纳税额的计算

工资、薪金所得应纳税额的计算公式为：

应纳税额＝应纳税所得额×适用税率－速算扣除数

＝（每月收入额－3 500 元或 4 800 元）×适用税率－速算扣除数

【例 5－2】某纳税人（不适用附加减除费用的规定）2016 年 7 月份工资收入 4 800 元。计算其当月应纳个人所得税税额。

解答：

应纳税所得额＝4 800－3 500＝1 300（元）

应纳税额＝1 300×3％＝39（元）

二、个体工商户生产、经营所得应纳税额的计算

（一）计算公式

个体工商户的生产、经营所得应纳税额的计算公式为：

应纳税额＝应纳税所得额×适用税率－速算扣除数

＝（全年收入总额－成本、费用以及损失）×适用税率－速算扣除数

（二）对个体工商户个人所得税计算征收的有关规定

（1）个体工商户业主的费用扣除标准统一确定为 42 000 元/年，即 3 500 元/月。

（2）个体工商户生产经营过程中从业人员的工资扣除标准，由各省、自治区、直辖市地方税务机关根据当地实际情况确定，并报国家税务总局备案。

（3）个体工商户在生产、经营期间借款利息支出，凡有合法证明的，不高于按金融机构同类、同期贷款利率计算的数额的部分，准予扣除。

（4）个体工商户或个人专营种植业、养殖业、饲养业、捕捞业，应对其所得计征个人所得税。兼营上述四业并且四业的所得单独核算的，比照上述原则办理，对属于征收个人所得税的，应与其他行业的生产、经营所得合并计征个人所得税；对于四业的所得不能单独核算的，应就其全部所得计征个人所得税。

（5）个体工商户和从事生产、经营的个人，取得与生产、经营活动无关的各项应税所得，应分别适用各应税项目的规定计算征收个人所得税。

（三）个人独资企业和合伙企业应纳个人所得税的计算

对个人独资企业和合伙企业生产经营所得，其个人所得税应纳税额的计算有以下两种办法。

1. 查账征收

（1）个人独资企业和合伙企业投资者的生产经营所得依法计征个人所得税时，个人独

资企业和合伙企业投资者本人的费用扣除标准统一确定为 42 000 元/年，即 3 500 元/月。投资者的工资不得在税前扣除。

(2) 企业从业人员的工资支出按标准在税前扣除，具体标准由各省、自治区、直辖市地方税务局参照企业所得税计税工资标准确定。

(3) 投资者及其家庭发生的生活费用不允许在税前扣除。投资者及其家庭发生的生活费用与企业生产经营费用混合在一起，并且难以划分的，全部视为投资者个人及其家庭发生的生活费用，不允许在税前扣除。

(4) 企业生产经营和投资者及其家庭生活共用的固定资产难以划分的，由主管税务机关根据企业的生产经营类型、规模等具体情况，核定准予在税前扣除的折旧费用的数额或比例。

(5) 企业实际发生的工会经费、职工福利费、职工教育经费分别在其计税工资总额的 2%、14%、2.5%的标准内据实扣除。

(6) 企业每一纳税年度发生的广告和业务宣传费用不超过当年销售（营业）收入 2%的部分，可据实扣除；超过部分可无限期向以后的纳税年度结转。

(7) 企业每一纳税年度发生的与其生产经营业务直接相关的业务招待费，在以下规定比例范围内可据实扣除：全年销售（营业）收入净额在 1 500 万元及其以下的，不超过全年销售（营业）收入净额的 5‰；全年销售（营业）收入净额超过 1 500 万元的，不超过该部分的 3‰。

(8) 企业计提的各种准备金不得扣除。

2. 核定征收

核定征收方式包括定额征收、核定应税所得率征收以及其他合理的征收方式。实行应税所得率征收方式的，应纳税额的计算公式为：

$$\text{应纳税额}=\text{应纳税所得额}\times\text{适用税率}$$

$$\begin{aligned}\text{应纳税所得额}&=\text{收入总额}\times\text{应税所得率}\\&=\frac{\text{成本、费用支出额}}{1-\text{应税所得率}}\times\text{应税所得率}\end{aligned}$$

其中，应税所得率如表 5-5 所示。

表 5-5　个人所得税应税所得率表

行业	应税所得率/%
工业、交通运输业、商业	5～20
建筑业、房地产开发业	7～20
饮食服务业	7～25
娱乐业	20～40
其他行业	10～30

三、对企事业单位的承包经营、承租经营所得应纳税额的计算

对企事业单位的承包经营、承租经营所得，其个人所得税应纳税额的计算公式为：

应纳税额＝应纳税所得额×适用税率－速算扣除数

＝（纳税年度收入总额－必要费用）×适用税率－速算扣除数

对企事业单位的承包经营、承租经营所得，以每一纳税年度的收入总额，减除必要费用后的余额，为应纳税所得额。

在一个纳税年度中，承包经营或者承租经营期限不足1年的，以其实际经营期为纳税年度。

四、劳务报酬所得应纳税额的计算

对劳务报酬所得，其个人所得税应纳税额的计算公式为：

（1）每次收入不足4 000元的：

应纳税额＝应纳税所得额×适用税率

＝（每次收入额－800）×20％

（2）每次收入在4 000元以上的：

应纳税额＝应纳税所得额×适用税率

＝每次收入额×（1－20％）×20％

（3）每次收入的应纳税所得额超过20 000元的：

应纳税额＝应纳税所得额×适用税率－速算扣除数

＝每次收入额×（1－20％）×适用税率－速算扣除数

【例5-3】某歌星3月份到某地演出，一次取得表演收入90 000元，通过希望工程基金会向希望工程捐赠25 000元。请计算其应纳的个人所得税税额。

解答：

应纳税所得额＝90 000×（1－20％）＝72 000（元）

允许扣除的捐赠限额＝72 000×30％＝21 600（元）＜25 000（元）

应纳税额＝（72 000－21 600）×40％－7 000＝13 160（元）

五、稿酬所得应纳税额的计算

稿酬所得应纳税额的计算公式为：

（1）每次收入不足4 000元的：

应纳税额＝应纳税所得额×适用税率×（1－30％）

＝（每次收入额－800）×20％×（1－30％）

（2）每次收入在4 000元以上的：

应纳税额＝应纳税所得额×适用税率×（1－30％）

＝每次收入额×（1－20％）×20％×（1－30％）

【例5-4】某业余作者7月份在某报纸上发表文章，获得稿酬收入3 800元，请计算其应纳的个人所得税税额。

解答：

应纳税额＝（3 800－800）× 20％×（1－30％）＝420（元）

六、特许权使用费所得应纳税额的计算

对特许权使用费所得，其个人所得税应纳税额的计算公式为：

(1) 每次收入不足 4 000 元的：

应纳税额＝应纳税所得额×适用税率

＝(每次收入额－800)×20%

(2) 每次收入在 4 000 元以上的：

应纳税额＝应纳税所得额×适用税率

＝每次收入额×(1－20%)×20%

七、利息、股息、红利所得应纳税额的计算

对利息、股息、红利所得，其个人所得税应纳税额的计算公式为：

应纳税额＝应纳税所得额×适用税率

＝每次收入额×20%(利息 5%)

八、财产租赁所得应纳税额的计算

财产租赁所得一般以个人每次取得的收入，定额或定率减除规定费用后的余额，为应纳税所得额。每次收入不超过 4 000 元，定额减除费用 800 元；每次收入在 4 000 元以上，定率减除 20%的费用。财产租赁所得以 1 个月内取得的收入为一次。

在确定财产租赁的应纳税所得额时，纳税人在出租财产过程中缴纳的税金和教育费附加，可持完税(缴款)凭证，从其财产租赁收入中扣除。准予扣除的项目除了规定的费用和有关税费外，还准予扣除能够提供有效、准确凭证，证明由纳税人负担的该出租财产实际开支的修缮费用。允许扣除的修缮费用，以每次 800 元为限，一次扣除不完的，准予在下一次继续扣除，直到扣完为止。

个人出租财产取得的财产租赁收入，在计算缴纳个人所得税时，应依次扣除以下费用：财产租赁过程中缴纳的税费；由纳税人负担的该出租财产实际开支的修缮费用；税法规定的费用扣除标准。

(1) 应纳税所得额的计算公式为：

1) 每次(月)收入不超过 4 000 元的：

应纳税所得额＝每次(月)收入额－准予扣除项目－修缮费用(800 元为限)
－800 元

2) 每次(月)收入超过 4 000 元的：

应纳税所得额＝［每次(月)收入额－准予扣除项目－修缮费用(800 元为限)］
×(1－20%)

(2) 应纳税额的计算公式为：

应纳税额＝应纳税所得额×适用税率

＝应纳税所得额×20%

【例 5－5】 王先生 2016 年 1 月 1 日起将其位于市区的一套公寓住房按市价出租，每月

收取租金 4 000 元。5 月因卫生间漏水发生修缮费用 1 200 元，已取得合法有效的支出凭证。请计算王先生 5—6 月出租房屋应缴纳的个人所得税（不考虑其他税费）。

应纳税额＝（4 000－800－800）×10%＋（4 000－400－800）×10%＝520（元）

九、财产转让所得应纳税额的计算

财产转让所得应纳税额的计算公式为：

应纳税额＝应纳税所得额×适用税率

＝（收入总额－财产原值－合理税费）×20%

【例 5－6】李先生转让住房一套，售价 600 000 元，转让过程中按规定支付的有关税费为 37 000 元。房产的购买原值是 430 000 元，购买时支付税费 28 000 元。请计算其应缴纳的个人所得税税额。

解答：

应纳税所得额＝600 000－（430 000＋28 000）－37 000＝105 000（元）

应纳税额＝105 000×20%＝21 000（元）

十、偶然所得应纳税额的计算

偶然所得应纳税额的计算公式为：

应纳税额＝应纳税所得额×适用税率

＝每次收入额×20%

【例 5－7】张先生购买福利彩票，一次获得中奖收入 30 万元。请计算其应纳的个人所得税税额。

解答：

应纳税额＝30×20%＝6（万元）

十一、其他所得应纳税额的计算

其他所得应纳税额的计算公式为：

应纳税额＝应纳税所得额×适用税率

＝每次收入额×20%

十二、应纳税额计算的特殊规定

（一）对个人取得全年一次性奖金征税的规定

全年一次性奖金是指行政机关、企事业单位等扣缴义务人根据其全年经济效益和对雇员全年工作业绩的综合考核情况，向雇员发放的奖金。全年一次性奖金也包括年终加薪、实行年薪制和绩效工资办法的单位根据考核情况兑现的年薪和绩效工资。

纳税人取得全年一次性奖金，单独作为 1 个月工资、薪金所得计算纳税，自 2005 年 1 月 1 日起按以下计税办法，由扣缴义务人发放时代扣代缴：

（1）先将雇员当月内取得的全年一次性奖金，除以 12 个月，按其商数确定适用税率和速算扣除数。

如果在发放年终一次性奖金的当月，雇员当月工资薪金所得低于税法规定的费用扣除额，应将全年一次性奖金减除“雇员当月工资薪金所得与费用扣除额的差额”后的余额，按上述办法确定全年一次性奖金的适用税率和速算扣除数。

（2）将雇员个人当月内取得的全年一次性奖金，按规定的适用税率和速算扣除数计算征税，计算公式如下：

1）如果雇员当月工资薪金所得高于（或等于）税法规定的费用扣除额的，适用公式为：

应纳税额＝雇员当月取得全年一次性奖金×适用税率－速算扣除数

2）如果雇员当月工资薪金所得低于税法规定的费用扣除额的，适用公式为：

$$\text{应纳税额}=\left(\text{雇员当月取得全年一次性奖金}-\text{雇员当月工资薪金所得与费用扣除额的差额}\right)\times\text{适用税率}-\text{速算扣除数}$$

（3）在一个纳税年度内，对每一个纳税人，该计税办法只允许采用一次。

（4）实行年薪制和绩效工资的单位，个人取得年终兑现的年薪和绩效工资按全年一次性奖金的规定执行。

（5）雇员取得除全年一次性奖金以外的其他各种名目奖金，如半年奖、季度奖、加班奖、先进奖、考勤奖等，一律与当月工资、薪金收入合并，按税法规定缴纳个人所得税。

【例5-8】李先生2016年12月取得全年一次性奖金20 000元。请计算：李先生2016年12月工资薪金为5 000元或为1 200元时其全年一次性奖金应纳的个人所得税各为多少？

解答：（1）若李先生2016年12月工资薪金为5 000元，则：

该笔奖金适用的税率和速算扣除数为：20 000÷12＝1 666.67（元）

适用第二级次的税率和速算扣除数，即10%扣25元，

该笔奖金应纳税额＝20 000×10%－25＝1 975（元）

（2）若李先生2016年12月工资薪金为1 200元，则：

该笔奖金适用的税率和速算扣除数为：

［20 000－（3 500－1 200）］÷12＝1 475（元）

适用第一级次的税率，即3%，

该笔奖金应纳税额＝［20 000－（3 500－1 200）］×3%＝531（元）

（二）个人取得退职费收入征免个人所得税问题

《个人所得税法》第4条第7款所说的可以免征个人所得税的“退职费”，是指个人符合《国务院关于工人退休、退职的暂行办法》规定的退职条件并按该办法规定的退职费标准所领取的退职费。

个人取得的不符合上述办法规定的退职条件和退职费标准的退职费收入，属于与其任职、受雇活动有关的工资、薪金性质的所得，应在取得的当月按工资、薪金所得计算缴纳个人所得税。但考虑到作为雇主给予退职人员经济补偿的退职费，通常为一次性发给，且数额较大，以及退职人员有可能在一段时间内没有固定收入等实际情况，依照《个人所得税法》有关工资、薪金所得计算征税的规定，对退职人员一次取得较高退职费收入的，可

视为其一次取得数月的工资、薪金收入，并以原每月工资、薪金收入总额为标准，划分为若干月份的工资、薪金收入后，计算个人所得税的应纳税所得额及税额。但按上述方法划分超过了6个月工资、薪金收入的，应按6个月平均划分计算。个人取得全部退职费收入的应纳税款，应由其原雇主在支付退职费时负责代扣并于次月15日内缴入国库。个人退职后6个月内又再次任职、受雇的，对个人已缴纳个人所得税的退职费收入，不再与再次任职、受雇取得的工资、薪金所得合并计算补缴个人所得税。

（三）对个人因解除劳动合同取得经济补偿金的征税方法

根据《财政部　国家税务总局关于个人与用人单位解除劳动关系取得的一次性补偿收入征免个人所得税问题的通知》和《国家税务总局关于国有企业职工因解除劳动合同取得一次性补偿收入征免个人所得税问题的通知》的精神，自2001年10月1日起，按以下规定处理：

（1）企业依照国家有关法律规定宣告破产，企业职工从该破产企业取得的一次性安置费收入，免征个人所得税。

（2）个人因与用人单位解除劳动关系而取得的一次性补偿收入（包括用人单位发放的经济补偿金、生活补助费和其他补助费用），其收入在当地上年职工平均工资3倍数额以内的部分，免征个人所得税；超过3倍数额部分的一次性补偿收入，可视为一次取得数月的工资、薪金收入，允许在一定期限内平均计算。方法为：以超过3倍数额部分的一次性补偿收入，除以个人在本企业的工作年限数（超过12年的按12年计算），以其商数作为个人的月工资、薪金收入，按照税法规定计算缴纳个人所得税。个人在解除劳动合同后又再次任职、受雇的，已纳税的一次性补偿收入不再与再次任职、受雇的工资薪金所得合并计算补缴个人所得税。

（3）个人领取一次性补偿收入时，按照国家和地方政府规定的比例实际缴纳的住房公积金、医疗保险费、基本养老保险费、失业保险费，可以在计征其一次性补偿收入的个人所得税时予以扣除。

（四）个人取得公务交通、通信补贴收入征税问题

个人因公务用车和通信制度改革而取得的公务用车、通信补贴收入，扣除一定标准的公务费用后，按照“工资、薪金”所得项目计征个人所得税。按月发放的，并入当月“工资、薪金”所得计征个人所得税；不按月发放的，分解到所属月份并与该月份“工资、薪金”所得合并后计征个人所得税。

公务费用扣除标准，由省级地方税务局根据纳税人公务交通、通信费用实际发生情况调查测算，报经省级人民政府批准后确定，并报国家税务总局备案。

（五）失业保险费（金）征税问题

城镇企业事业单位及其职工个人按照《失业保险条例》规定的比例实际缴付的失业保险费，均不计入职工个人当期工资、薪金收入，免予征收个人所得税；超过《失业保险条例》规定的比例缴付失业保险费的，应将其超过规定比例缴付的部分计入职工个人当期的工资、薪金收入，依法计征个人所得税。

具备《失业保险条例》规定条件的失业人员领取的失业保险金，免予征收个人所得税。

（六）在外商投资企业、外国企业和外国驻华机构工作的中方人员取得的工资、薪金所得的征税问题

在外商投资企业、外国企业和外国驻华机构工作的中方人员取得的工资、薪金收入，凡是由雇佣单位和派遣单位分别支付的，支付单位应按税法规定代扣代缴个人所得税。同时，按税法规定，纳税义务人应以每月全部工资、薪金收入减除规定费用后的余额为应纳税所得额。为了利于征管，对雇佣单位和派遣单位分别支付工资、薪金的，采取由支付者中的一方减除费用的方法，即只由雇佣单位在支付工资、薪金时，按税法规定减除费用，计算扣缴个人所得税；派遣单位支付的工资、薪金不再减除费用，以支付金额直接确定适用税率，计算扣缴个人所得税。

上述纳税义务人，应持两处支付单位提供的原始明细工资、薪金单（书）和完税凭证原件，选择并固定到一地税务机关申报每月工资、薪金收入，汇算清缴其工资、薪金收入的个人所得税，多退少补。具体申报期限由各省、自治区、直辖市税务机关确定。

【例 5－9】张先生为某外商投资企业雇用的中方人员，2016 年 8 月份该外商投资企业支付给张先生的薪金为 8 000 元，同月，派遣单位发给张先生的工资为 2 500 元。请计算该外商投资企业和派遣单位应扣缴的个人所得税税额以及张先生实际应缴的个人所得税税额。

解答：

（1）外商投资企业扣缴的个人所得税税额为：

扣缴税额＝（8 000－3 500）×10％－105＝345（元）

（2）派遣单位扣缴的个人所得税税额为：

扣缴税额＝2 500×10％－105＝145（元）

（3）张先生实际应缴的个人所得税税额为：

应纳税额＝（8 000＋2 500－3 500）×20％－555＝845（元）

故张先生到税务机关申报纳税时，还应补缴 355（＝845－345－145）元。

（七）个人因购买和处置债权取得所得征收个人所得税的方法

根据《个人所得税法》及有关规定，个人通过招标、竞拍或其他方式购置债权以后，通过相关司法或行政程序主张债权而取得的所得，应按照“财产转让所得”项目缴纳个人所得税。

个人通过上述方式取得“打包”债权，只处置部分债权的，其应纳税所得额按以下方式确定：

（1）以每次处置部分债权的所得，作为一次财产转让所得征税。

（2）其应税收入按照个人取得的货币资产和非货币资产的评估价值或市场价值的合计数确定。

（3）所处置债权成本费用（即财产原值），按下列公式计算：

$$\frac{当次处置债权}{成本费用}=\frac{个人购置“打包”}{债权实际支出}\times\frac{当次处置债权账面价值（或拍卖机构公布价值）}{“打包”债权账面价值（或拍卖机构公布价值）}$$

（4）个人购买和处置债权过程中发生的拍卖招标手续费、诉讼费、审计评估费以及缴纳的税金等合理税费，在计算个人所得税时允许扣除。

（八）纳税人收回转让的股权征收个人所得税的方法

股权转让合同履行完毕，股权已作变更登记，且所得已经实现的，转让人取得的股权转让收入应当依法缴纳个人所得税。转让行为结束后，当事人双方签订并执行解除原股权让合同、退回股权的协议，是另一次股权转让行为，对前次转让行为征收的个人所得税款不予退回。

股权转让合同未履行完毕，因执行仲裁委员会作出的解除股权转让合同及补充协议的裁决，停止执行原股权转让合同，并原价收回已转让股权的，由于其股权转让行为尚未完全实现，随着股权转让关系的解除，股权收益不复存在，根据《个人所得税法》和《税收征管法》的有关规定，纳税人不应缴纳个人所得税。

第八节　税收优惠

一、免征个人所得税的优惠

对个人取得的以下收入，免征个人所得税：

（1）省级人民政府、国务院部委和中国人民解放军军以上单位，以及外国组织、国际组织颁发的科学、教育、技术、文化、卫生、体育、环境保护等方面的奖金。

（2）国债和国家发行的金融债券利息。

（3）按照国家统一规定发给的补贴、津贴。

（4）福利费、抚恤金、救济金。

（5）保险赔款。

（6）军人的转业费、复员费。

（7）按照国家统一规定发给干部、职工的安家费、退职费、退休工资、离休工资、离休生活补助费。

（8）企业和个人按照省级人民政府规定的比例提取并缴付的住房公积金、医疗保险金、基本养老保险金、失业保险金，不计入个人当期的工资、薪金收入，免予征收个人所得税。超过规定的比例缴付的部分计征个人所得税。

个人领取原提存的住房公积金、医疗保险金、基本养老保险金时，免予征收个人所得税。

（9）对个人取得的教育储蓄存款利息所得以及国务院财政部门确定的其他专项储蓄存款或者储蓄性专项基金存款的利息所得，免予征收个人所得税。

（10）关于发给见义勇为者的奖金问题。对乡、镇（含乡、镇）以上人民政府或经县

（含县）以上人民政府主管部门批准成立的有机构、有章程的见义勇为基金或者类似性质组织，奖励见义勇为者的奖金或奖品，经主管税务机关核准，免征个人所得税。

（11）储蓄机构内从事代扣代缴工作的办税人员取得的扣缴利息税手续费所得，免征个人所得税。

（12）对学生个人参与“长江小小科学家”活动并获得的奖金，免予征收个人所得税。

（13）依照我国有关法律规定应予免税的各国驻华使馆、领事馆的外交代表、领事官员和其他人员的所得。上述“所得”，是指依照《中华人民共和国外交特权与豁免条例》和《中华人民共和国领事特权与豁免条例》规定免税的所得。

（14）中国政府参加的国际公约以及签订的协议中规定免税的所得。

二、减征个人所得税的优惠

有下列情形之一的，经批准可以减征个人所得税：

（1）残疾、孤老人员和烈属的所得。

（2）因严重自然灾害造成重大损失的。

（3）其他经国务院财政部门批准减税的。

上述减免项目的减征幅度和期限，由省、自治区、直辖市人民政府规定。

三、暂免征收个人所得税的优惠

以下情形的所得暂免征收个人所得税：

（1）外籍个人以非现金形式或实报实销形式取得的住房补贴、伙食补贴、搬迁费、洗衣费。

（2）外籍个人按合理标准取得的境内、外出差补贴。

（3）外籍个人取得的探亲费、语言训练费、子女教育费等，经当地税务机关审核批准为合理的部分。可以享受免征个人所得税优惠的探亲费，仅限于外籍个人在我国的受雇地与其家庭所在地（包括配偶或父母居住地）之间搭乘交通工具，且每年不超过两次的费用。

（4）外籍个人从外商投资企业取得的股息、红利所得。

（5）个人举报、协查各种违法、犯罪行为而获得的奖金。

（6）个人办理代扣代缴税款手续，按规定取得的扣缴手续费。

（7）个人转让自用达5年以上并且是唯一的家庭居住用房取得的所得。

（8）对按《国务院关于高级专家离休退休若干问题的暂行规定》和《国务院办公厅关于杰出高级专家暂缓离休审批问题的通知》的精神，达到离休、退休年龄，但确因工作需要，适当延长离休、退休年龄的高级专家（指享受国家发放的政府特殊津贴的专家、学者），其在延长离休、退休期间的工资、薪金所得，视同退休工资、离休工资免征个人所得税。

（9）凡符合下列条件之一的外籍专家取得的工资、薪金所得可免征个人所得税：

1）根据世界银行专项贷款协议由世界银行直接派往我国工作的外国专家。

2）联合国组织直接派往我国工作的专家。

3）为联合国援助项目来华工作的专家。

4）援助国派往我国专为该国无偿援助项目工作的专家。

5）根据两国政府签订文化交流项目来华工作2年以内的文教专家，其工资、薪金所得由该国负担的。

6）根据我国大专院校国际交流项目来华工作2年以内的文教专家，其工资、薪金所得由该国负担的。

7）通过民间科研协定来华工作的专家，其工资、薪金所得由该国政府机构负担的。

（10）股权分置改革中非流通股股东通过对价方式向流通股股东支付的股份、现金等收入，暂免征收流通股股东应缴纳的个人所得税。

（11）对被拆迁人按照国家有关城镇房屋拆迁管理办法规定的标准取得的拆迁补偿款，免征个人所得税。

（12）个人取得单张有奖发票奖金所得不超过800元（含800元）的，暂免征收个人所得税；个人取得单张有奖发票奖金所得超过800元的，应全额按照《个人所得税法》规定的“偶然所得”项目征收个人所得税。

第九节 征收管理

一、代扣代缴纳税

（一）扣缴义务人和代扣代缴的范围

1. 扣缴义务人

凡支付个人应纳税所得的企业（公司）、事业单位、机关、社团组织、军队、驻华机构、个体户等单位或者个人，为个人所得税的扣缴义务人。

这里所说的驻华机构，不包括外国驻华使领馆、联合国及其他依法享有外交特权和豁免的国际组织驻华机构。

2. 代扣代缴的范围

扣缴义务人向个人支付下列所得，应代扣代缴个人所得税：

（1）工资、薪金所得。

（2）对企事业单位的承包经营、承租经营所得。

（3）劳务报酬所得。

（4）稿酬所得。

（5）特许权使用费所得。

（6）利息、股息、红利所得。

（7）财产租赁所得。

（8）财产转让所得。

(9) 偶然所得。

(10) 经国务院财政部门确定征税的其他所得。

(二) 扣缴义务人的义务及应承担的责任

(1) 扣缴义务人应指定支付应纳税所得的财务会计部门或其他有关部门的人员为办税人员，由办税人员具体办理个人所得税的代扣代缴工作。

代扣代缴义务人的有关领导要对代扣代缴工作提供便利，支持办税人员履行义务；确定办税人员或办税人员发生变动时，应将名单及时报告主管税务机关。

(2) 扣缴义务人的法人代表（或单位主要负责人）、财会部门的负责人及具体办理代扣代缴税款的有关人员，共同对依法履行代扣代缴义务负法律责任。

(3) 同一扣缴义务人的不同部门支付应纳税所得时，应报办税人员汇总。

(4) 扣缴义务人在代扣税款时，必须向纳税人开具税务机关统一印制的代扣代收税款凭证，并详细注明纳税人姓名、工作单位、家庭住址和居民身份证或护照号码（无上述证件的，可用其他能有效证明身份的证件）等个人情况。对工资、奖金所得和利息、股息、红利所得等，因纳税人数众多、不便一一开具代扣代收税款凭证的，经主管税务机关同意，可不开具代扣代收税款凭证，但应通过一定形式告知纳税人已扣缴税款。纳税人为持有完税依据而向扣缴义务人索取代扣代收税款凭证的，扣缴义务人不得拒绝。

扣缴义务人应主动向税务机关申领代扣代收税款凭证，据以向纳税人扣税。非正式扣税凭证，纳税人可以拒收。

(5) 扣缴义务人对纳税人的应扣未扣的税款，其应纳税款仍然由纳税人缴纳，扣缴义务人应承担应扣未扣税款 50%以上至 3 倍的罚款。

(6) 扣缴义务人应设立代扣代缴税款账簿，正确反映个人所得税的扣缴情况，并如实填写《扣缴个人所得税报告表》及其他有关资料。

(三) 代扣代缴期限

扣缴义务人每月所扣的税款，应当在次月 15 日内缴入国库，并向主管税务机关报送《扣缴个人所得税报告表》、代扣代收税款凭证和包括每一纳税人姓名、单位、职务、收入、税款等内容的支付个人收入明细表以及税务机关要求报送的其他有关资料。

扣缴义务人违反上述规定不报送或者报送虚假纳税资料的，一经查实，其未在支付个人收入明细表中反映的向个人支付的款项，在计算扣缴义务人应纳税所得额时不得作为成本费用扣除。

扣缴义务人因有特殊困难不能按期报送《扣缴个人所得税报告表》及其他有关资料的，经县级税务机关批准，可以延期申报。

二、自行申报纳税

个人所得税实行自行申报纳税和代扣代缴纳税两种纳税办法。

(一) 自行申报纳税的纳税义务人

自行申报纳税的纳税义务人包括以下几种：

（1）自 2006 年 1 月 1 日起，年所得 12 万元以上的。

（2）从中国境内两处或者两处以上取得工资、薪金所得的。

（3）从中国境外取得所得的。

（4）取得应税所得，没有扣缴义务人的。

（5）国务院规定的其他情形。

其中，年所得 12 万元以上的纳税人，无论取得的各项所得是否已足额缴纳了个人所得税，均应当按照规定于纳税年度终了后向主管税务机关办理纳税申报；其他情形的纳税人均应当按照规定于取得所得后向主管税务机关办理纳税申报。同时需注意的是，年所得 12 万元以上的纳税人，不包括在中国境内无住所，且在一个纳税年度中在中国境内居住不满 1 年的个人；从中国境外取得所得的纳税人，是指在中国境内有住所，或者无住所而在一个纳税年度中在中国境内居住满 1 年的个人。

（二）自行申报纳税的内容

年所得 12 万元以上的纳税人，在纳税年度终了后，应当填写“个人所得税纳税申报表（适用于年所得 12 万元以上的纳税人申报）”，并在办理纳税申报时报送主管税务机关，同时报送个人有效身份证件复印件，以及主管税务机关要求报送的其他有关资料。

1. 构成 12 万元的所得

（1）工资、薪金所得。

（2）个体工商户的生产、经营所得。

（3）对企事业单位的承包经营、承租经营所得。

（4）劳务报酬所得。

（5）稿酬所得。

（6）特许权使用费所得。

（7）利息、股息、红利所得。

（8）财产租赁所得。

（9）财产转让所得。

（10）偶然所得。

（11）经国务院财政部门确定征税的其他所得。

2. 不包含在 12 万元中的所得

（1）免税所得。即省级人民政府、国务院部委、中国人民解放军军以上单位，以及外国组织、国际组织颁发的科学、教育、技术、文化、卫生、体育、环境保护等方面的奖金；国债和国家发行的金融债券利息；按照国家统一规定发给的补贴、津贴，即《个人所得税法实施条例》第 13 条规定的按照国务院规定发放的政府特殊津贴、院士津贴、资深院士津贴，以及国务院规定免征个人所得税的其他补贴、津贴；福利费、抚恤金、救济金；保险赔款；军人的转业费、复员费；按照国家统一规定发给干部、职工的安家费、退职费、退休工资、离休工资、离休生活补助费。

（2）暂免征税所得。即依照我国有关法律规定应予免税的各国驻华使馆、领事馆的外交代表、领事官员和其他人员的所得；中国政府参加的国际公约、签订的协议中规定免税的所得。

（3）可以免税的来源于中国境外的所得，如按照国家规定单位为个人缴付和个人缴付的基本养老保险费、基本医疗保险费、失业保险费、住房公积金。

3. 各项所得的年所得的计算方法

（1）工资、薪金所得，按照未减除费用（每月3 500元）及附加减除费用（每月1 300元）的收入额计算。

（2）劳务报酬所得、特许权使用费所得，不得减除纳税人在提供劳务或让渡特许权使用权过程中缴纳的有关税费。

（3）财产租赁所得，不得减除纳税人在出租财产过程中缴纳的有关税费；对于纳税人一次取得跨年度财产租赁所得的，全部视为实际取得所得年度的所得。

（4）个人转让房屋所得，采取核定征收个人所得税的，按照实际征收率（1%、2%、3%）分别换算为应税所得率（5%、10%、15%），据此计算年所得。

（5）个人储蓄存款利息所得、企业债券利息所得，全部视为纳税人实际取得所得年度的所得。

（6）对个体工商户、个人独资企业投资者，按照征收率核定个人所得税的，将征收率换算为应税所得率，据此计算应纳税所得额。合伙企业投资者按照上述方法确定应纳税所得额后，合伙人应根据合伙协议规定的分配比例确定其应纳税所得额，合伙协议未规定分配比例的，按合伙人数平均分配确定其应纳税所得额。对于同时参与两个以上企业投资的，合伙人应将其投资所有企业的应纳税所得额相加后的总额作为年所得。

（7）股票转让所得，以一个纳税年度内，个人股票转让所得与损失盈亏相抵后的正数为申报所得数额，盈亏相抵为负数的，此项所得按“零”填写。

（三）自行申报纳税的申报期限

（1）年所得12万元以上的纳税人，在纳税年度终了后3个月内向主管税务机关办理纳税申报。

（2）个体工商户和个人独资、合伙企业投资者取得的生产、经营所得应纳的税款，分月预缴的，纳税人在每月终了后15日内办理纳税申报；分季预缴的，纳税人在每个季度终了后15日内办理纳税申报。纳税年度终了后，纳税人在3个月内进行汇算清缴。

（3）纳税人年终一次性取得对企事业单位的承包经营、承租经营所得的，自取得所得之日起30日内办理纳税申报；在一个纳税年度内分次取得承包经营、承租经营所得的，在每次取得所得后的次月15日内申报预缴，纳税年度终了后3个月内汇算清缴。

（4）从中国境外取得所得的纳税人，在纳税年度终了后30日内向中国境内主管税务机关办理纳税申报。

（5）除以上规定的情形外，纳税人取得其他各项所得须申报纳税的，在取得所得的次月15日内向主管税务机关办理纳税申报。

（6）纳税人不能按照规定的期限办理纳税申报，需要延期的，按照《税收征管法》第27条和《税收征管法实施细则》第37条的规定办理。

（四）自行申报纳税的申报方式和申报地点

1. 申报方式

纳税人可以采取数据电文、邮寄等方式申报，也可以直接到主管税务机关申报，或者采取符合主管税务机关规定的其他方式申报。纳税人采取邮寄方式申报的，以邮政部门挂号信函收据作为申报凭据，以寄出的邮戳日期为实际申报日期。

纳税人也可以委托有税务代理资质的中介机构或者他人代为办理纳税申报。

2. 申报地点

（1）在中国境内有任职、受雇单位的，向任职、受雇单位所在地主管税务机关申报。

（2）在中国境内有两处或者两处以上任职、受雇单位的，选择并固定向其中一处单位所在地主管税务机关申报。

（3）在中国境内无任职、受雇单位，年所得项目中有个体工商户的生产、经营所得或者对企事业单位的承包经营、承租经营所得（以下统称生产、经营所得）的，向其中一处实际经营所在地主管税务机关申报。

（4）在中国境内无任职、受雇单位，年所得项目中无生产、经营所得的，向户籍所在地主管税务机关申报。在中国境内有户籍，但户籍所在地与中国境内经常居住地不一致的，选择并固定向其中一地主管税务机关申报。在中国境内没有户籍的，向中国境内经常居住地主管税务机关申报。

（5）其他所得的纳税人，纳税申报地点分别为：

1）从两处或者两处以上取得工资、薪金所得的，选择并固定向其中一处单位所在地主管税务机关申报。

2）从中国境外取得所得的，向中国境内户籍所在地主管税务机关申报。在中国境内有户籍，但户籍所在地与中国境内经常居住地不一致的，选择并固定向其中一地主管税务机关申报。在中国境内没有户籍的，向中国境内经常居住地主管税务机关申报。

3）个体工商户向实际经营所在地主管税务机关申报。

4）个人独资、个人合伙企业投资者兴办两个或两个以上企业的，区分不同情形确定纳税申报地点：兴办的企业全部是个人独资性质的，分别向各企业的实际经营管理所在地主管税务机关申报；兴办的企业中含有合伙性质的，向经常居住地主管税务机关申报；兴办的企业中含有合伙性质，个人投资者经常居住地与其兴办企业的经营管理所在地不一致的，选择并固定向其参与兴办的某一合伙企业的经营管理所在地主管税务机关申报；除以上情形外，纳税人应当向取得所得所在地主管税务机关申报。

纳税人不得随意变更纳税申报地点，因特殊情况变更纳税申报地点的，须报原主管税务机关备案。

（五）代扣代缴税款的手续费

税务机关应根据扣缴义务人所扣缴的税款，付给2%的手续费，由扣缴义务人用于代扣代缴费用开支和奖励代扣代缴工作做得较好的办税人员。

1. 个人所得税的特点是什么?
2. 个人所得税的作用是什么?
3. 个人所得税居民纳税人与非居民纳税人的判定标准是什么?
4. 个人所得税居民纳税人与非居民纳税人的纳税义务是什么?
5. 个人所得税的应税项目有哪些?
6. 个人所得税的税率是如何规定的?
7. 个人所得税的费用扣除是如何规定的?
8. 个人所得税境外已纳税额的扣除是如何规定的?
9. 个人所得税税收优惠项目有哪些?
10. 个人所得税的申报缴纳方式是如何规定的?

第六章

资源税类和环境保护税

- 资源税制的概念
- 资源税的纳税义务人
- 资源税的税目、税率
- 资源税的计税依据
- 城镇土地使用税的纳税义务人
- 城镇土地使用税的征收范围
- 城镇土地使用税的税率
- 城镇土地使用税的纳税期限
- 土地增值税的征收范围
- 土地增值税增值额的确定
- 土地增值税的税率
- 土地增值税的申报纳税程序
- 耕地占用税的征收范围
- 耕地占用税的纳税义务人

第一节 资源税类概述

一、资源税制的概念

资源税制是以自然资源为征税对象的一类税的总称。

资源是指自然界存在的天然物质财富，其涵盖的内容很广，具体包括矿产资源、土地资源、水资源、动物资源、植物资源、海洋资源、太阳能资源、空气资源等。

我国自然资源比较丰富，但如果长期无计划开采利用，势必导致资源枯竭，造成生态失衡。而我国目前对资源产品的税收调节范围窄，税负轻，除对矿产品、盐征收资源税外，仅对房地产转让收入征收土地增值税，对城镇土地资源的使用征收土地使用税，对农村耕地占用征收耕地占用税。随着社会主义市场经济的发展和改革的推进，我国对资源产品的征税范围将会逐步扩大，资源产品的税负也将逐步加重，以充分发挥税收对资源产品的调节作用。

二、资源税制的作用

我国现行资源税制的作用主要体现在以下几个方面。

（一）有利于合理调节资源级差收入，保证国家财政收入

我国确立了国有资源有偿开发的原则，在社会主义市场经济条件下，对包括国有企业在内的一切资源开发者，国家用税收的形式分享资源开发的利益，这是保障国家对于资源所有权在经济上的实现、规范国家和企业分配关系的必要措施。因此，资源税应确立普遍征收的原则，任何企业和个人只要开采国家规定的应税资源，都是资源税的纳税人。而企业开采的矿产资源，由于其品质的优劣和所处位置的远近，往往会使开采矿产资源企业的生产经营状况存在较大差异。由于开采资源条件优异的企业所形成的盈利，有一部分并不反映企业的努力程度，对于这部分超出正常水平的盈利，国家理应进行适当的调节，为企业间公平竞争创造外部条件。当前，我国初级产品价格偏低，资源收益大部分反映在加工工业，征收资源税有利于改变资源产品价格水平偏低的状况，也有利于产业结构的合理调整，同时可以增加资源产地的财政收入。

（二）有利于保护国有资源，提高资源的使用效率

征收资源税有利于保护国有资源，提高资源的使用效率。如开征城镇土地使用税，有利于通过经济手段加强对土地的管理，变土地的无偿使用为有偿使用，促进合理、节约使用土地，提高土地使用效益；有利于适当调节不同地区、不同地段之间的土地级差收入，促进企业加强经济核算，理顺国家与土地使用者之间的分配关系。又如开征土地增值税，有利于增强国家对房地产开发、房地产交易行为的宏观调控；有利于抑制土地炒买炒卖，保障国家的土地权益。

（三）有利于合理使用特殊土地资源

征收资源税可以保护特殊土地资源。如国家通过征收耕地占用税，运用税收手段，加强土地管理，减少占用耕地行为，以保护农用土地资源。

第二节　资源税

一、资源税概述

资源税是以单位或个人开发利用的国有矿山资源和盐为征税对象而征收的一种税。

在历史上，我国对资源的征税可追溯到春秋时期的“官山海”，以专卖为名，行征税之实，可以说是资源税的萌芽。自春秋时期国家凭借政权从盐、铁等资源取得专卖收入以来，历代王朝大都相沿办理。当今世界上一些国家也开征了资源税或类似资源税性质的税种。

新中国成立后，政务院于1950年的《全国税政实施要则》中明确将盐税列为一种税种征收。1973年将盐税并入工商税，1984年又分离出来，成为独立税种。我国在1984年第二步利改税时开征资源税。1993年12月，国务院决定将原盐税并入到资源税，并颁布了新的《中华人民共和国资源税暂行条例》，于1994年1月1日开始实施。

近年来，随着可持续发展理念和科学发展观的逐渐深入人心，人们的资源和环境保护意识普遍增强，为了扭转长期以来形成的矿产资源无序开采、廉价使用、损失浪费和环境污染严重、成本补偿不足的局面，国家多次提高了矿产品的销售价格。在此基础上，对资源税的税额标准也进行了多次结构性调整，以求更好地发挥其在筹集财政收入和保护资源环境方面的积极作用。2011年9月21日国务院第173次常务会议通过《国务院关于修改〈中华人民共和国资源税暂行条例〉的决定》，2011年9月30日国务院公布了《中华人民共和国资源税暂行条例》，2011年10月28日财政部、国家税务总局公布了《中华人民共和国资源税暂行条例实施细则》，自2011年11月1日起施行。

二、征税范围

我国现行资源税的征收范围包括矿产品和盐两大类资源，2016年7月1日起，将水资源纳入资源税的征收范围，在河北省试点水资源税改革。在此之前，已经在海南省长期试点对地下水、地热水、矿泉水征收水资源税。具体来讲，资源税的征收范围包括下述几个方面。

（一）矿产资源

根据2011年修订的《中华人民共和国资源税暂行条例》，主要包括以下征收对象：

（1）原油，是指开采的天然原油，不包括人造石油。

（2）天然气，是指专门开采或者与原油同时开采的天然气。

（3）煤炭，是指原煤和以未税原煤加工的洗选煤。纳税人将其开采的原煤，自用于连续生产洗选煤的，在原煤移送使用环节不缴纳资源税；自用于其他方面的，视同销售原煤。

(4) 其他非金属矿原矿，是指上列产品和井矿盐以外的非金属矿原矿。包括宝石、金刚石、玉石、石英矿、大理石、花岗石、石灰石、石棉、硫铁矿、自然矿、磷铁矿等。

(5) 黑色金属矿原矿，是纳税人开采后自用或销售的，用于直接入炉冶炼或作为主产品先入选精矿、制造人工矿，再最终入炉冶炼的黑色金属矿原矿，包括铁矿石、锰矿石和铬矿石。

(6) 有色金属矿原矿，是指稀土矿和其他有色金属矿原矿。包括铜矿石、铅锌矿石、铝土矿石、钨矿石、锡矿石、锑矿石、铝矿石、镍矿石、黄金矿石等。

（二）盐资源

盐包括固体盐和液体盐。固体盐包括海盐原盐、湖盐原盐和井矿盐。液体盐是指氯化钠含量达到一定浓度的溶液，是用于生产碱和其他产品的原料。

（三）水资源

自 2016 年 7 月 1 日起，河北省开征水资源税试点工作，采取水资源费改税方式，将地表水和地下水纳入征税范围。实行从量定额计征，对高耗水行业、超计划用水以及在地下水超采地区取用地下水，适当提高税额标准，正常生产生活用水维持原有负担水平不变。在总结试点经验基础上，财政部、国家税务总局将选择其他地区逐步扩大试点范围，条件成熟后在全国推开。

三、纳税义务人

资源税的纳税义务人是在中华人民共和国领域及管辖海域开采应税矿产品或生产盐的单位和个人。开采应税资源的矿产品或生产盐是指现行税法列举的矿产品或盐资源。单位是指企业、行政单位、事业单位、军事单位、社会团体及其他单位。个人是指个体工商户和其他个人。

现行资源税规定以收购未税矿产品的独立矿山、联合企业以及其他单位作为资源税的扣缴义务人。扣缴义务人的规定主要是用于征管税源较小、零散、不定期开采，且没有缴税的矿产品。

独立矿山是指只有采矿或只有采矿和选矿，独立核算，自负盈亏的单位，其生产的原矿和精矿主要用于对外销售。联合企业是指采矿、选矿、冶炼（或加工）连续生产的企业或采矿、冶炼（或加工）连续生产的企业，其采矿单位，一般是该企业的二级或二级以下核算单位。其他单位包括收购未税矿产品的个体户在内。

水资源税纳税人为利用取水工程或者设施直接从江河、湖泊（含水库）和地下取用地表水、地下水的单位和个人。纳税人应按《中华人民共和国水法》《取水许可和水资源费征收管理条例》等规定申领取水许可证。

四、税目和适用税率

（一）资源税税目和税率

根据“普遍征收，级差调节”的思路，资源税采取从价定率和从量定额办法征收。所谓“普遍征收”，是指对在我国境内开采的所有应税矿产品和盐征收资源税；所谓“级差调节”，是指对因自然条件优越而产生的资源级差收入，适用较高的税额标准加以调节。纳税人的具体适用税额标准由财政部会同国务院有关部门，根据纳税人所开采或生产应税产品的资源状况，在条例规定的税额幅度内确定，并根据其资源开采条件等因素的变化情况进行定期调整。相关税目税额表如表6-1所示。

表6-1　资源税税目税率幅度表

序号	税目		征税对象	税率幅度
1	原油		开采的天然原油	6%～10%
2	天然气		专门开采或与原油同时开采	6%～10%
3	煤炭		原煤和以未税原煤加工的洗选煤	2%～10%
4	金属矿	铁矿	精矿	1%～6%
5		金矿	金锭	1%～4%
6		铜矿	精矿	2%～8%
7		铝土矿	原矿	3%～9%
8		铅锌矿	精矿	2%～6%
9		镍矿	精矿	2%～6%
10		锡矿	精矿	2%～6%
11		未列举名称的其他金属矿产品	原矿或精矿	税率不超过20%
12	非金属矿	石墨	精矿	3%～10%
13		硅藻土	精矿	1%～6%
14		高岭土	原矿	1%～6%
15		萤石	精矿	1%～6%
16		石灰石	原矿	1%～6%
17		硫铁矿	精矿	1%～6%
18		磷矿	原矿	3%～8%
19		氯化钾	精矿	3%～8%
20		硫酸钾	精矿	6%～12%
21		井矿盐	氯化钠初级产品	1%～6%
22		湖盐	氯化钠初级产品	1%～6%
23		提取地下卤水晒制的盐	氯化钠初级产品	3%～15%
24		煤层（成）气	原矿	1%～2%
25		粘土、砂石	原矿	每吨或立方米0.1元～5元
26		未列举名称的其他非金属矿产品	原矿或精矿	从量税率每吨或立方米不超过30元；从价税率不超过20%

续前表

序号	税目	征税对象	税率幅度
27	海盐	氯化钠初级产品	1%～5%

备注：1）铝土矿包括耐火级矾土、研磨级矾土等高铝粘土。2）氯化钠初级产品是指井矿盐、湖盐原盐、提取地下卤水晒制的盐和海盐原盐，包括固体和液体形态的初级产品。3）海盐是指海水晒制的盐，不包括提取地下卤水晒制的盐。

（1）对表6-1中列举名称的资源品目，由省级人民政府在规定的税率幅度内提出具体适用税率建议，报财政部、国家税务总局确定核准。

（2）对未列举名称的其他金属和非金属矿产品，由省级人民政府根据实际情况确定具体税目和适用税率，报财政部、国家税务总局备案。对未列举名称的其他非金属矿产品，按照从价计征为主、从量计征为辅的原则，由省级人民政府确定计征方式。

（3）省级人民政府在提出和确定适用税率时，要结合当前矿产企业实际生产经营情况，遵循改革前后税费平移原则，充分考虑企业负担能力。

（二）水资源税税目和税率

自2016年7月1日起，在河北省试点水资源税改革，具体根据《关于印发〈水资源税改革试点暂行办法〉的通知》（财税〔2016〕55号文）执行。按地表水和地下水分类确定水资源税适用税额标准。地表水分为农业、工商业、城镇公共供水、水力发电、火力发电贯流式、特种行业及其他取用地表水。地下水分为农业、工商业、城镇公共供水、特种行业及其他取用地下水。特种行业取用水包括洗车、洗浴、高尔夫球场、滑雪场等取用水。河北省可以在上述分类基础上，结合本地区水资源状况、产业结构和调整方向等进行细化分类。

对水力发电和火力发电贯流式以外的取用水设置最低税额标准，地表水平均不低于每立方米0.4元，地下水平均不低于每立方米1.5元。水力发电和火力发电贯流式取用水的税额标准为每千瓦小时0.005元。具体取用水分类及适用税额标准由河北省人民政府提出建议，报财政部会同有关部门确定核准。

对取用地下水从高制定税额标准。对同一类型取用水，地下水水资源税税额标准要高于地表水，水资源紧缺地区地下水水资源税税额标准要大幅高于地表水。超采地区的地下水水资源税税额标准要高于非超采地区，严重超采地区的地下水水资源税税额标准要大幅高于非超采地区。在超采地区和严重超采地区取用地下水（不含农业生产取用水和城镇公共供水取水）的具体适用税额标准，由河北省人民政府在非超采地区税额标准2～5倍幅度内提出建议，报财政部会同有关部门确定核准；超过5倍的，报国务院备案。城镇公共供水管网覆盖范围内取用地下水的，水资源税税额标准要高于公共供水管网未覆盖地区，原则上要高于当地同类用途的城市供水价格。

对特种行业取用水，从高制定税额标准。

对超计划或者超定额取用水，从高制定税额标准。除水力发电、城镇公共供水取用水外，取用水单位和个人超过水行政主管部门批准的计划（定额）取用水量，在原税额标准基础上加征1～3倍，具体办法由河北省人民政府提出建议，报财政部会同有关部门确定核准；加征超过3倍的，报国务院备案。

对超过规定限额的农业生产取用水，以及主要供农村人口生活用水的集中式饮水工程取用水，从低制定税额标准。农业生产取用水包括种植业、畜牧业、水产养殖业、林业取用水。

对企业回收利用的采矿排水（疏干排水）和地温空调回用水，从低制定税额标准。

五、计税依据

由于资源税采用从价定率和从量定额相结合的征收方法，因此资源税的计税依据分别确定为应税资源的销售额和销售数量，即实行从价计征征收方法的计税依据为销售额，实行从量定额征收方法的计税依据为销售量。

自 2016 年 7 月 1 日起，资源税的计税依据为原油、天然气、煤炭、原矿、精矿（或原矿加工品）、氯化钠初级产品或金锭的销售额。对经营分散、多为现金交易且难以控管的粘土、砂石，按照便利征管原则，仍实行从量定额计征。对未列举名称的其他非金属矿产品，按照从价计征为主、从量计征为辅的原则，由省级人民政府确定计征方式。水资源税的计税依据为实际取用水量，水力发电和火力发电贯流式取用水量按照实际发电量确定。

（一）销售额的规定

1. 销售额的确定

销售额为纳税人销售应税产品向购买方收取的全部价款和价外费用，但不包括收取的增值税销项税额和运杂费用。

其中，价外费用包括价外向购买方收取的手续费、补贴、基金、集资费、返还利润、奖励费、违约金、滞纳金、延期付款利息、赔偿金、代收款项、代垫款项、包装费、包装物租金、储备费、优质费、运输装卸费以及其他各种性质的价外收费。但下列项目不包括在内：

（1）同时符合以下条件的代垫运输费用：

1）承运部门的运输费用发票开具给购买方的。

2）纳税人将该项发票转交给购买方的。

（2）同时符合以下条件代为收取的政府性基金或者行政事业性收费：

1）由国务院或者财政部批准设立的政府性基金，由国务院或者省级人民政府及其财政、价格主管部门批准设立的行政事业性收费。

2）收取时开具省级以上财政部门印制的财政票据。

3）所收款项全额上缴财政。

其中，运杂费用是指应税产品从坑口或洗选（加工）地到车站、码头或购买方指定地点的运输费用、建设基金以及随运销产生的装卸、仓储、港杂费用。运杂费用应与销售额分别核算，凡未取得相应凭据或不能与销售额分别核算的，应当一并计征资源税。

2. 应税煤炭销售额的确定

（1）原煤计税销售额是指纳税人销售原煤向购买方收取的全部价款和价外费用，不包括收取的增值税销项税额以及从坑口到车站、码头或购买方指定地点的运输费用。

（2）洗选煤计税销售额按洗选煤销售额乘以折算率计算。洗选煤销售额是指纳税人销售洗选煤向购买方收取的全部价款和价外费用，包括洗选副产品的销售额，不包括收取的增值税销项税额以及从洗选煤厂到车站、码头或购买方指定地点的运输费用。其计算公式为：

洗选煤销售额＝洗选煤销售额×折算率

3. 特殊情况下销售额的确定

纳税人申报的应税产品销售额明显偏低并且无正当理由的、有视同销售应税产品行为而无销售额的，除财政部、国家税务总局另有规定外，按下列顺序确定销售额：

（1）按纳税人最近时期同类产品的平均销售价格确定。

（2）按其他纳税人最近时期同类产品的平均销售价格确定。

（3）按组成计税价格确定。组成计税价格的计算公式为：

组成计税价格＝成本×（1＋成本利润率）÷（1－税率）

公式中的成本是指：应税产品的实际生产成本。公式中的成本利润率由省、自治区、直辖市税务机关确定。

（二）课税数量的规定

（1）纳税人开采或者生产应税产品的，以实际销售数量为计税依据。

（2）纳税人视同销售的，以自用销售数量为计税依据。

（3）纳税人不能准确提供应税产品销售数量的，以应税产品的产量或者主管税务机关确定的折算比换算成的数量为计征资源税的销售数量。

某油田开采原油80万吨，当年销售原油70万吨，非生产性自用5万吨。已知该油田每吨原油售价为5 000元，适用的税率为5%，请问：资源税的计税依据为多少？

根据《资源税暂行条例》的规定，纳税人开采或者生产应税产品，自用于连续生产应税产品的，不缴纳资源税；自用于其他方面的，视同销售，依照条例缴纳资源税。非生产性自用的原油应视同销售计入销售额计征资源税。所以，资源税的计税依据为：（70＋5）×5 000＝375 000（万元）。

六、应纳税额的计算

资源税应纳税额的计算分为从价定率征收方法应纳税额的计算、从量定额征收方法应纳税额的计算，此外还包括扣缴义务人代扣代缴资源税应纳税额的计算。具体计算公式为：

（1）实行从价计征的，应纳税额的计算公式为：

应纳税额＝销售额×比例税率

（2）实行从量计征的，应纳税额的计算公式为：

应纳税额＝销售数量×定额税率

（3）代扣代缴应纳税额的确定。

独立矿山、联合企业收购未税资源税应税产品的单位，按照本单位应税产品税额（率）标准，依据收购的数量（金额）代扣代缴资源税。

其他收购单位收购的未税资源税应税产品，按主管税务机关核定的应税产品税额（率）标准，依据收购的数量（金额）代扣代缴资源税。

除此之外，资源税的代扣代缴仍按国家税务总局1998年下发的《中华人民共和国资源税代扣代缴管理办法》执行。

（4）水资源税实行从量计征，其应纳税额计算公式为：

应纳税额＝取水口所在地税额标准×实际取用水量

水力发电和火力发电贯流式取用水量按照实际发电量确定。

【例6-1】西北某油田2016年12月份销售原油50万吨，每吨售价0.389万元，该油田适用的资源税税率为6%。计算该油田12月份应纳的资源税税额。

解答：

应纳税额＝销售额×比例税率＝50×0.389×6%＝1.167（万元）

七、税收优惠

（一）减税、免税项目

资源税贯彻普遍征收、级差调节的原则思想，因此规定的减免税项目较少，主要减免税项目包括：

（1）开采原油过程中用于加热、修井的原油，免税。

（2）纳税人开采或者生产应税产品过程中，因意外事故或者自然灾害等原因遭受重大损失的，由各省、自治区、直辖市人民政府酌情决定减税或者免税。

（3）对依法在建筑物下、铁路下、水体下通过充填开采方式采出的矿产资源，资源税减征50%。充填开采是指随着回采工作面的推进，向采空区或离层带等空间充填废石、尾矿、废渣、建筑废料以及专用充填合格材料等采出矿产品的开采方法。

（4）对实际开采年限在15年以上的衰竭期矿山开采的矿产资源，资源税减征30%。衰竭期矿山是指剩余可采储量下降到原设计可采储量的20%（含）以下或剩余服务年限不超过5年的矿山，以开采企业下属的单个矿山为单位确定。

（5）对鼓励利用的低品位矿、废石、尾矿、废渣、废水、废气等提取的矿产品，由省级人民政府根据实际情况确定是否给予减税或免税。

（6）关于共伴生矿产的征免税的处理。为促进共伴生矿的综合利用，纳税人开采销售共伴生矿，共伴生矿与主矿产品销售额分开核算的，对共伴生矿暂不计征资源税；没有分开核算的，共伴生矿按主矿产品的税目和适用税率计征资源税。财政部、国家税务总局另有规定的，从其规定。

（7）国务院规定的其他减税、免税项目。

纳税人的减税、免税项目，应当单独核算课税数量；未单独核算或者不能准确提供课税数量的，不予减税或者免税。

水资源税的减免税政策，主要包括：

（1）对规定限额内的农业生产取用水，免征水资源税。

（2）对取用污水处理回用水、再生水等非常规水源，免征水资源税。

（3）财政部、国家税务总局规定的其他减税和免税情形。

（二）出口应税产品不退（免）资源税的规定

资源税规定仅对在中国境内开采或生产应税产品的单位和个人征收，进口的矿产品和盐不征收资源税。由于对进口应税产品不征收资源税，相应地，对出口应税产品也不免征或退还已纳资源税。

八、征收管理

资源税的纳税人在收到销售货款或取得索取销售凭证的当天，以及自产自用应税产品移送使用的当天就发生了纳税义务，应按规定申报缴纳税款。

（一）纳税义务发生时间

（1）纳税人销售应税产品，其纳税义务发生时间为：

1）纳税人采取分期收款结算方式的，其纳税义务发生时间为销售合同规定的收款日期当天。

2）纳税人采取预收货款结算方式的，其纳税义务发生时间为发出应税产品的当天。

3）纳税人采取其他结算方式的，其纳税义务发生时间为收讫销售款或者取得索取销售款凭据的当天。

（2）纳税人自产自用应税产品的纳税义务发生时间为移送使用应税产品的当天。

（3）扣缴义务人代扣代缴税款的纳税义务发生时间，为支付首笔货款或者开具应支付货款凭据的当天。

（二）纳税期限

纳税期限是纳税人发生纳税义务后缴纳税款的期限。资源税的纳税期限为 1 日、3 日、5 日、10 日、15 日或者 1 个月，纳税人的纳税期限由主管税务机关根据实际情况具体核定。不能按固定期限计算纳税的，可以按次计算纳税。

纳税人以 1 个月为一期纳税的，自期满之日起 10 日内申报纳税；以 1 日、3 日、5 日、10 日或者 15 日为一期纳税的，自期满之日起 5 日内预缴税款，于次月 1 日起 10 日内申报纳税并结清上月税款。

（三）纳税地点

（1）纳税人应当向矿产品的开采地或盐的生产地缴纳资源税。

（2）纳税人在本省、自治区、直辖市范围开采或者生产应税产品，其纳税地点需要调整的，由省级地方税务机关决定。

（3）纳税人跨省开采，其下属生产单位与核算单位不在同一省、自治区、直辖市的，对其开采或者生产的应税产品，一律在开采地或者生产地纳税。实行从量计征的应税产品，其应纳税款一律由独立核算的单位按照每个开采地或者生产地的销售量及适用税率计算划拨；实行从价计征的应税产品，其应纳税款一律由独立核算的单位按照每个开采地或者生产地的销售量、单位销售价格及适用税率计算划拨。

（4）扣缴义务人代扣代缴的资源税，应当向收购地主管税务机关缴纳。

（四）水资源税的征收管理

水资源税的纳税义务发生时间为纳税人取用水资源的当日。水资源税按季或者按月征收，由主管税务机关根据实际情况确定。不能按固定期限计算纳税的，可以按次申报纳税。河北省开征水资源税后，将水资源费征收标准降为零。

在河北省区域内取用水的，水资源税由取水审批部门所在地的地方税务机关征收。其中，由流域管理机构审批取用水的，水资源税由取水口所在地的地方税务机关征收。在河北省内纳税地点需要调整的，由省级地方税务机关决定。按照国务院或其授权部门批准的跨省、自治区、直辖市水量分配方案调度的水资源，水资源税由调入区域取水审批部门所在地的地方税务机关征收。

实行地方税务机关与水行政主管部门协作征税机制。水行政主管部门应当定期向地方税务机关提供取水许可情况和超计划（定额）取用水量，并协助地方税务机关审核纳税人实际取用水的申报信息。纳税人根据水行政主管部门核准的实际取用水量向地方税务机关申报纳税，地方税务机关将纳税人相关申报信息与水行政主管部门核准的信息进行比对，并根据核实后的信息征税。水资源税征管过程中发现问题的，地方税务机关和水行政主管部门联合进行核查。

第三节　城镇土地使用税

一、城镇土地使用税概述

城镇土地使用税是以国有土地为征税对象，以实际占用的土地面积为计税标准，按规定税额对拥有土地使用权的单位和个人征收的一种税。

我国人多地少，珍惜土地、节约用地是一项基本国策。1988 年 9 月 27 日国务院颁布了《中华人民共和国城镇土地使用税暂行条例》，并于同年 11 月 1 日起正式施行。2006 年 12 月 31 日国务院发布了《关于修改〈中华人民共和国城镇土地使用税暂行条例〉的决定》，对 1988 年制定的《中华人民共和国城镇土地使用税暂行条例》的部分内容作了修改，并重新公布。2007 年 2 月 6 日，财政部和国家税务总局联合发布了《关于贯彻落实国务院关于修改〈中华人民共和国城镇土地使用税暂行条例〉的决定的通知》，对城镇土地使用税税额幅度调整事宜作出具体部署。根据该通知，自 2007 年 1 月 1 日起，我国将城镇土地使用税每平方米年税额在原规定基础上提高两倍。

开征城镇土地使用税，有利于通过经济手段加强对土地的管理，变土地的无偿使用为有偿使用，促进合理、节约使用土地，提高土地使用效率；有利于适当调节不同地区、不同地段之间的土地级差收入，促进企业加强经济核算，理顺国家与土地使用者之间的分配关系。

二、征税范围

凡在城市、县城、建制镇、工矿区范围内的土地，不论是属于国家所有的土地，还是属于集体所有的土地，都是城镇土地使用税的征税对象。城镇土地使用税的征税范围为城市、县城、建制镇、工矿区。

城市是指经国务院批准设立的市。城市的征税范围为市区和郊区。

县城是指县人民政府所在地。县城的征税范围为县人民政府所在的城镇。

建制镇是指经省、自治区、直辖市人民政府批准设立的建制镇。建制镇的征税范围为镇人民政府所在地。

工矿区是指工商企业比较发达，人口比较集中，符合国务院规定的建制镇标准，但尚未设立建制镇的大中型工矿企业所在地。工矿区须经省、自治区、直辖市人民政府批准设立。

三、纳税义务人

城镇土地使用税的纳税人是在城市、县城、建制镇、工矿区范围内使用国有土地的单位和个人。所称单位，包括国有企业、集体企业、私营企业、股份制企业、外商投资企业、外国企业以及其他企业和事业单位、社会团体、国家机关、军队以及其他单位。所称个人，包括个体工商户以及其他个人。

城镇土地使用税的纳税人具体包括：

（1）拥有土地使用权的单位或个人。

（2）拥有土地使用权的单位和个人不在土地所在地的，其土地的实际使用人或代管人为纳税人。

（3）土地使用权未确定或权属纠纷未解决的，其实际使用人为纳税人。

（4）土地使用权共有的，共有双方都是纳税人，由共有各方分别缴纳。

四、计税依据

城镇土地使用税的计税依据是纳税人实际占用的土地面积。

纳税人实际占用的土地面积按下列办法确定：

（1）凡由省、自治区、直辖市人民政府确定的单位组织测定土地面积的，以测定的土地面积为准。

（2）尚未组织测定，但纳税人持有政府部门核发的土地使用证书的，以证书确定的土地面积为准。

（3）尚未核发土地使用证书的，应由纳税人据实申报土地面积，据此纳税，待核发土地使用证书后再作调整。

五、税率

土地使用税采用地区差别幅度定额税率，按大、中、小城市和县城、建制镇、工矿区分别规定每平方米土地使用税年应纳税额。具体标准如下：

（1）大城市：1.5～30元/平方米。

（2）中等城市：1.2～24元/平方米。

（3）小城市：0.9～18元/平方米。

（4）县城、建制镇、工矿区：0.6～12元/平方米。

大、中、小城市以公安部门登记在册的非农业正式户口人数为依据，按照国务院颁布的《城市规划条例》中规定的标准划分。人口在50万以上者为大城市；人口在20万至50万之间者为中等城市；人口在20万以下者为小城市。城镇土地使用税税率表见表6-2。

表6-2　　城镇土地使用税税率表

级别	人口/人	每平方米税额/元
大城市	50万以上	1.5～30
中等城市	20万～50万	1.2～24
小城市	20万以下	0.9～18
县城、建制镇、工矿区		0.6～12

各省、自治区、直辖市人民政府，可以根据市政建设状况、经济繁荣程度等条件，在规定税额幅度内，确定所辖地区的适用税额幅度。经济落后地区，土地使用税的适用税额标准可以适当降低，但降低额不得超过上述规定最低税额的30%。经济发达地区土地使用税的适用税额标准可以适当提高，但须报经财政部批准。

六、应纳税额的计算方法

城镇土地使用税的应纳税额是纳税人实际占用的土地面积与该土地所在地段的适用税额的乘积。其计算公式为：

全年应纳税额＝实际占用应税土地面积（平方米）×适用税额

【例6-2】设在某城市的一国有企业，使用土地面积为20 000平方米，经税务机关核定，该土地为应税土地，每平方米年税额为6元。请计算其全年应纳的土地使用税税额。

解答：

年应纳土地使用税税额＝20 000×6＝120 000（元）

七、税收优惠

（一）免税项目

（1）国家机关、人民团体、军队自用的土地，免征城镇土地使用税。这部分土地是指这些单位本身的办公用地和公务用地。

（2）由国家财政部门拨付事业经费的单位自用的土地，免征城镇土地使用税。这部分土地是指这些单位本身的业务用地。

（3）宗教寺庙、公园、名胜古迹自用的土地，免征城镇土地使用税。宗教寺庙自用的土地，是指举行宗教仪式等的用地和寺庙内的宗教人员生活用地。公园、名胜古迹自用的土地，是指供公共参观游览的用地及其管理单位的办公用地。以上单位的生产、经营用地和其他用地，不属于免税范围。

（4）市政街道、广场、绿化地带等公共用地，免征城镇土地使用税。

（5）直接用于农、林、牧、渔业的生产用地，免征城镇土地使用税。这部分土地是指直接从事于种植、养殖、饲养的专业用地，不包括农副产品加工场地和生活办公用地。

（6）经批准开山填海整治的土地和改造的废弃土地，从使用的月份起免缴土地使用税5～10年。具体免税期限由各省、自治区、直辖市地方税务局在《城镇土地使用税暂行条例》规定的期限内自行确定。

（7）对非营利性医疗机构、疾病控制机构和妇幼保健机构等卫生机构自用的土地，免征城镇土地使用税。

（8）企业办的学校、医院、托儿所、幼儿园，其用地能与企业其他用地明确区分的，免征城镇土地使用税。

（9）免税单位无偿使用纳税单位的土地（如公安、海关等单位使用铁路、民航等单位的土地），免征城镇土地使用税。纳税单位无偿使用免税单位的土地，纳税单位应照章缴纳城镇土地使用税。纳税单位与免税单位共同使用、共有使用权土地上的多层建筑，对纳税单位可按其占用的建筑面积占建筑总面积的比例计征城镇土地使用税。

（10）对行使国家行政管理职能的中国人民银行总行（含国家外汇管理局）所属分支机构自用的土地，免征城镇土地使用税。

（11）为了体现国家的产业政策，支持重点产业的发展，对石油、电力、煤炭等能源用地，民用港口、铁路等交通用地和水利设施用地，三线调整企业、盐业、采石场、邮电等一些特殊用地，划分了征免税界限和给予政策性减免税照顾。

（二）省、自治区、直辖市地方税务局确定的减免税项目

（1）个人所有的居住房屋及院落用地，免征城镇土地使用税。

（2）房产管理部门在房租调整改革前经租的居民住房用地，免征城镇土地使用税。

（3）民政部门举办的安置残疾人占一定比例的福利工厂用地，免征城镇土地使用税。

（4）集体和个人办的各类学校、医院、托儿所、幼儿园用地，免征城镇土地使用税。

（5）对基建项目在建期间使用的土地，原则上应照章征收城镇土地使用税。但对有些基建项目，特别是国家产业政策扶持发展的大型基建项目，占地面积大，建设周期长，在建期间又没有经营收入，对纳税人纳税确有困难的，可由各省、自治区、直辖市地方税务局根据具体情况予以免征或减征土地使用税。

（6）房地产开发公司建造商品房的用地，原则上应按规定计征城镇土地使用税。但在商品房出售之前纳税确有困难的，其用地是否给予缓征或减征、免征照顾，可由各省、自治区、直辖市地方税务局根据从严的原则结合具体情况确定。

（7）原房管部门代管的私房，落实政策后，有些私房产权已归还给房主，但由于各种原因，房屋仍由原住户居住并且住户仍是按照房管部门在房租调整改革之前确定的租金标准向房主缴纳租金。对这类房屋用地，房主缴纳土地使用税确有困难的，可由各省、自治

区、直辖市地方税务局根据实际情况，给予定期减征或免征城镇土地使用税的照顾。

八、征收管理

（一）纳税义务发生时间

（1）纳税人购置新建商品房，自房屋交付使用之次月起，缴纳城镇土地使用税。

（2）纳税人购置存量房，自办理房屋权属转移、变更登记手续，房地产权属登记机关签发房屋权属证书之次月起，缴纳城镇土地使用税。

（3）纳税人出租、出借房产，自交付出租、出借房产之次月起，缴纳城镇土地使用税。

（4）房地产开发企业自用、出租、出借本企业建造的商品房，自房屋使用或交付之次月起，缴纳城镇土地使用税。

（5）纳税人新征用的耕地，自批准征用之日起满一年时开始缴纳城镇土地使用税。

（6）纳税人新征用的非耕地，自批准征用次月起缴纳城镇土地使用税。

（二）纳税地点

城镇土地使用税在土地所在地缴纳，由土地所在地的地方税务机关征收，其收入纳入地方财政预算管理。税务机关应加强同土地管理机关的联系，及时取得土地使用权方面的资料。

（三）纳税期限

城镇土地使用税按年计算、分期缴纳。具体纳税期限由省、自治区、直辖市人民政府确定。

第四节　土地增值税

一、土地增值税概述

（一）土地增值税的概念

土地增值税是对转让国有土地使用权、地上建筑物及其附着物并取得收入的单位和个人征收的一种税。

1987 年，我国对土地使用制度进行改革，房地产业发展很快，使得房地产业市场初具规模，但是在土地的管理上也出现了一些不容忽视的问题，诸如土地供给计划性不强，盲目设立开发区，房地产开发公司增长过快，房地产投资开发规模偏大，房地产市场机制不健全，行为不规范，“炒买炒卖”土地盛行等问题，凸显出我国房地产市场过热，泡沫经济出现，不仅浪费了国家宝贵的土地资源，加剧了资金市场的紧张状况，扰乱了金融秩序，使国家的产业结构失衡，而且由于缺乏必要的经济调节手段，使得“炒买炒卖”房地产的巨额利润大部分落入单位和个人的腰包，加剧了社会分配不公，也造成国有土地资产收益大量流失，影响了整个宏观经济的正常运行。为有效矫正房地产市场失灵，强化政府的宏观调控，国家开征土地增值税，并实施较高的税率，试图达到短期内有效调控房地产市场的目的。

为此，国务院于 1993 年 12 月 13 日发布了《中华人民共和国土地增值税暂行条例》，财政部于 1995 年 1 月 27 日颁布了《中华人民共和国土地增值税暂行条例实施细则》，决定自 1994 年 1 月 1 日起在全国开征土地增值税，这是我国开征的第一个对土地增值额或土地收益额征收的税种。

（二）土地增值税的特点

我国现行土地增值税具有下述特点。

1. 以转让房地产取得的增值额为征税对象

土地增值税属于“土地转移增值税”的类型，将土地、房屋的转让收入合并征收。作为征税对象的增值额，是纳税人转让房地产的收入减除税法规定准予扣除项目金额后的余额。

2. 采用扣除法和评估法计算增值额

土地增值税在计算方法上考虑我国实际情况，以纳税人转让房地产取得的收入，减除法定扣除项目金额后的余额作为计税依据。由于对旧房及建筑物的转让，以及对纳税人转让房地产申报不实、成交价格偏低，则采用评估价格法确定增值额。

3. 实行超率累进税率

土地增值税的税率以转让房地产相对额增值率的高低为依据，按照累进原则分级设计。增值率高的，适用的税率高；增值率低的，适用的税率低。

（三）土地增值税的作用

1. 有利于国家对房地产市场加强宏观调控

改革开放后，我国对土地使用管理制度逐步进行改革，改变了过去一直采用的行政划拨的方式，确立了有偿使用、允许转让土地使用权的政策和一系列的管理制度，从根本上促进了我国房地产开发和房地产交易市场的发展，这对于合理配置土地资源，提高土地使用效益，带动国民经济相关产业的发展，都产生了积极的作用。

但在我国的房地产开发中，有些地区盲目进行土地开发，竞相压低国有土地批租价格，给炒买炒卖者留下可乘之机，致使国家土地增值收益流失严重，极大地损害了国家利益。由于土地资源属国家所有，国家为整治和开发土地投入巨额资金，国家理应参与土地增值收益分配，并取得较大份额，同时对房地产开发者而并非是投机者也应保证其获得合理收益，以促进房地产业的正常发展。因此，开征土地增值税，以转让房地产收入的增值额为计税依据，并实行超率累进税率，对增值多的多征税，对增值少的少征税，就能在一定程度上抑制房地产的投机炒卖。

2. 规范国家参与土地增值收益分配方式，增加财政收入

目前，我国涉及房地产交易市场的税种主要有增值税、企业所得税、个人所得税和契税等，这些税种虽然对转让房地产收益具有一般的调节作用，但对房地产转让所获得的超额利润却很难起到特殊的调节作用。因此，对土地增值收益征税，可以为国家开辟新的财源。同时，第三产业作为我国今后在很长一段时间内重点发展的产业，无疑是一块待开发的新税源，而在第三产业中，房地产是高附加值产业，开征土地增值税，从财政的角度看，有利于增加财政收入。

二、征税范围

（一）征收范围的一般规定

土地增值税的征税范围是有偿转让的国有土地使用权、地上建筑物及其附着物。这里所说的地上建筑物及其附着物是指建于地上的一切建筑物、构筑物、地上地下的各种附属设施以及附着于该土地上的不能移动、移动后会遭到损坏的各种植物、养殖物及其他物品。

征收范围的判断标准为：

（1）土地增值税是对转让国有土地使用权及其地上建筑物和附着物的行为征税。只有国有土地的使用权才能有偿转让，集体所有的土地不能直接转让，只有先由国家征用后才能转让。

（2）土地增值税是对国有土地使用权及其地上的建筑物和附着物的转让行为征税。我国土地分为国有土地和集体土地，无论是单独转让国有土地使用权还是将土地使用权、土地上的建筑物及其附着物一并转让，均应按规定缴纳土地增值税。

（3）土地增值税是对转让房地产并取得收入的行为征税。需要缴纳土地增值税的是有偿转让的房地产，以继承、赠与等方式无偿转让的房地产无须缴纳土地增值税。

（二）征收范围的特殊规定

1. 房地产的出租

房地产的出租人虽取得了收入，但没有发生房产产权、土地使用权的转让，因此不属于土地增值税的征税范围。

2. 房地产的抵押

由于房产的产权、土地使用权在抵押期间产权并没有发生权属的变更，房产的产权所有人、土地使用权人仍能对房地产行使占有、使用、收益等权利，房产的产权所有人、土地使用权人虽然在抵押期间取得了一定的抵押贷款，但实际上这些贷款在抵押期满后是要连本带利偿还给债权人的。因此，对房地产的抵押，在抵押期间不征收土地增值税。待抵押期满后，视该房地产是否转移占有而确定是否征收土地增值税。对于以房地产抵债而发

生房地产权属转让的，应列入土地增值税的征税范围。

3. 房地产的交换

由于这种行为既发生了房产产权、土地使用权的转移，交换双方又取得了实物形态的收入，按《土地增值税暂行条例》的规定，它属于土地增值税的征税范围。但对个人之间互换自有居住用房地产的，经当地税务机关核实，可以免征土地增值税。

4. 以房地产进行投资、联营

对于以房地产进行投资、联营的，投资、联营的一方以土地（房地产）作价入股进行投资或作为联营条件，将房地产转让到所投资、联营的企业中时，暂免征收土地增值税。对投资、联营企业将上述房地产再转让的，应征收土地增值税。

5. 合作建房

对于一方出地，一方出资金，双方合作建房，建成后按比例分房自用的，暂免征收土地增值税；建成后转让的，应征收土地增值税。

6. 以继承、赠与方式转让房地产

这种情况因其只发生房地产产权的转让，没有取得相应的收入，属于无偿转让房地产的行为，所以不能将其纳入土地增值税的征税范围。

7. 房地产的代建房行为

在代建房行为中，对于房地产开发公司而言，虽然取得了收入，但没有发生房地产权属的转移，其收入属于劳务收入性质，故不属于土地增值税的征税范围。

8. 房地产的重新评估

这主要是指国有企业在清产核资时对房地产进行重新评估而使其升值的情况。这种情况房地产虽然有增值，但其既没有发生房地产权属的转移，房产产权所有人、土地使用权人也未取得收入，所以不属于土地增值税的征税范围。

9. 企业兼并转让房地产

在企业兼并中，对被兼并企业将房地产转让到兼并企业中的，暂免征收土地增值税。

三、纳税义务人

土地增值税的纳税义务人为转让国有土地使用权、地上建筑物及其附着物并取得收入的单位和个人。单位是指各类企业单位（包括国有企业、集体企业、私营企业、外商投资企业、外国企业、股份制企业、其他企业）、行政单位、事业单位、社会团体和其他组织。个人包括个体经营者和其他个人。

李某系某市居民，于2013年2月以50万元购得一临街商铺，同时支付相关税费1万元，购置后一直对外出租。2016年5月，将临街商铺改租为卖，以80万元转让给他人，签订产权转移书据。请问：李某是否是土地增值税的纳税人？应就上述哪些行为缴纳土地增值税？

李某购房，是受让人，因此不是土地增值税的纳税人。而后一直出租，李某作为出租人虽然取得了收入，但是没有发生房产产权、土地使用权的转让。因此，不属于土地增值税的征税范围。但是当李某将临街商铺改租为卖时，改变了房产所有权的归属，此时需要交纳土地增值税。

四、适用税率

土地增值税实行四级超率累进税率，通过较低税率体现对正常的房地产开发经营者的鼓励，通过较高税率抑制炒买炒卖房地产的投机者，以发挥国家对房地产市场的宏观调控作用。

四级超率累进税率如表6－3所示。

表6－3　土地增值税四级超率累进税率表

级数	增值额与扣除项目金额的比率	税率/%	速算扣除系数/%
1	不超过50%的部分	30	0
2	超过50%～100%的部分	40	5
3	超过100%～200%的部分	50	15
4	超过200%的部分	60	35

五、应纳税额的计算

（一）增值额的确定

1. 应税收入的确定

根据《土地增值税暂行条例》及其实施细则的规定，纳税人转让房地产取得的应税收入，应包括转让房地产的全部价款及有关的经济收益。从收入的形式来看，包括货币收入、实物收入和其他收入。

（1）货币收入是指纳税人转让房地产而取得的现金、银行存款、支票、银行本票、汇票等各种信用票据和国库券、金融债券、企业债券、股票等有价证券。这些类型的收入其实质都是转让方因转让土地使用权、房屋产权而向取得方收取的价款。

（2）实物收入是指纳税人转让房地产而取得的各种实物形态的收入，如钢材、水泥等建材，房屋、土地等不动产等。

（3）其他收入是指纳税人转让房地产而取得的无形资产收入或具有财产价值的权利，

如专利权、商标权、著作权、专有技术使用权、土地使用权、商誉权等。

2. 扣除项目的确定

计算土地增值税应纳税额，并不是直接对转让房地产所取得的收入征税，而是要对收入额减除国家规定的各项扣除项目金额后的余额计算征税，这个余额就是纳税人在转让房地产中获取的增值额。税法准予纳税人从转让收入额中减除的扣除项目包括如下几项：

（1）取得土地使用权所支付的金额。取得土地使用权所支付的金额包括以下两方面的内容：

1）纳税人为取得土地使用权所支付的地价款。如果是以协议、招标、拍卖等出让方式取得土地使用权的，地价款为纳税人所支付的土地出让金；如果是以行政划拨方式取得土地使用权的，地价款为按照国家有关规定补交的土地出让金；如果是以转让方式取得土地使用权的，地价款为向原土地使用权人实际支付的地价款。

2）纳税人在取得土地使用权时按国家统一规定缴纳的有关费用。有关费用是指纳税人在取得土地使用权过程中为办理有关手续，按国家统一规定缴纳的有关登记、过户手续费。

（2）房地产开发成本。房地产开发成本是指纳税人房地产开发项目实际发生的成本，包括土地征用及拆迁补偿费、前期工程费、建筑安装工程费、基础设施费、公共配套设施费、开发间接费用等。

1）土地征用及拆迁补偿费，包括土地征用费、耕地占用税、劳动力安置费及有关地上、地下附着物拆迁补偿的净支出、安置动迁用房支出等。

2）前期工程费，包括规划、设计、项目可行性研究和水文、地质、勘察、测绘、“三通一平”等支出。

3）建筑安装工程费，指以出包方式支付给承包单位的建筑安装工程费，以自营方式发生的建筑安装工程费。

4）基础设施费，包括开发小区内道路、供水、供电、供气、排污、排洪、通信、照明、环卫、绿化等工程发生的支出。

5）公共配套设施费，包括不能有偿转让的开发小区内公共配套设施发生的支出。

6）开发间接费用，指直接组织、管理开发项目发生的费用，包括工资、职工福利费、折旧费、修理费、办公费、水电费、劳动保护费、周转房摊销等。

（3）房地产开发费用。房地产开发费用是指与房地产开发项目有关的销售费用、管理费用和财务费用。根据现行财务会计制度的规定，这三项费用作为期间费用，直接计入当期损益，不按成本核算对象进行分摊。作为土地增值税扣除项目的房地产开发费用，不按纳税人房地产开发项目实际发生的费用进行扣除，而按《土地增值税暂行条例实施细则》规定的标准进行扣除。

《土地增值税暂行条例实施细则》规定，财务费用中的利息支出，凡能够按转让房地产项目计算分摊并提供金融机构证明的，允许据实扣除，但最高不能超过按商业银行同类同期贷款利率计算的金额。其他房地产开发费用，按取得土地使用权所支付的金额和房地产开发成本计算的金额之和的5%以内计算扣除。凡不能按转让房地产项目计算分摊利息支出或不能提供金融机构证明的，房地产开发费用按取得土地使用权所支付的金额和房地产开发成本计算的金额之和的10%以内计算扣除。计算扣除的具体比例，由各省、自治区、直辖市人民政府规定。

此外，财政部、国家税务总局还对扣除项目金额中利息支出的计算问题作了两点专门规定：一是利息的上浮幅度按国家的有关规定执行，超过上浮幅度的部分不允许扣除；二是对于超过贷款期限的利息部分和加罚的利息不允许扣除。

（4）与转让房地产有关的税金。与转让房地产有关的税金是指在转让房地产时缴纳的增值税、城市维护建设税、印花税。因转让房地产缴纳的教育费附加，也可视同税金予以扣除。

需要明确的是，房地产开发企业按照《施工、房地产开发企业财务制度》有关规定在转让时缴纳的印花税因列入管理费用中，故在此不允许单独再扣除。其他纳税人缴纳的印花税（按产权转移书据所载金额的0.5‰贴花）允许在此扣除。

（5）其他扣除项目。对从事房地产开发的纳税人可按取得土地使用权所支付的金额和房地产开发成本计算的金额之和，加计20%扣除。在此需特别指出的是：此优惠只适用于从事房地产开发的纳税人，除此之外的其他纳税人不适用。这样规定的目的是抑制炒买炒卖房地产的投机行为，保护正常开发投资者的积极性。

（6）旧房及建筑物的评估价格。旧房及建筑物的评估价格是指在转让已使用的房屋及建筑物时，由政府批准设立的房地产评估机构评定的重置成本价乘以成新度折扣率后的价格。评估价格须经当地税务机关确认。

重置成本价是指对旧房及建筑物按转让时的建材价格及人工费用计算，建造同样面积、同样层次、同样结构、同样建设标准的新房及建筑物所需花费的成本费用。成新度折扣率是指按旧房的新旧程度作一定比例的折扣。

此外，转让旧房的，应以房屋及建筑物的评估价格、取得土地使用权所支付的地价款和按国家统一规定缴纳的有关费用及在转让环节缴纳的税金作为扣除项目金额计征土地增值税。对取得土地使用权时未支付地价款或不能提供已支付的地价款凭据的，在计征土地增值税时不允许扣除。

另外，对纳税人成片受让土地使用权后，分期分批开发、分块转让的，其扣除项目金额的确定，可按转让土地使用权的面积占总面积的比例计算分摊，或按建筑面积计算分摊，也可按税务机关确认的其他方式计算分摊。

某企业开发房地产取得土地使用权所支付的金额为1 000万元；房地产开发成本为6 000万元；向金融机构借入资金利息支出400万元（能提供贷款证明且可以合理分摊），其中超过国家规定上浮幅度的金额为100万元；该省规定能提供贷款证明且可以合理分摊利息支出的，其他房地产开发费用的计算扣除的比例为5%。请问：该企业允许扣除的房地产开发费用是多少？

纳税人能够按转让房地产项目计算分摊并提供金融机构证明的，利息费用可以扣除。但是，超过国家规定上浮幅度的利息100万元不允许扣除。其他房地产开发费用，按照取得土地使用权所支付的金额与房地产开发成本计算的金额之和的5%计算。取得土地使用权所支付的金额为1 000万元，房地产开发成本为6 000万元，合计7 000万元。所以，该企业允许扣除的房地产开发费用：（400－100）＋（1 000＋6 000）×5%＝650（万元）。

（二）应纳税额的计算

土地增值税按照纳税人转让房地产所取得的增值额和规定的税率计算征收。土地增值税的计算公式是：

应纳税额 =∑（每级距的土地增值额×适用税率）

但在实际征收中，分步计算比较烦琐，为了方便计算，一般可采用速算扣除法计算，即按增值额与适用税率的乘积减去扣除项目金额与速算扣除系数的乘积的简便方法计算。计算公式如下：

应纳税额=增值额×适用税率－扣除项目金额×速算扣除系数

【例 6－3】地处某市的一房地产开发企业，是增值税一般纳税人，2017 年 8 月建造商品房一幢，建房总支出 4 500 万元，具体包括：支付地价款 300 万元；支付土地征用及拆迁补偿费 180 万元；支付前期工程费 270 万元；支付基础设施费 300 万元；支付建筑安装工程费 2 250 万元；支付公共配套设施费 300 万元；支付期间费用 900 万元，其中利息支出 750 万元（利息能按房地产项目分摊，并有金融机构贷款证明），其他房地产开发费用扣除比例为 5%；上述支出中允许抵扣的增值税进项税额为 558 万元。房屋竣工后将其出售，取得收入 9 800 万元。请计算该房地产开发企业应纳的土地增值税。

解答：

允许扣除的取得土地使用权支付的金额=300（万元）

允许扣除的房地产开发成本=180＋270＋300＋2 250＋300=3 300（万元）

允许扣除的房地产开发费用=750＋（300＋3 300）×5%=930（万元）

允许扣除的税金=520＋52=572（万元）

其中：

应纳增值税=9 800×11%－558=520（万元）

应纳城市维护建设税及教育附加=520×（7%＋3%）=52（万元）

允许扣除的其他扣除项目=（300＋3 300）×20%=720（万元）

允许扣除项目合计=300＋3 300＋930＋572＋720=5 822（万元）

增值额=9 800－5 822=3 978（万元）

增值额占扣除项目金额比率=3 978÷5 822×100%=68.33%

应纳土地增值税=3 978×40%－5 822×5%=1 300.1（万元）

六、税收优惠

对房地产转让征收土地增值税，涉及面广，政策性强。为了促进房地产开发结构的调整，改善城市居民的居住条件，并有利于城市改造规划的实施，《土地增值税暂行条例》及其有关法规规定了一些减免项目，具体如下所述。

（1）建造普通标准住宅出售，增值额未超过扣除项目金额 20%的，免征土地增值税。

所谓“普通标准住宅”，是指按所在地一般民用住宅标准建造的居住用住宅。高级公寓、别墅、小洋楼、度假村，以及超面积、超标准豪华装修的住宅，均不属于普通标准住宅。普通标准住宅与其他住宅的具体界限，由省级人民政府规定。

对纳税人既建普通标准住宅，又搞其他房地产开发的，应分别核算增值额；未分别核算增值额或不能准确核算增值额的，其建造的普通标准住宅不适用该免税规定。

（2）因国家建设需要而被政府征用、收回的房地产，免征土地增值税。

该类房地产是指因城市市政规划、国家建设需要拆迁而被政府征用、收回的房地产。由于上述原因，纳税人自行转让房地产的，亦给予免税。

税法之所以对建造普通标准住宅和政府征用、收回的房地产给予免税优惠，主要是因为经营这类房地产，一般属于政策要求必建的微利项目，其投资相对较大、收益相对较小，因此国家应当从政策上给予支持和鼓励，同时也可以避免征收土地增值税后又征所得税而导致负担过重的问题。

七、征收管理

（一）申报纳税程序

根据《土地增值税暂行条例》的规定，纳税人应自转让房地产合同签订之日起 7 日内向房地产所在地的主管税务机关办理纳税申报，同时向税务机关提交房屋及建筑物产权、土地使用权证书，土地转让、房产买卖合同，房地产评估报告及其他与转让房地产有关的资料，在税务机关核定的期限内缴纳土地增值税。纳税人因经常发生转让房地产行为而难以在每次转让后申报的，经税务机关审核同意后，可以定期进行纳税申报，具体期限由税务机关确定。纳税人按规定办理纳税手续后，持纳税凭证到房产、土地管理部门办理产权变更手续。

在实际工作中，土地增值税的纳税人主要分为两大类：一类是从事房地产开发（包括专营和兼营）的纳税人，也就是通常所说的房地产开发公司；另一类是其他的纳税人。这两类纳税人办理纳税申报的内容和方法不尽相同。

1. 房地产开发公司办理纳税申报

纳税人应当在签订房地产转让合同、发生纳税义务后 7 日内或在税务机关核定的期限内，按照税法规定，向主管税务机关办理纳税申报，并同时提供下列证明件和资料：

（1）房屋产权、土地使用权证书。

（2）土地转让、房产买卖合同。

（3）与转让房地产有关的资料，主要包括：取得土地使用权所支付的金额；房地产开发成本方面的财务会计资料；房地产开发费用方面的资料；与房地产转让有关的税金的完税凭证；其他与房地产有关的资料。

（4）根据税务机关的要求提供房地产评估报告，是指当税务机关认定纳税人所提供的转让房地产所取得的收入或扣除项目金额不实，不能作为计税依据，必须进行房地产评估时，由纳税人交由政府批准设立的评估机构按税法规定进行房地产评估所作的评估报告。

税务机关应当对上述纳税资料，包括合同或批件文本等，进行严格审查。其中，涉及税收减免和分次纳税等的审查内容包括：

（1）签订房地产转让合同、房地产开发合同或立项的具体日期和签订土地受让合同的具体日期，以及按合同规定投入开发资金的到位情况。要求就上述合同提供是否属于 1994 年 1 月 1 日以前签订的有关证明材料，作为税务机关对该项目确定是否征税的参考依据。

（2）房地产开发项目的类型。要求对开发项目是否属于普通标准住宅进行备案，作为税务机关确定对其是否征税的参考依据。

（3）房地产转让的形式。即对一个项目是一次性销售还是分次销售、采取的是销售方式还是预售方式进行备案，作为税务机关核定申报及纳税时间的参考依据。

2. 房地产开发公司以外的其他纳税人办理纳税申报

该类纳税人应自签订房地产转让合同之日起 7 日内到房地产所在地的主管税务机关进行纳税申报，并提供下列资料：

（1）房屋及建筑物产权、土地使用权证书。

（2）土地转让、房产买卖合同。

（3）房地产评估报告。如果转让的是旧房，必须出具政府指定的评估机构按税法规定所作的评估报告。

（4）与转让房地产有关的税金的完税凭证。

（5）其他与转让房地产有关的资料，如房地产的原造价或买价等。

（二）纳税期限和缴纳方法

土地增值税按照转让房地产所取得的实际收益计算征收，由于计税时要涉及房地产开发的成本和费用，有时还要进行房地产评估等，因此，其纳税时间就不可能像其他税种那样作出统一规定，而是要根据房地产转让的不同情况，由主管税务机关具体确定。

1. 以一次交割、付清价款方式转让房地产的

对于这种情况，主管税务机关可在纳税人办理纳税申报后，根据其应纳税额的大小及向有关部门办理过户、登记手续的期限等，规定其在办理过户、登记手续前数日内一次性缴纳全部土地增值税。

2. 以分期收款方式转让房地产的

对于这种情况，主管税务机关应根据合同规定的收款日期来确定具体的纳税期限。即先计算出应缴纳的全部土地增值税税额，再按总税额除以转让房地产的总收入，求得应纳税额占总收入的比例，然后在每次收到价款时，按收到价款的数额乘以这个比例来确定每次应纳的税额，并规定其应在每次收款后数日内缴纳土地增值税。

3. 项目全部竣工结算前转让房地产的

纳税人在项目全部竣工结算前转让房地产取得的收入，由于涉及成本核算或其他原因，无法据实计算土地增值税的，可以预征土地增值税，待该项目全部竣工、办理结算后再进行清算，多退少补。主要涉及以下两种情况：

（1）纳税人进行小区开发建设的，其中一部分房地产项目先行开发并已转让出去，但小区内的部分配套设施往往在转让后才建成。在这种情况下，税务机关可对先行转让的项目在取得收入时预征土地增值税。

（2）纳税人以预售方式转让房地产的，对在办理结算和转交手续前就取得的收入，税

务机关也可以预征土地增值税。具体办法由省级地方税务局根据当地情况制定。

根据税法规定，凡采用预征方法征收土地增值税的，如果满足土地增值税的清算条件，则应对土地增值税进行清算。

（三）纳税地点

土地增值税由房地产所在地的税务机关负责征收。所谓“房地产所在地”，是指房地产的坐落地。不论纳税人的机构所在地、经营所在地、居住所在地设在何处，均应在房地产的所在地申报纳税。实践中分为下述两种情况。

1. 纳税人是法人的

当纳税人转让的房地产的坐落地与其机构所在地或经营所在地同在一地时，可在办理税务登记的原管辖税务机关申报纳税；如果转让的房地产坐落地与其机构所在地或经营所在地不在一地时，则应在房地产坐落地的主管税务机关申报纳税。纳税人转让的房地产坐落在两个或两个以上地区的，应按房地产所在地分别申报纳税。

2. 纳税人是自然人的

当纳税人转让的房地产的坐落地与其居住所在地同在一地时，应在其住所所在地的税务机关申报纳税；如果转让的房地产的坐落地与其居住所在地不在一地时，则在房地产的坐落地的主管税务机关申报纳税。

第五节　耕地占用税

一、耕地占用税概述

耕地占用税是指国家对占用耕地建房或者从事其他非农业建设的单位和个人，依其占用耕地的面积，按照规定税额一次性征收的一种税。为了加强土地管理，保护农用耕田，《中华人民共和国耕地占用税暂行条例》自 2008 年 1 月 1 日起施行。

耕地占用税具有行为税的特点，实行一次性征收，以县为单位，以人均耕地面积为标准，分别规定单位税额。征收耕地占用税有利于加强土地管理，减少占用耕地行为，保护农用土地资源；有利于为农业开发筹集资金，增强农业发展后劲。

二、征税范围

耕地占用税的征税范围是在我国境内占用耕地建房或者从事非农业建设。是否属其征税范围，必须同时具备以下两个条件：一是占用了耕地；二是建房或者从事非农业建设。所谓耕地，是指用于种植农作物的土地。占用林地、牧草地、农田水利用地、养殖水面以及渔业水域滩涂等其他农用地建房或者从事非农业建设的，也征收耕地占用税。

三、纳税义务人

占用耕地建房或者从事非农业建设的单位或者个人，为耕地占用税的纳税义务人，应当依照规定缴纳耕地占用税。单位，包括国有企业、集体企业、私营企业、股份制企业、外商投资企业、外国企业以及其他企业和事业单位、社会团体、国家机关、部队以及其他单位；个人，包括个体工商户以及其他个人。

四、计税依据和税率

（一）计税依据

耕地占用税以纳税人实际占用的耕地面积为计税依据。

（二）税率

耕地占用税实行地区差别定额幅度税率。以县级行政区域为单位，按照人均耕地面积的多少和经济发展情况将税额标准划分为四档，如表 6－4 所示。

表 6－4　耕地占用税税额标准表

人均耕地面积	税额幅度
不超过 1 亩的地区	每平方米 10 元至 50 元
超过 1 亩但不超过 2 亩的地区	每平方米 8 元至 40 元
超过 2 亩但不超过 3 亩的地区	每平方米 6 元至 30 元
超过 3 亩的地区	每平方米 5 元至 25 元

各省、自治区、直辖市人民政府可以在上述税额标准表规定的税额幅度内，核定本地区的实际适用税额。

经济特区、经济技术开发区和经济发达且人均耕地特别少的地区，适用税额可以适当提高，但提高的部分最高不得超过各省、自治区、直辖市人民政府核定的适用税额的 50％。

为了防止各地区核定的税额适用标准人为偏低，国务院财政、税务主管部门根据人均耕地面积和经济发展情况，对各省、自治区、直辖市的平均税额作出了明确规定，见表 6－5。

表 6－5　各省、自治区、直辖市耕地占用税平均税额表

地区	每平方米平均税额/元
上海	45
北京	40
天津	35
江苏、浙江、福建、广东	30
辽宁、湖北、湖南	25
河北、安徽、江西、山东、河南、重庆、四川	22.5
广西、海南、贵州、云南、陕西	20
山西、吉林、黑龙江	17.5
内蒙古、西藏、甘肃、青海、宁夏、新疆	12.5

各省、自治区、直辖市人民政府核定的适用税额的平均水平，不得低于国务院财政、税务主管部门确定的平均税额。各省、自治区、直辖市所属县级行政区域的适用税额，按照《耕地占用税暂行条例》及其实施细则和各省、自治区、直辖市人民政府的规定执行。

占用基本农田的，适用税额应当在各省、自治区、直辖市人民政府核定的适用税额基础上提高50%。所称基本农田，是指依据《基本农田保护条例》划定的基本农田保护区范围内的耕地。

五、税收优惠

对我国而言，保护耕地意义重大：第一，农业是我国国民经济的基础，而耕地是农业生产的基础。第二，耕地是社会稳定的基础，耕地为农村人口提供了主要的生活保障，是城市居民生活资料的主要来源。征收耕地占用税有助于保护耕地，因此，耕地占用税规定了较少的减免税优惠。

（一）免征耕地占用税

（1）军事设施占用耕地，免征耕地占用税。

（2）学校、幼儿园、养老院、医院占用耕地，免征耕地占用税。

（二）减征耕地占用税

（1）铁路线路、公路线路、飞机场跑道、停机坪、港口、航道占用耕地，减按每平方米2元的税额征收耕地占用税。

（2）农村居民占用耕地新建住宅，按照当地适用税额减半征收耕地占用税。

（3）农村烈士家属、残疾军人、鳏寡孤独以及革命老根据地、少数民族聚居区和边远贫困山区生活困难的农村居民，在规定用地标准以内新建住宅，缴纳耕地占用税确有困难的，经所在地乡（镇）人民政府审核，报经县级人民政府批准后，可以免征或者减征耕地占用税。

依照规定免征或者减征耕地占用税后，纳税人改变原占地用途，不再属于免征或者减征耕地占用税情形的，应当按照当地适用税额补缴耕地占用税。

H村有菜地2 000平方米，2016年，宏光村所在市区修建飞机场，需占用耕地1 000平方米用于修建飞机场跑道，另外，由于村委决定为村民改善居住环境，提高居住质量，决定占用500平方米耕地建设新住宅区（当地规定的耕地占用税的税率为每平方米10元）。请问：被占用的1 500平方米耕地适用的耕地占用税税率为多少？

H村的1 000平方米耕地用于了修建飞机场跑道，属于减征情况；占用500平方米耕地新建住宅，属于村民占用耕地新建住宅的情况，应按当地规定的税率减半征收，即适用税率为每平方米5元。修建飞机场跑道的1 000平方米耕地的适用税率为每平方米2元，建设住宅区的500平方米耕地的适用税率为每平方米5元。

六、应纳税额的计算

耕地占用税以纳税人实际占用的耕地面积为计税依据，按照规定的适用税额标准一次性征收。耕地占用税应纳税额的计算公式为：

应纳税额＝应税耕地面积×适用单位税率

七、征收管理

耕地占用税由地方税务机关负责征收。

耕地占用税在占用耕地建房或从事其他非农业建设行为发生时一次性征收，以后不再征纳。

土地管理部门在通知单位或者个人办理占用耕地手续时，应当同时通知耕地所在地同级地方税务机关。获准占用耕地的单位或者个人应当在收到土地管理部门的通知之日起 30 日内缴纳耕地占用税。土地管理部门凭耕地占用税完税凭证或者免税凭证和其他有关文件发放建设用地批准书。

纳税人临时占用耕地，应当按照规定缴纳耕地占用税。纳税人在批准临时占用耕地的期限内恢复所占用耕地原状的，全额退还已经缴纳的耕地占用税。

第六节　环境保护税

一、环境保护税概述

（一）环境保护税的概念

环境保护税是对直接向环境排放应税污染物的企事业单位和其他生产经营者征收的一种绿色环保税。

环境保护税由英国经济学家庇古最先提出，得到了西方发达国家的普遍认同，之后被许多国家践行。荷兰是开征环境保护税较早的国家之一，包括燃料税、噪音税、水污染税等。西方发达国家征收环境保护税主要体现在以下几个方面：对排放污染所征收的税，如二氧化碳税、水污染税等；对高耗能、高耗材行为征收的税，如润滑油税、电池税等；对城市环境和居住环境造成污染的行为征税，如噪音税、垃圾税等；对农业污染所征收的税，如超额粪便税、农药税等；为保护自然资源而征收的税，如开采税、森林税等。

随着我国改革开放步伐的加快，政府意识到在发展经济的同时，要大力保护自然资源和生态环境。为此，采取了一些行之有效的措施。这些措施主要体现在两个方面，一是征收排污费，二是对消费税、资源税等税种增加保护环境和减少污染物排放的条款。但这些措施也存在一些问题，导致在保护环境与资源方面成效不够显著。比如，排污费的征收缺乏执法刚性，而税收方面的举措比较零散且在整个税收体系中所占比重较小，无法充分起到调节作用。

2016 年 12 月 25 日第十二届全国人民代表大会常务委员会第二十五次会议通过的《中

华人民共和国环境保护税法》，是我国第一部专门体现“绿色税制”、推进生态文明建设的单行税法。环境保护税法将于2018年1月1日起施行。

（二）开征环境保护税的意义

1. 有利于构建促进经济结构调整、发展方式转变的绿色税制体系

环境保护税是我国第一部专门体现“绿色税制”、推进生态文明建设的单行税法。环境保护税对直接向环境排放应税污染物的企业事业单位和其他生产经营者征收，污染重则税负重，多排放污染物则多纳税。环境保护税的征收必将加大企业污染成本，从而达到促进节能治理减排的目的。环境保护税的开征与我国现行相关税种共同构成了促进经济结构调整、发展方式转变的绿色税制体系，这必将强化税收的调控作用，形成有效的约束和激励机制。同时，环境保护税的开征，必将提高全社会环境保护意识，推进生态文明建设和绿色发展。

2. 有利于促进绿色发展与生态文明建设

环境保护税的开征，对于我国各级地方政府来说，会更加有力地推动环保优先、生态先行战略的实施，促进增长与转型、经济与生态、建设与民生的良性互动，打造生产发展、生活富裕、生态良好的绿色发展样本，使生态资源优势成为发展的最大优势。可以说，环境保护税的开征，是我国摆脱高污染、高能耗经济模式，走向创新型经济的开始。

3. 有利于提高执法刚性，增加地方政府治污投入

环境保护税的开征，是清费立税的重要举措。环境保护税由税务机关征收，增加了执法的刚性，消除排污费制度存在的执法刚性不足、地方政府干预等问题，增强了企业对环保法的遵从度。考虑到我国各级地方政府承担污染的治理责任，为了调动地方的积极性，环境保护税的全部收入作为地方财政收入，中央不参与分成。同时，环境保护税法赋予省人民政府对应税大气污染物和水污染物适用税额的确定和调整的权利。可以预计，随着环境保护税的开征，各级政府必将加大治污及生态文明建设的资金投入。

二、纳税人

在中华人民共和国领域和中华人民共和国管辖的其他海域，直接向环境排放应税污染物的企业事业单位和其他生产经营者为环境保护税的纳税人。

所称应税污染物，是指环境保护税法所附《环境保护税税目税额表》《应税污染物和当量值表》规定的大气污染物、水污染物、固体废物和噪声。

有下列情形之一的，不属于直接向环境排放污染物，不缴纳相应污染物的环境保护税：

（1）企业事业单位和其他生产经营者向依法设立的污水集中处理、生活垃圾集中处理场所排放应税污染物的。

（2）企业事业单位和其他生产经营者在符合国家和地方环境保护标准的设施、场所贮存或者处置固体废物的。

依法设立的城乡污水集中处理、生活垃圾集中处理场所超过国家和地方规定的排放标准向环境排放应税污染物的，应当缴纳环境保护税。

企业事业单位和其他生产经营者贮存或者处置固体废物不符合国家和地方环境保护标准的，应当缴纳环境保护税。

三、税目和税率

环境保护税税目，是根据现行排污收费项目设置的。大的分类包括大气污染物、水污染物、固体废物和噪声四类。具体来讲，不是对这四类中所有的污染物都征税，而只对《环境保护税税目税额表》和《应税污染物和当量值表》中规定的污染物征税。

环境保护税的税目、税额，依照《环境保护税税目税额表》（见表6-6）执行。

表6-6　　**环境保护税税目税额表**

<table>
<tr><th colspan="2">税目</th><th>计税单位</th><th>税额</th><th>备注</th></tr>
<tr><td colspan="2">大气污染物</td><td>每污染当量</td><td>1.2元至12元</td><td></td></tr>
<tr><td colspan="2">水污染物</td><td>每污染当量</td><td>1.4元至14元</td><td></td></tr>
<tr><td rowspan="4">固体废物</td><td>煤矸石</td><td>每吨</td><td>5元</td><td rowspan="4"></td></tr>
<tr><td>尾矿</td><td>每吨</td><td>15元</td></tr>
<tr><td>危险废物</td><td>每吨</td><td>1 000元</td></tr>
<tr><td>冶炼渣、粉煤灰、炉渣、其他固体废物（含半固态、液态废物）</td><td>每吨</td><td>25元</td></tr>
<tr><td rowspan="6">噪声</td><td rowspan="6">工业噪声</td><td>超标1～3分贝</td><td>每月350元</td><td rowspan="6">1. 一个单位边界上有多处噪声超标，根据最高一处超标声级计算应纳税额；当沿边界长度超过100米有两处以上噪声超标，按照两个单位计算应纳税额。
2. 一个单位有不同地点作业场所的，应当分别计算应纳税额，合并计征。
3. 昼、夜均超标的环境噪声，昼、夜分别计算应纳税额，累计计征。
4. 声源一个月内超标不足15天的，减半计算应纳税额。
5. 夜间频繁突发和夜间偶然突发厂界超标噪声，按等效声级和峰值噪声两种指标中超标分贝值高的一项计算应纳税额。</td></tr>
<tr><td>超标4～6分贝</td><td>每月700元</td></tr>
<tr><td>超标7～9分贝</td><td>每月1 400元</td></tr>
<tr><td>超标10～12分贝</td><td>每月2 800元</td></tr>
<tr><td>超标13～15分贝</td><td>每月5 600元</td></tr>
<tr><td>超标16分贝以上</td><td>每月11 200元</td></tr>
</table>

应税大气污染物和水污染物的具体适用税额的确定和调整，由省、自治区、直辖市人民政府统筹考虑本地区环境承载能力、污染物排放现状和经济社会生态发展目标要求，在《环境保护税税目税额表》规定的税额幅度内提出，报同级人民代表大会常务委员会决定，并报全国人民代表大会常务委员会和国务院备案。

四、计税依据

环境保护税的计税依据，是根据现行排污费计费办法设置的。对大气污染物、水污染物，沿用了现行的污染物当量值表，并按照现行的方法即以排放量折合的污染当量数作为计税依据。

（1）应税污染物的计税依据，按照下列方法确定：

1）应税大气污染物按照污染物排放量折合的污染当量数确定。

2）应税水污染物按照污染物排放量折合的污染当量数确定。

3）应税固体废物按照固体废物的排放量确定。

4）应税噪声按照超过国家规定标准的分贝数确定。

应税大气污染物、水污染物的污染当量数，以该污染物的排放量除以该污染物的污染当量值计算。每种应税大气污染物、水污染物的具体污染当量值，依照《应税污染物和当量值表》（见表 6-7）执行。

表 6-7　　应税污染物和当量值表

一、第一类水污染物污染当量值

污染物	污染当量值/千克
1. 总汞	0.000 5
2. 总镉	0.005
3. 总铬	0.04
4. 六价铬	0.02
5. 总砷	0.02
6. 总铅	0.025
7. 总镍	0.025
8. 苯并（a）芘	0.000 000 3
9. 总铍	0.01
10. 总银	0.02

二、第二类水污染物污染当量值

污染物	污染当量值/千克	备注
11. 悬浮物（SS）	4	
12. 生化需氧量（BODs）	0.5	同一排放口中的化学需氧量、生化需氧量和总有机碳，只征收一项。
13. 化学需氧量（CODcr）	1	
14. 总有机碳（TOC）	0.49	
15. 石油类	0.1	
16. 动植物油	0.16	
17. 挥发酚	0.08	
18. 总氰化物	0.05	
19. 硫化物	0.125	
20. 氨氮	0.8	
21. 氟化物	0.5	
22. 甲醛	0.125	
23. 苯胺类	0.2	
24. 硝基苯类	0.2	
25. 阴离子表面活性剂（LAS）	0.2	
26. 总铜	0.1	

续前表

污染物	污染当量值/千克	备注
27. 总锌	0.2	
28. 总锰	0.2	
29. 彩色显影剂（CD—2）	0.2	
30. 总磷	0.25	
31. 单质磷（以P计）	0.05	
32. 有机磷农药（以P计）	0.05	
33. 乐果	0.05	
34. 甲基对硫磷	0.05	
35. 马拉硫磷	0.05	
36. 对硫磷	0.05	
37. 五氯酚及五氯酚钠（以五氯酚计）	0.25	
38. 三氯甲烷	0.04	
39. 可吸附有机卤化物（AOX）（以Cl计）	0.25	
40. 四氯化碳	0.04	
41. 三氯乙烯	0.04	
42. 四氯乙烯	0.04	
43. 苯	0.02	
44. 甲苯	0.02	
45. 乙苯	0.02	
46. 邻—二甲苯	0.02	
47. 对—二甲苯	0.02	
48. 间—二甲苯	0.02	
49. 氯苯	0.02	
50. 邻二氯苯	0.02	
51. 对二氯苯	0.02	
52. 对硝基氯苯	0.02	
53. 2，4—二硝基氯苯	0.02	
54. 苯酚	0.02	
55. 间—甲酚	0.02	
56. 2，4—二氯酚	0.02	
57. 2，4，6三氯酚	0.02	
58. 邻苯二甲酸二丁酯	0.02	
59. 邻苯二甲酸二辛酯	0.02	
60. 丙烯腈	0.125	
61. 总硒	0.02	

三、pH 值、色度、大肠菌群数、余氯量水污染物污染当量值

污染物		污染当量值	备注
1. pH 值	1. 0—1，13—14	0.06 吨污水	pH 值 5—6 指大于等于 5，小于 6；pH 值 9—10 指大于 9，小于等于 10，其余类推。
	2. 1—2，12—13	0.125 吨污水	
	3. 2—3，11—12	0.25 吨污水	
	4. 3—4，10—11	0.5 吨污水	
	5. 4—5，9—10	1 吨污水	
	6. 5—6	5 吨污水	
2. 色度		5 吨水·倍	
3. 大肠菌群数（超标）		3.3 吨污水	大肠菌群数和余氯量只征收一项。
4. 余氯量（用氯消毒的医院废水）		3.3 吨污水	

四、禽畜养殖业、小型企业和第三产业水污染物污染当量值

（本表仅适用于计算无法进行实际监测或者物料衡算的禽畜养殖业、小型企业和第三产业等小型排污者的水污染物污染当量数）

类型		污染当量值	备注
禽畜养殖场	1. 牛	0.1 头	仅对存栏规模大于 50 头牛、500 头猪、5 000 羽鸡鸭等的禽畜养殖场征收。
	2. 猪	1 头	
	3. 鸡、鸭等家禽	30 羽	
4. 小型企业		1.8 吨污水	
5. 饮食娱乐服务业		0.5 吨污水	
6. 医院	消毒	0.14 床	医院病床数大于 20 张的按照本表计算污染当量数。
		2.8 吨污水	
	不消毒	0.07 床	
		1.4 吨污水	

五、大气污染物污染当量值

污染物	污染当量值/千克
1. 二氧化硫	0.95
2. 氮氧化物	0.95
3. 一氧化碳	16.7
4. 氯气	0.34
5. 氯化氢	10.75
6. 氟化物	0.87
7. 氰化氢	0.005
8. 硫酸雾	0.6
9. 铬酸雾	0.000 7
10. 汞及其化合物	0.000 1
11. 一般性粉尘	4
12. 石棉尘	0.53
13. 玻璃棉尘	2.13
14. 碳黑尘	0.59
15. 铅及其化合物	0.02
16. 镉及其化合物	0.03
17. 铍及其化合物	0.000 4

续前表

污染物	污染当量值/千克
18. 镍及其化合物	0.13
19. 锡及其化合物	0.27
20. 烟尘	2.18
21. 苯	0.05
22. 甲苯	0.18
23. 二甲苯	0.27
24. 苯并（a）芘	0.000 002
25. 甲醛	0.09
26. 乙醛	0.45
27. 丙烯醛	0.06
28. 甲醇	0.67
29. 酚类	0.35
30. 沥青烟	0.19
31. 苯胺类	0.21
32. 氯苯类	0.72
33. 硝基苯	0.17
34. 丙烯腈	0.22
35. 氯乙烯	0.55
36. 光气	0.04
37. 硫化氢	0.29
38. 氨	9.09
39. 三甲胺	0.32
40. 甲硫醇	0.04
41. 甲硫醚	0.28
42. 二甲二硫	0.28
43. 苯乙烯	25
44. 二硫化碳	20

每一排放口或者没有排放口的应税大气污染物，按照污染当量数从大到小排序，对前三项污染物征收环境保护税。

每一排放口的应税水污染物，按照《应税污染物和当量值表》，区分第一类水污染物和其他类水污染物，按照污染当量数从大到小排序，对第一类水污染物按照前五项征收环境保护税，对其他类水污染物按照前三项征收环境保护税。

省、自治区、直辖市人民政府根据本地区污染物减排的特殊需要，可以增加同一排放口征收环境保护税的应税污染物项目数，报同级人民代表大会常务委员会决定，并报全国人民代表大会常务委员会和国务院备案。

（2）应税大气污染物、水污染物、固体废物的排放量和噪声的分贝数，按照下列方法和顺序计算：

1）纳税人安装使用符合国家规定和监测规范的污染物自动监测设备的，按照污染物自动监测数据计算。

2）纳税人未安装使用污染物自动监测设备的，按照监测机构出具的符合国家有关规定和监测规范的监测数据计算。

3）因排放污染物种类多等原因不具备监测条件的，按照国务院环境保护主管部门规定的排污系数、物料衡算方法计算。

4）不能按照第（1）项至第（3）项规定的方法计算的，按照省、自治区、直辖市人民政府环境保护主管部门规定的抽样测算的方法核定计算。

五、应纳税额的计算

环境保护税应纳税额按照下列方法计算：

（1）应税大气污染物的应纳税额为污染当量数乘以具体适用税额。

（2）应税水污染物的应纳税额为污染当量数乘以具体适用税额。

（3）应税固体废物的应纳税额为固体废物排放量乘以具体适用税额。

（4）应税噪声的应纳税额为超过国家规定标准的分贝数对应的具体适用税额。

六、税收优惠

（一）暂免征收

（1）农业生产（不包括规模化养殖）排放应税污染物的。

（2）机动车、铁路机车、非道路移动机械、船舶和航空器等流动污染源排放应税污染物的。

（3）依法设立的城乡污水集中处理、生活垃圾集中处理场所排放相应应税污染物，不超过国家和地方规定的排放标准的。

（4）纳税人综合利用的固体废物，符合国家和地方环境保护标准的。

（5）国务院批准免税的其他情形。

第（5）项免税规定，由国务院报全国人民代表大会常务委员会备案。

（二）减征

（1）纳税人排放应税大气污染物或者水污染物的浓度值低于国家和地方规定的污染物排放标准30%的，减按75%征收环境保护税。

（2）纳税人排放应税大气污染物或者水污染物的浓度值低于国家和地方规定的污染物排放标准50%的，减按50%征收环境保护税。

七、征收管理

（一）纳税义务发生时间

环境保护税的纳税义务发生时间为纳税人排放应税污染物的当日。

（二）纳税地点

纳税人应当向应税污染物排放地的税务机关申报缴纳环境保护税。

（三）纳税期限

环境保护税按月计算，按季申报缴纳。不能按固定期限计算缴纳的，可以按次申报缴纳。

纳税人按季申报缴纳的，应当自季度终了之日起十五日内，向税务机关办理纳税申报并缴纳税款。纳税人按次申报缴纳的，应当自纳税义务发生之日起十五日内，向税务机关办理纳税申报并缴纳税款。

纳税人应当依法如实办理纳税申报，对申报的真实性和完整性承担责任。

纳税人申报缴纳时，应当向税务机关报送所排放应税污染物的种类、数量，大气污染物、水污染物的浓度值，以及税务机关根据实际需要要求纳税人报送的其他纳税资料。

（四）其他管理

环境保护税由税务机关征收管理。环境保护主管部门依照《环境保护税法》和有关环境保护法律法规的规定负责对污染物的监测管理。

环境保护主管部门和税务机关应当建立涉税信息共享平台和工作配合机制。环境保护主管部门应当将排污单位的排污许可、污染物排放数据、环境违法和受行政处罚情况等环境保护相关信息，定期交送税务机关。税务机关应当将纳税人的纳税申报、税款入库、减免税额、欠缴税款以及风险疑点等环境保护税涉税信息，定期交送环境保护主管部门。

复习思考题

1. 资源税制的作用表现在哪些方面?
2. 资源税的征税品目包括哪些资源产品?
3. 城镇土地使用税的征收范围有哪些?
4. 城镇土地使用税的税收优惠是如何规定的?
5. 土地增值税的特点是什么?
6. 土地增值税的费用扣除项目是如何规定的?
7. 土地增值税的税收优惠是如何规定的?
8. 耕地占用税的特点是什么?
9. 开征环境保护税的意义是什么?
10. 环境保护税的纳税人是谁?
11. 环境保护税的税目是如何规定的?

第七章

财产税类

- 财产税制的概念
- 财产税制的作用
- 房产税的征收范围、纳税义务人
- 房产税的计税依据、税率
- 车船税的征收范围、纳税义务人
- 车船税的税目、税率
- 契税的征税对象、纳税义务人
- 契税的计税依据、税率

第一节 财产税类概述

一、财产税制的概念

财产税制是指以纳税人所拥有或可支配的财产为课税对象的一类税。财产税与所得税相比有以下几点区别：从课税对象看，虽然都表现为收入，但财产税的课税对象是收入的存量，而所得税的课税对象却是收入的流量；从纳税人看，财产税的纳税人是财产税的所有者、使用者、继承者等，而所得税的纳税人是各项所得的所得者；从计税依据看，财产税是对财产的本身或价值征税，而所得税则是对财产产生的收益征税。

财产税是最古老的税种之一，在前资本主义社会，作为直接税的财产税曾是当时的主体税种，是国家财政收入的主要来源之一。随着商品经济的发展，进入到资本主义社会后，财产税这一主体税种的地位逐步让位于流转税和所得税。近几十年以来，财产税的地位进一步削弱。

我国现行税制体系中属于财产税类的税种有房产税、车船税和契税。

二、财产税制的特点

（一）税源广泛

财产税的税源即财产包括的范围极其广泛，它包括社会积累起来的一切劳动成果（生产资料和消费资料）和自然资源（包括土地、山林、矿藏、河流、滩涂等），以及代表人们脑力劳动成果或精神财富的各种特许权（如专利权、版权、商标权等）。现代社会的税收体系中的财产税，是根据各国的财政需要和社会经济情况，有选择地对某些特定的财产征税。

（二）课税较为公平

由于财产税是在消费领域中对财产的占有或支配课税，属于直接税，一般很少有转嫁的可能，克服了转嫁税的累退性，符合量能纳税原则，有利于实现税负公平。

（三）征收管理较为复杂

财产税是对以往若干年积累的财产存量在非流通领域课征的税收。由于在非流通领域征收，缺乏正常的交易价格，特别是随着时间的推移，这些存量财产的成本又难以反映其目前的市场价值。要对其征税，必须核定当前的市场价格，以此作为课税依据。由于难以找到一个具有说服力的核价依据，因此使得财产税计税依据的确定非常困难。

（四）税收收入弹性小

财产税课税对象的特殊性限制了财产税课征范围的普遍性。同时，财产的价格不像一般商品的价格那样波动大。为便于征收管理，各国一般对财产的价值采用估定后几年不变的办法，使得财产税的收入弹性比较小。

三、财产税制的作用

（一）有利于增强税收的宏观调控作用

由于商品税和所得税一般仅对商品流量或所得收入量进行调节，而对由收入转化而成的财产存量的调节作用很有限，因此，财产税弥补了商品税和所得税的不足，进而达到国家利用税收对社会经济进行宏观调控的目的。

（二）有利于稳定取得财政收入

财产税的课税对象有两种情况：一是财产的收益，二是财产的价值。以财产的收益为课税对象的，其税源相当充足，能增加财政收入，成为财政收入的补充来源。以财产的价值为课税对象的，其课税对象不受经常变动因素的影响，收入比较稳定可靠。财产税的课税对象的稳定性，决定了财产税会随着应税财产的增加稳步增长，而不会受经济波动的较大影响。因此，凡是分税制的国家，一般都将财产税划分为地方税，使财产税成为地方政府财政收入的主要来源。

（三）符合公平原则

拥有财产的多少，是测度一个人的富有程度和纳税能力的尺度。对财产征税，适当调节财产拥有者的收入，节制财产的集中，贯彻合理负担原则，有利于矫正财富分配不均的现象，符合公平的原则。同时，对财产的转移征税，促进了财产继承人的自食其力，为公平竞争创造了条件。

四、财产税制的分类

财产税制按财产税的课征特点有多种分类方法，具体有下述三种。

（一）财产价值税和财产收益税

根据计税依据不同，财产税可以分为财产价值税和财产收益税。财产价值税是对纳税人所拥有的财产价值征收的一种税，其计税标准有财产的总价值、财产的净价值、财产的实际价值；财产收益税是以财产的收益额或增值额为计税依据，通常将其划归到所得税类。

（二）静态的财产税和动态的财产税

根据课税对象不同，财产税可以分为静态的财产税和动态的财产税。静态的财产税是指以纳税人在一定时点所拥有或支配的财产占用额为课税对象的税收；动态的财产税是指应税财产的所有权或使用权等其他权益发生转移时，以财产或财产权益的转移价值或增值额为课税对象的税收。

（三）一般财产税和特别财产税

按课税财产的范围不同，可以分为一般财产税和特别财产税。一般财产税，也称综合财产税，是对纳税人拥有的全部或多种财产的价值为课税对象综合征收的税收；特别财产税，又称个别财产税，是对纳税人拥有的某些特定财产（如土地、房屋等）分别课征的税收。

第二节　房产税

一、房产税概述

房产税是以房产为课税对象，依据房产余值或房产的租金收入向房产的所有人或经营人征收的一种税。

新中国成立后，政务院于 1950 年颁布的《全国税政实施要则》中规定在全国统一征收房产税和地产税。1951 年 8 月政务院颁布《城市房地产税暂行条例》，将房产税和地产税合并。1973 年工商税制改革时，将对企业征收的城市房地产税并入工商税，只对有房产的个人、外商独资企业和房产管理部门继续征收城市房地产税。1984 年 10 月，国务院在对国有企业实行第二步利改税和改革工商税制时，恢复征收房产税。但在我国，城市的土地属于国家所有，使用者没有土地所有权，因此将城市房地产税分为房产税和土地使用税两个税种，1986 年 9 月 15 日由国务院颁布了《中华人民共和国房产税暂行条例》，同年 10 月 1 日起正式施行。自 2009 年 1 月 1 日起，外商投资企业、外国企业和组织以及外籍个人，依照《中华人民共和国房产税暂行条例》缴纳房产税。

房产税的作用是：

（1）开征房产税可以为地方提供可靠的财政收入。

（2）房产税税负不宜转嫁，可调节纳税人的收入水平。

（3）通过征收房产税，有助于加强对房屋的管理，提高房屋的使用效率。

二、征收范围

房产税的征税对象是房产。所谓房产，是指有屋面和围护结构（有墙或两边有柱），能够遮风避雨，可供人们在其中生产、学习、工作、娱乐、居住或贮藏物资的场所。

房产税的征税范围为城市、县城、建制镇和工矿区。城市是指国务院批准设立的市。县城是指县人民政府所在地的地区。建制镇是指经省、自治区、直辖市人民政府批准设立的建制镇。工矿区是指工商业比较发达、人口比较集中、符合国务院规定的建制镇标准但尚未设立建制镇的大中型工矿企业所在地。开征房产税的工矿区须经省、自治区、直辖市人民政府批准。

房产税的征税范围不包括农村。

房地产开发企业建造的商品房，在出售前不征收房产税；但对出售前房地产开发企业已使用或出租、出借的商品房，应按规定征收房产税。

三、纳税义务人

房产税以在征收范围内的房屋的产权所有人为纳税人。其中：

（1）产权属于国家所有的，由经营管理单位缴纳；产权属于集体、个人所有的，由集体单位、个人缴纳。

（2）产权出典的，由承典人缴纳。所谓产权出典，是指产权所有人将房屋、生产资料等的产权，在一定期间内典当给他人使用，而取得资金的一种融资业务。承典人向出典人交付一定的典价之后，在质典期内即获抵押物品的支配权，并可转典。由于在房屋出典期间，产权所有人已无权支配房屋，税法规定由承典人缴纳。

（3）产权所有人、承典人不在房产所在地的，由房产代管人或使用人缴纳。

（4）产权未确定及租典纠纷未解决的，由房产代管人或使用人缴纳。

（5）纳税单位和个人无租使用房产管理部门、免税单位及纳税单位的房产，应由使用人代为缴纳房产税。

四、计税依据和税率

（一）计税依据

房产税的计税依据是房产的计税价值或房产的租金收入。按照房产计税价值计征的，称为从价计征；按照房产租金收入计征的，称为从租计征。

1. 从价计征

《房产税暂行条例》规定，房产税依照房产原值一次减除10%～30%后的余值计算缴纳。各地扣除比例由当地省、自治区、直辖市人民政府确定。

（1）房产原值是指纳税人按照会计制度规定，在账簿“固定资产”科目中记载的房屋原价。因此，凡按会计制度规定在账簿中记载有房屋原价的，应以房屋原价按规定减除一定比例后作为房产余值计征房产税；没有记载房屋原价的，按照上述原则并参照同类房屋确定房产原值，按规定计征房产税。

（2）房产原值应包括与房屋不可分割的各种附属设备或一般不单独计算价值的配套设施。主要有：暖气、卫生、通风、照明、煤气等设备；各种管线，如蒸汽、压缩空气、石油、给水排水等管道及电力、电信、电缆导线；电梯、升降机、过道、晒台等。属于房屋附属设备的水管、下水道、暖气管、煤气管等应从最近的探视井或三通管起计算原值；电灯网、照明线从进线盒连接管起计算原值。

（3）纳税人对原有房屋进行改建、扩建的，要相应增加房屋的原值。

（4）从2006年1月1日起，房屋附属设备和配套设施计征房产税按以下规定执行：

1）凡以房屋为载体、不可随意移动的附属设备和配套设施，如给排水、采暖、消防、中央空调、电气及智能化楼宇设备等，无论在会计核算中是否单独记账与核算，都应计入房产原值，计征房产税。

2）对于更换房屋附属设备和配套设施的，在将其价值计入房产原值时，可扣减原来相应设备和设施的价值；对附属设备和配套设施中易损坏、需要经常更换的零配件，更新后不再计入房产原值。

此外还应注意以下问题：第一，对投资联营的房产，在计征房产税时应予以区别对待。对于以房产投资联营，投资者参与投资利润分红，共担风险的，按房产余值作为计税依据计征房产税；对以房产投资，收取固定收入，不承担联营风险的，实际是以联营名义取得房产租金，应根据《房产税暂行条例》的有关规定由出租方按租金收入计征房产税。第二，对融资租赁房屋，由于租赁费包括购进房屋的价款、手续费、借款利息等，与一般房屋出租的"租金"内涵不同，且租赁期满后，当承租方偿还最后一笔租赁费时，房屋产权要转移到承租方，这实际是一种变相的分期付款购买固定资产的形式，所以在计征房产税时应以房产余值计算征收。至于租赁期内房产税的纳税人，由当地税务机关根据实际情况确定。

2. 从租计征

《房产税暂行条例》规定，房产出租的，以房产租金收入为房产税的计税依据。

所谓房产的租金收入，是指房屋产权所有人出租房产使用权所得的报酬，包括货币收入和实物收入。

如果是以劳务或者其他形式为报酬抵付房租收入的，应根据当地同类房产的租金水平，确定一个标准租金额从租计征。

纳税人对个人出租房屋的租金收入申报不实或申报数与同一地段同类房屋的租金收入相比明显不合理的，税务部门可以按照《税收征管法》的有关规定，采取科学合理的方法核定其应纳税款。具体办法由各省、自治区、直辖市地方税务机关结合当地实际情况制定。

3. 投资联营和对融资租赁房产的计税依据

（1）投资联营的房产，在计征房产税时应予以区别对待。对于以房产投资联营，投资者参与投资利润分红，共担风险的，按房产余值作为计税依据计征房产税；对以房产投资，收取固定收入，不承担联营风险的，实际是以联营名义取得房产租金，应根据《房产税暂行条例》的有关规定由出租方按租金收入计征房产税。

（2）对融资租赁房屋，由于租赁费包括购进房屋的价款、手续费、借款利息等，与一般房屋出租的"租金"内涵不同，且租赁期满后，当承租方偿还最后一笔租赁费时，房屋产权要转移到承租方，这实际是一种变相的分期付款购买固定资产的形式，所以在计征房产税时应以房产余值计算征收。对融资租赁房产，由承租人自对融资租赁房合同约定开始日的次月起依照房产余值缴纳房产税。合同未约定开始日的，由承租人自合同签订的次月起依照房产余值缴纳房产税。

（二）税率

我国现行房产税采用的是比例税率。由于房产税的计税依据分为从价计征和从租计征两种形式，所以房产税的税率也有两种形式：

（1）按房产原值一次减除10%～30%后的余值计征的，税率为12%。

（2）按房产出租的租金收入计征的，税率为1.2%。

自2008年3月1日起，对个人出租住房，不区分用途，按4%的税率征收房产税；对企事业单位、社会团体以及其他组织按市场价格向个人出租用于居住的住房，减按4%的税率征收房产税。

S银行北京分行拥有一栋商业地产，该地产共8层，其中2层及以上楼层为办公用房；1层一部分用于营业厅，另一部分出租给麦当劳。请问：S银行北京分行拥有的这栋商业地产缴纳房产税适用的税率是多少？

该银行北京分行这栋商业地产，由于2层及以上楼层为办公用房，和1层的营业厅一样均属于经营自用，按税法规定属于从价计征；1层出租给麦当劳的那部分房产属于税法规定的从租计征。所以，作为办公用房的2层及以上楼层和1层的营业厅部分依12%的税率计征房产税；1层出租给麦当劳的部分依1.2%的税率计征房产税。

五、应纳税额的计算

（一）从价计征的计算

从价计征的计算公式为：

应纳税额＝应税房产原值×（1－扣除比例）×1.2%

【例7-1】某企业经营用房的房产原值为8 000万元，当地税务机关规定的减除比例为30%。请计算该企业应纳的房产税。

解答：

应纳税额＝8 000×（1－30%）×1.2%＝67.2（万元）

（二）从租计征的计算

从租计征的计算公式为：

应纳税额＝租金收入×12%

【例7-2】某公司出租房屋10间，每月取得租金收入为5万元，全年取得租金收入60万元。请计算该公司年应纳的房产税。

解答：

应纳税额＝60×12%＝7.2（万元）

六、税收优惠

房产税的减免税优惠是根据国家政策需要和纳税人的负担能力制定的。由于房产税属地方税，因此，给予地方一定的减免权限，有利于地方因地制宜处理问题。具体优惠政策有：

(1) 国家机关、人民团体、军队自用的房产，免征房产税。但上述免税单位的出租房产以及非自身业务使用的生产、营业用房，不属于免税范围。

这里的“人民团体”，是指经国务院授权的政府部门批准设立或登记备案并由国家拨付行政事业费的各种社会团体。

这里的“自用的房产”，是指这些单位本身的办公用房和公务用房。

(2) 由国家财政部门拨付事业经费的单位，如学校、医疗卫生单位、托儿所、幼儿园、敬老院、文化、体育、艺术等实行全额或差额预算管理的事业单位所有的本身业务范围内使用的房产，免征房产税。

为了鼓励事业单位经济自立，由国家财政部门拨付事业经费的单位，经费来源实行自收自支后，从事业单位实行自收自支的年度起，免征房产税 3 年。事业单位自用的房产，是指这些单位本身的业务用房。

上述单位所属的附属工厂、商店、招待所等不属于单位公务、业务的用房，应照章纳税。

(3) 宗教寺庙、公园、名胜古迹自用的房产，免征房产税。

宗教寺庙自用的房产，是指举行宗教仪式等的房屋和宗教人员使用的生活用房屋。

公园、名胜古迹自用的房产，是指供公共参观游览的房屋及其管理单位的办公用房屋。

宗教寺庙、公园、名胜古迹中附设的营业单位，如影剧院、饮食部、茶社、照相馆等所使用的房产及出租的房产，不属于免税范围，应照章纳税。

(4) 个人所有非营业用的房产，免征房产税。

个人所有的非营业用房，主要是指居民住房，不分面积多少，一律免征房产税。

对个人拥有的营业用房或者出租的房产，不属于免税房产，应照章纳税。

(5) 对行使国家行政管理职能的中国人民银行总行（含国家外汇管理局）所属分支机构自用的房产，免征房产税。

(6) 经财政部批准免税的其他房产。

这类免税房产，因为情况特殊，且范围较小，是根据实际情况确定免税的。

1) 损坏不堪使用的房屋和危险房屋，经有关部门鉴定，在停止使用后，可免征房产税。

2) 纳税人因房屋大修导致连续停用半年以上的，在房屋大修期间免征房产税，免征税额由纳税人在申报缴纳房产税时自行计算扣除，并在申报表附表或备注栏中作相应说明。

纳税人房屋大修停用半年以上需要免征房产税的，应在房屋大修前向主管税务机关报送相关的证明材料，包括大修房屋的名称、坐落地点、产权证编号、房产原值、用途、房屋大修的原因、大修合同及大修的起止时间等信息和资料，以备税务机关查验。具体报送材料由各省、自治区、直辖市和计划单列市地方税务局确定。

3) 从 1988 年 1 月 1 日起，对房管部门经租的居民住房，在房租调整改革之前收取租金偏低的，可暂缓征收房产税。对房管部门经租的其他非营业用房是否给予照顾，由各省、自治区、直辖市根据当地具体情况按税收管理体制的规定办理。

4) 对高校后勤实体免征房产税。

5）对非营利性医疗机构、疾病控制机构和妇幼保健机构等卫生机构自用的房产，免征房产税。

6）老年服务机构自用的房产，免征房产税。老年服务机构是指专门为老年人提供生活照料、文化、护理、健身等多方面服务的福利性、非营利性的机构，主要包括老年社会福利院、敬老院（养老院）、老年服务中心、老年公寓（含老年护理院、康复中心、托老所）等。

7）从 2001 年 1 月 1 日起，对按政府规定价格出租的公有住房和廉租住房，包括企业和自收自支事业单位向职工出租的单位自有住房、房管部门向居民出租的公有住房、落实私房政策中带户发还产权并以政府规定租金标准向居民出租的私有住房等，暂免征收房产税。

8）向居民供热并向居民收取采暖费的供热企业，暂免征收房产税。“供热企业”包括专业供热企业、兼营供热企业、单位自供热及为小区居民供热的物业公司等，不包括从事热力生产但不直接向居民供热的企业。对于免征房产税的“生产用房”，是指上述企业为居民供热所使用的厂房。对既向居民供热，又向非居民供热的企业，可按向居民供热收取的收入占其总供热收入的比例划分征免税界限；对于兼营供热的企业，可按向居民供热收取的收入占其生产经营总收入的比例划分征免税界限。

七、征收管理

（一）纳税义务发生时间

（1）纳税人将原有房产用于生产经营，从生产经营之月起缴纳房产税。

（2）纳税人自行新建房屋用于生产经营，从建成之次月起缴纳房产税。

（3）纳税人委托施工企业建设的房屋，从办理验收手续之次月起缴纳房产税。

（4）纳税人购置新建商品房，自房屋交付使用之次月起缴纳房产税。

（5）纳税人购置存量房，自办理房屋权属转移、变更登记手续，房地产权属登记机关签发房屋权属证书之次月起，缴纳房产税。

（6）纳税人出租、出借房产，自交付出租、出借房产之次月起，缴纳房产税。

（7）房地产开发企业自用、出租、出借本企业建造的商品房，自房屋使用或交付之次月起，缴纳房产税。

（二）纳税期限

房产税实行按年计算、分期缴纳的征收方法，具体纳税期限由省、自治区、直辖市人民政府确定。

（三）纳税地点

房产税在房产所在地缴纳。房产不在同一地方的纳税人，应按房产的坐落地点分别向房产所在地的税务机关纳税。

第三节 车船税

一、车船税概述

车船税是对在我国境内的车辆、船舶的所有人或者管理人，按照规定的税目、计税单位和年税额标准计算征收的一种财产税。

中华人民共和国成立后，原政务院于 1951 年 9 月颁布了《车船使用牌照税暂行条例》，在全国部分地区开征车船使用牌照税。1973 年简化税制、合并税种时，将对国营企业和集体企业征收的车船使用牌照税并入工商税，车船使用牌照税只对不缴纳工商税的单位、个人和外侨征收，征税范围大为缩小。1984 年 10 月国务院决定对车船征税，1986 年 9 月 15 日国务院颁布了《中华人民共和国车船使用税暂行条例》，决定于 1986 年 10 月 1 日起在全国施行。现行车船税的基本规范是 2006 年 12 月 29 日由国务院颁布并于 2007 年 1 月 1 日起实施的《中华人民共和国车船税暂行条例》。为了适应社会经济形势变化的要求，对车船税暂行条例进行改革完善并提升其税收法律级次，以引导车辆、船舶的生产和消费，体现国家在促进节能减排、保护环境等方面的政策导向，是此次车船税立法的指导思想。为此，第十一届全国人大常委会第十九次会议于 2011 年 2 月 25 日通过《中华人民共和国车船税法》（以下简称《车船税法》），国务院第 182 次常务会议于 2011 年 11 月 23 日通过《中华人民共和国车船税法实施条例》，自 2012 年 1 月 1 日起施行。

征收车船税的意义在于：开辟地方财源，为地方财政筹集资金；调节财富分配，促进社会公平；发挥促进节能减排的作用。

二、征收范围

车船税的征收范围，包括：

（1）依法应当在车船登记管理部门登记的机动车辆和船舶。

（2）依法不需要在车船登记管理部门登记的在单位内部场所行驶或者作业的机动车辆和船舶。

车辆是指乘用车、商用车（包括客车和货车）、挂车、其他车辆（包括专业作业车和轮式专用机械车）和摩托车。船舶是指机动船舶和游艇。

车船管理部门是指公安、交通运输、农业、渔业、军队、武装警察部队等依法具有车船登记管理职能的部门；单位是指依照中国法律、行政法规规定，在中国境内成立的行政机关、企业、事业单位、社会团体以及其他组织。

三、纳税人和扣缴义务人

（一）纳税人

车辆、船舶的所有人或者管理人，为车船税的纳税人。

车船税的纳税人是对车船拥有所有权或虽不拥有所有权但拥有管理使用权的单位和个人。其中，所有人是指在我国境内拥有车船的单位和个人；管理人是指对车船具有管理权或者使用权，不具有所有权的单位。单位，包括在中国境内成立的行政机关、企业、事业单位、社会团体以及其他组织；个人，包括个体工商户以及其他个人。

张先生将自己名下的一部别克商务车出租给S公司，租期是2014—2017年。请问：2014—2017年由谁缴纳车船税？

根据《车船税法》的规定，车船税的纳税人是指在中华人民共和国境内，依法在车船管理部门登记的车辆、船舶的所有人或者管理人。其中管理人是指车船出租后车船的实际管理者。车船税的纳税人是对车船拥有所有权或虽不拥有所有权但拥有管理使用权的单位和个人。所以，2014—2017年由S公司缴纳车船税。

（二）扣缴义务人

从事机动车第三者责任强制保险业务的保险机构为机动车车船税的扣缴义务人。扣缴义务人应当在收取保险费时依法代收车船税，并出具代收税款凭证。机动车车船税扣缴义务人在代收车船税时，应当在机动车交通事故责任强制保险的保险单以及保费发票上注明已收税款的信息，作为代收税款凭证。

四、税率

车船税实行定额税率，税目税额如表7-1所示。

表7-1 车船税税目税额表

税目	计税单位	年基准税额	备注	
乘用车〔按发动机汽缸容量（排气量）分档〕	1.0升（含）以下的	每辆	60元至360元	核定载客人数9人（含）以下
	1.0升以上至1.6升（含）		300元至540元	
	1.6升以上至2.0升（含）		360元至660元	
	2.0升以上至2.5升（含）		660元至1 200元	
	2.5升以上至3.0升（含）		1 200元至2 400元	
	3.0升以上至4.0升（含）		2 400元至3 600元	
	4.0升以上		3 600元至5 400元	
商用车	客车	每辆	480元至1 440元	核定载客人数9人以上，包括电车
	货车	整备质量每吨	16元至120元	包括半挂牵引车、三轮汽车和低速载货汽车等
挂车		整备质量每吨	按照货车税额的50%计算	
其他车辆	专用作业车	整备质量每吨	16元至120元	不包括拖拉机
	轮式专用机械车		16元至120元	

续前表

税目	计税单位	年基准税额	备注	
摩托车		每辆	36 元至 180 元	
船舶	机动船舶	净吨位每吨	3 元至 6 元	拖船、非机动驳船分别按照机动船舶税额的 50%计算
	游艇	艇身长度每米	600 元至 2 000 元	

（1）机动船舶，具体适用税额为：1）净吨位小于或者等于 200 吨的，每吨 3 元；2）净吨位 201 吨至 2 000 吨的，每吨 4 元；3）净吨位 2 001 吨至 10 000 吨的，每吨 5 元；4）净吨位 10 001 吨及以上的，每吨 6 元。拖船按照发动机功率每 1 千瓦折合净吨位 0.67 吨计算征收车船税。

（2）游艇，具体适用税额为：1）艇身长度不超过 10 米的游艇，每米 600 元；2）艇身长度超过 10 米但不超过 18 米的游艇，每米 900 元；3）艇身长度超过 18 米但不超过 30 米的游艇，每米 1 300 元；4）艇身长度超过 30 米的游艇，每米 2 000 元；5）辅助动力帆艇，每米 600 元。游艇艇身长度是指游艇的总长。

（四）应纳税额的计算

纳税人按照纳税地点所在的省、自治区、直辖市人民政府确定的具体适用税额缴纳车船税。车船税由地方税务机关负责征收。

（1）购置的新车船，购置当年的应纳税额自纳税义务发生的当月起按月计算。应纳税额的计算公式为：

应纳税额＝（年应纳税额/12）×应纳税月份数

（2）在一个纳税年度内，已完税的车船被盗抢、报废、灭失的，纳税人可以凭有关管理机关出具的证明和完税证明，向纳税所在地的主管税务机关申请退还自被盗抢、报废、灭失月份起至该纳税年度终了期间的税款。

（3）已办理退税的被盗抢车船，失而复得的，纳税人应当从公安机关出具相关证明的当月起计算缴纳车船税。

（4）在一个纳税年度内，纳税人在非车辆登记地由保险机构代收代缴机动车车船税，且能够提供合法有效完税证明的，纳税人不再向车辆登记地的地方税务机关缴纳车辆车船税。

（5）已缴纳车船税的车船在同一纳税年度内办理转让过户的，不另纳税，也不退。

（五）减免税

《车船税暂行条例》对车船税的税收优惠政策作了明确规定，同时授权省、自治区、直辖市人民政府对纳税确有困难的纳税人，可以定期减征或者免征；对个人自有自用的自行车，自行确定其车船税的征税或者减免。

1. 法定的免税车船

（1）捕捞、养殖渔船，是指在渔业船舶管理部门登记为捕捞船或者养殖船的船舶。

（2）军队、武装警察部队专用的车船，是指按照规定在军队、武装警察部队车船管理部门登记，并领取军队、武警牌照的车船。

（3）警用车船，是指公安机关、国家安全机关、监狱、劳动教养管理机关和人民法院、人民检察院领取警用牌照的车辆和执行警务的专用船舶。

（4）依照法律规定应当予以免税的外国驻华使领馆、国际组织驻华代表机构及其有关人员的车船。

（5）对节约能源的减半征收车船税，对使用新能源的车船免征车船税；对受严重自然灾害影响纳税困难以及有其他特殊原因确需减税、免税的，可以减征或者免征车船税。

节约能源、使用新能源的车辆包括纯电动汽车、燃料电池汽车和混合动力汽车。纯电动汽车、燃料电池汽车和插电式混合动力汽车免征车船税，其他混合动力汽车按照同类车辆适用税额减半征税。

（6）省、自治区、直辖市人民政府根据当地实际情况，可以对公共交通车船，农村居民拥有并主要在农村地区使用的摩托车、三轮汽车和低速载货汽车定期减征或者免征车船税。

2. 特定减免

（1）经批准临时入境的外国车船和香港特别行政区、澳门特别行政区、台湾地区的车船，不征收车船税。

（2）按照规定缴纳船舶吨税的机动船舶，自《车船税法》实施之日起5年内免征车船税。

（3）机场、港口内部行驶或作业的车船，自《车船税法》实施之日起5年内免征车船税。

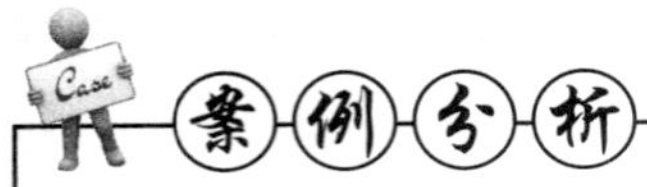

V公司2016年拥有非机动驳船两艘，每艘净吨位均为3 000.4吨，拥有纯电动汽车五辆（已知机动船舶净吨位2 001～10 000吨的车船税年税额为每吨5元，汽车每辆年税额500元）。请问：V公司2016年的上述车船是否缴纳车船税？如需缴纳，则车船税税额是多少？

非机动驳船需要缴纳车船税。由于非机动驳船按照机动船舶税额的50%计算，因此V公司2016年非机动驳船的车船税年税额为每吨2.5（5×50%）元。由于V公司的非机动驳船的净吨位为3 000.4吨，尾数为0.4吨，不足0.5吨，按照税法规定，每艘非机动驳船按3 000吨计算，机动驳船2016年应缴纳车船税15 000（2.5×3 000×2）元。纯电动汽车属于节约能源、使用新能源的车辆，享受免税优惠，故V公司的五辆纯电动汽车无须缴纳车船税。

五、征收管理

（一）纳税义务发生时间

车船税纳税义务发生时间为取得车船所有权或者管理权的当月。取得车船所有权或者管理权的当月，应当以购买车船的发票或者其他证明文件所载日期的当月为准。

已办理退税的被盗抢车船失而复得的，纳税人应当从公安机关出具相关证明的当月起计算缴纳车船税。

（二）纳税期限

车船税按年申报，分月计算，一次性缴纳。纳税年度为公历 1 月 1 日至 12 月 31 日。

（三）纳税地点

车船税的纳税地点为车船的登记地或者车船税扣缴义务人所在地。依法不需要办理登记的车船，纳税地点为车船的所有人或者管理人所在地。

（四）征收管理

车船税由地方税务机关负责征收。

已完税或者依法减免税的车辆，纳税人应当向扣缴义务人提供登记地的主管税务机关出具的完税凭证或者减免税证明。

纳税人没有按照规定期限缴纳车船税的，扣缴义务人在代收代缴税款时，可以一并代收代缴欠缴税款的滞纳金。

扣缴义务人已代收代缴车船税的，纳税人不再向车辆登记地的主管税务机关申报缴纳车船税。

没有扣缴义务人的，纳税人应当向主管税务机关自行申报缴纳车船税。

公安、交通运输、农业、渔业等车船登记管理部门、船舶检验机构和车船税扣缴义务人的行业主管部门应当在提供车船有关信息等方面，协助税务机关加强车船税的征收管理。

车辆所有人或者管理人在申请办理车辆相关登记、定期检验手续时，应当向公安机关交通管理部门提交依法纳税或者免税证明。公安机关交通管理部门核查后办理相关手续。

在一个纳税年度内，已完税的车船被盗抢、报废、灭失的，纳税人可以凭有关管理机关出具的证明和完税凭证，向纳税所在地的主管税务机关申请退还自被盗抢、报废、灭失月份起至该纳税年度终了期间的税款。

第四节　契税

一、契税概述

契税是指在土地使用权、房屋所有权的权属转移过程中，向取得土地使用权、房屋所有权的单位和个人征收的一种税。

契税在我国有悠久的历史，它起源于 1 600 年前东晋的“估税”。此后，历代封建王朝对不动产的买卖、典当等产权转移变动都要征收契税，但征税范围和税率不尽相同。中华人民共和国成立后，废止了原来实行的契税。1950 年 4 月政务院公布了《契税暂行条例》，此条例一直沿用40多年，已不能适应经济发展的要求。因此，1997年重新制定了《中华人民共和国契税暂行条例》（以下简称《契税暂行条例》）。契税一次性征收，并且普遍适用于内外资企业和中国公民、外籍人员。

契税具有的特点是：契税的纳税人为产权承受人；契税采用比例税率；契税属于地方税。

开征契税的意义在于：增加地方财政收入，为地方经济建设积累资金；调控房地产市场，规范市场交易行为，保障产权人的合法权益，减少产权纠纷。

二、征税范围

契税的征税对象是境内发生使用权转移的土地、发生所有权转移的房屋。具体包括以下五项内容：

（1）国有土地使用权出让，是指土地使用者向国家交付土地使用权出让费用，国家将国有土地使用权在一定年限内让与土地使用者的行为。另外，对承受国有土地使用权所应支付的土地出让金，要计征契税，不得因减免土地出让金而减免契税。

（2）土地使用权的转让，是指土地使用者以出售、赠与、交换或者其他方式将土地使用权转移给其他单位和个人的行为。土地使用权的转让不包括农村集体土地承包经营权的转移。

（3）房屋买卖，是指房屋所有者将其房屋出售，由承受者交付货币、实物、无形资产或者其他经济利益的行为。

（4）房屋赠与，是指房屋所有者将其房屋无偿转让给受赠者的行为。

（5）房屋交换，是指房屋使用者之间相互交换房屋的行为。

以下方式转移土地、房屋权属，视同土地使用权转让、房屋买卖或者房屋赠与征税：

（1）以土地、房屋权属作价投资、入股，以土地、房屋权属抵债。

（2）以无形资产方式承受土地、房屋权属。

（3）以获奖方式承受土地、房屋权属。

（4）以预购方式或者预付集资建房款方式承受土地、房屋权属。

（5）财政部根据《契税暂行条例》确定的其他转移土地、房屋权属方式。

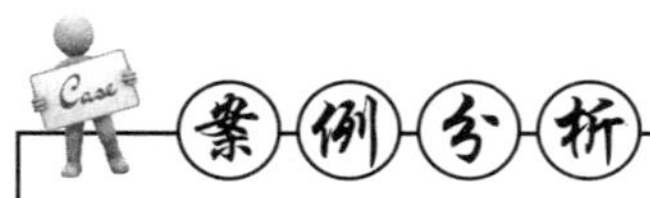

A公司2017年年初占用农村土地共计900亩，其中有300亩是承包的集体土地，用于农业生产；3月份将余下的600亩土地向国家缴纳了土地出让金；5月份将其中的200亩的土地使用权出售给了B公司；7月份将其中的100亩土地对外投资C公司，占C公司的35%；其余土地留归自用。请问：A公司的上述行为是否是契税的征税对象？

A公司承包的300亩土地，属于农村集体土地承包经营权的转移；3月份就600亩土地向国家缴纳土地出让金，是向国家交付土地使用权出让费用，国家将国有土地使用权在一定年限内让与土地使用者的行为；5月份将其中的200亩的土地使用权出售给B公司，是土地使用权的转让行为；7月份将100亩土地对外投资C公司占有C公司

35%的股权，是对外投资行为。所以，承包300亩土地不是契税的征税对象；就600亩土地向国家缴纳土地出让金，A公司需缴纳契税；200亩的土地使用权出售行为，是契税的征税对象；将100亩土地对外投资，需缴纳契税。

三、纳税义务人

契税的纳税人是指境内转移土地、房屋权属承受的单位和个人。境内是指中华人民共和国实行实际税收行政管辖范围内；土地、房屋权属是指土地使用权和房屋所有权；单位是指企业单位、事业单位、国家机关、军事单位和社会团体以及其他组织；个人是指个体经营者及其他个人，包括中国公民和外籍人员。

四、计税依据

契税的计税依据为不动产的价格。由于土地、房屋权属转移方式不同，定价方法不同，因而具体契税的计税依据也不同，具有以下几种情况：

（1）国有土地使用权出让、土地使用权出售、房屋买卖，以成交价格为计税依据。成交价格是指土地、房屋权属转移合同确定的价格，包括承受者应交付的货币、实物、无形资产或者其他经济利益。

（2）土地使用权赠与、房屋赠与的计税依据，由征收机关参照当地土地使用权出售、房屋买卖的市场价格核定。

（3）土地使用权交换、房屋交换的计税依据，为所交换的土地使用权、房屋的价格差额，即交换价格相等时，免征契税；交换价格不相等时，由多交付的一方交纳契税。

（4）以划拨方式取得土地使用权，经批准转让房地产的计税依据，为补交的土地使用权出让费用或者土地收益，由房地产转让者补交契税。

为防止瞒价逃税，《契税暂行条例》规定，成交价格明显低于市场价格并且无正当理由的，或者所交换土地使用权、房屋的价格差额明显不合理并且无正当理由的，征收机关可以参照市场价格确定计税依据。

五、税率

契税实行3%～5%的幅度比例税率。这主要是考虑到我国经济发展不平衡、各地经济差别较大的实际情况。具体适用税率由省、自治区、直辖市人民政府在3%～5%的幅度内根据各地实际情况确定。自2010年10月1日起，对个人购买90平方米及以下，且属于家庭唯一住房的普通住房，减按1%税率征收契税。

六、应纳税额的计算

契税采用比例税率，其应纳税额的基本计算公式为：

应纳税额＝计税依据×税率

【例7-3】李先生在某市共有两套住房，将其中一套住房与张先生交换，支付给张先生换房差价款 120 000 元；将另一套出售给王先生，成交价格为 300 000 元，所在省规定契税的税率为 3%。请计算上述三人的涉税行为应缴纳的契税税额。

解答：

李先生应纳税额＝120 000×3%＝3 600（元）

王先生应纳税额＝300 000×3%＝9 000（元）

张先生不缴纳契税。

七、税收优惠

根据《契税暂行条例》的规定，契税的减免政策主要有以下几个方面：

（1）国家机关、事业单位、社会团体、军事单位承受土地、房屋用于办公、教育、医疗、科研和军事设施的，免征契税。

（2）城镇职工按规定第一次购买公有住房，免征契税。

（3）因不可抗力灭失住房而重新购买住房的，酌情减免。

（4）土地、房屋被县级以上人民政府征用、占用后，重新承受土地、房屋权属的，由省级人民政府确定是否减免。

（5）承受荒山、荒沟、荒滩土地使用权，并用于农、林、牧、渔业生产的，免征契税。

（6）经外交部确认，依照我国有关法律规定以及我国缔结或参加的双边条约或协定，应当予以免税的外国驻华使馆、领事馆、联合国驻华机构及其外交代表、领事官员和其他外交人员承受土地、房屋权属，免征契税。

以上经批准减免税的纳税人改变有关土地、房屋的用途，不在减免税之列，应当补缴已经减免的税款。

八、征收管理

（一）纳税义务发生时间

契税的纳税义务发生时间，为纳税人签订土地、房屋权属转移合同当天，或者纳税人取得其他具有土地、房屋权属转移合同性质凭证当天。

纳税人因改变土地、房屋用途应当补缴已经减征、免征的契税的，其纳税义务发生时间为改变有关土地、房屋用途当天。

（二）纳税期限

纳税人应当自纳税义务发生之日起 10 日内，向土地、房屋所在地的契税征收机关办理纳税申报，并在核定期限内缴纳税款，索取完税凭证。

符合减免税规定的纳税人，要在签订转移产权合同后 10 日内向土地、房屋所在地的征收机关办理减免税手续。

（三）纳税地点

契税在土地、房屋所在地的征收机关缴纳。

（四）征收管理

纳税人办理纳税事宜后，契税征收机关应当向纳税人开具契税完税凭证。

纳税人应当持契税完税凭证和其他规定的文件材料，依法向土地管理部门、房产管理部门办理有关土地、房屋的权属变更登记手续。

复习思考题

1. 财产税制的特点是什么?
2. 财产税制的作用是什么?
3. 房产税的征税范围是如何规定的?
4. 房产税的计税依据和税率是如何规定的?
5. 契税的征税对象具体包括哪些内容?
6. 契税的税收优惠是如何规定的?
7. 车船税的征税范围是如何规定的?

第八章

行为税类

- 行为税制的概念
- 印花税的征税范围
- 印花税的纳税义务人和税率
- 印花税计税依据的确定
- 印花税的纳税方法
- 城市维护建设税的征税对象、纳税义务人
- 城市维护建设税的计税依据、税率
- 车辆购置税的征税对象、纳税义务人

第一节 行为税类概述

一、行为税制的概念

行为税制，又称特定目的行为税，是对纳税人的某些特殊行为（或特定行为）征收的一类税的总称。我国现行税制体系中属于行为税的税种主要有印花税、城市维护建设税和车辆购置税等。

在税收分配活动中，作为征税对象或征税客体的经济行为是多种多样的，如商品的生产、销售和进出口行为，劳务的提供行为，资源的开发和利用行为，财产的占有、转让、租赁、遗赠行为，投资、储蓄、消费行为，有价证券的买卖行为，所得的分配行为，等等。在这些行为当中，有些行为的发生、发展和延续带有某种普遍性、连续性、长久性和规律性，对其课征的税收一般税源较为丰富，税收收入的规模及增长速度与经济活动的规模及增长速度之间呈正相关关系，税款通常不规定明确的用途，税收的调节领域较为广泛，往往是世界各国普遍征收的税种，国家之间有一定的可比性，此类税收通常称为一般税或普通税。但也有一些经济行为，它们的发生、发展和延续带有某种偶然性、地域性、非连续性、短期性和不规则性，对这些特殊行为课征的税收一般税源较贫乏，税收收入的规模及增长速度与经济活动的规模和增长速度之间往往呈负相关关系，税款通常有明确的用途或不以取得收入为主要目的，甚至有“寓禁于征”的特征，经济调控的领域较窄，税种的国别性和地域性较强，国家之间缺乏可比性，此类税收就是我们通常所说的特定目的行为税，简称行为税。

二、行为税与一般税的关系

前已述及，任何税收都是与纳税人的特定经济行为紧密相连的，之所以将它们划分成行为税与一般税两种类型，主要是为了说明这两种税收在征税目的、征税方式、征税效果、存续时间、法律地位等方面的明显区别。事实上，这两种税的兴废和发展之间有着紧密的内在联系，其划分标准也是相对的。具体来说，有些税种开始的时候可能是当作行为税来征收的，以后逐渐转化成了一般税；有些税种开始的时候可能是当作一般税来征收的，但经过一个较长时期的变化，税源逐渐萎缩，地位作用明显下降，可能转化为行为税或小税种；在有些国家视为行为税或小税种的，在有些国家可能是主要税源，在税收体系中占有十分突出的地位；有些税种的性质比较复杂，既可以归入行为税系列，也可以归入一般税系列，一般税系列的税种也并不全是税源充裕、调节范围广泛的大税种。

总体来看，在普遍征收一般税的同时，对一些特定经济活动或行为因国制宜、因地制宜、因时制宜、因事制宜，有针对性地适量征收一些特定目的行为税，可以在一定程度上发挥税收杠杆的间接管理和调控优势，从而弥补一般税的不足，并弥补其他经济手段、行政手段和法律手段在直接管理和调控这些特殊经济行为或活动方面的不足。从这个意义上说，行为税是税收杠杆的一种特殊运用，是在一般税收基础上对税收外延和作用领域的一种有意识的拓展。

三、行为税制的特点和作用

行为税由于选择对特定的行为进行课税，具有极强的目的性，因此其调节经济的作用极为明显。行为税为体现国家在某一特定时期的政策意图、调节某种社会经济行为而开征，随着政策意图和作为课税对象的特定经济行为的变化，行为税的具体税种也在不断变化，这就使得行为税具有临时性和偶然性的特点，也正是这种灵活性使得它成为国家进行宏观调控的重要工具和税制体系不可或缺的重要组成部分。

由于行为税具有上述特点，使得它在组织财政收入方面不可能像流转税、所得税那样稳定和可靠，行为税的税收收入通常有明确的用途或不以取得收入为主要目的，甚至有“寓禁于征”的特征，同时，在整个税制体系中，行为税只能作为辅助税种发挥拾遗补缺的作用。

四、行为税的历史、现状及发展趋势

行为税虽然在税收发展史上不占主导地位，但它也是古今中外各国税收体系的重要组成部分，征收历史悠久，表现形式丰富多样。从国外来看，比较典型的行为税有荷兰的印花税、日本的登记税、美国的赌博税、瑞典的彩票税，还有其他国家的狩猎税、养狗税等。从我国来看，战国时期楚国征收的牲畜交易税，三国两晋南北朝时期的“估税”、唐代的“除陌钱”、宋代的“住税”和“印契税”、清朝的“落地税”等都可归入行为税之列。中华人民共和国成立之初，政务院发布的《全国税政实施要则》中将印花税、交易税、屠宰税、特种消费行为税、车船使用牌照税等税种纳入了征收范围。此后，经过历次税制改革，行为税有分有合、有增有减、有征有停。改革开放以来，我国在计划经济向市场经济转轨的过程中难免出现一些投资过热、消费过旺、国民收入分配过多向个人和企业倾斜、资源浪费严重、产业结构失衡、社会贫富差距过大等突出的社会经济问题，为了保持国民经济的健康、协调、稳定、高效发展，促进社会和谐和共同富裕，国家除了不断改革完善一般税收的收入、调控和监督管理功能以外，还有针对性地开征了烧油特别税、奖金税、建筑税（后改为固定资产投资方向调节税）、特别消费税、调节税、预算调节基金、能源交通重点建设基金、筵席税、印花税、城市维护建设税、耕地占用税、农业特产税、土地增值税、车船使用税、车辆购置税等带有明显行为税特征的税收。这些税种和基金的陆续出台，对缓解和遏制经济和社会生活中的突出矛盾和问题发挥了一定的积极作用，但也带来了税种数量膨胀过快、加重企业和个人的税收负担、征管成本较高、征管难度较大、影响改革和发展、冲击一般税收功能作用正常发挥等弊端。20 世纪 90 年代以后，我国税制改革在建立和完善市场经济体制的过程中，更加注重税制体系的整体改革和完善，税种数量得到了有效的缩减，税制的整体配套功能不断增强。作为税制改革的重要内容之一，行为税的精简和优化成效显著。目前，大部分行为税种已取消，有的暂停征收，有的转换了性质，实际征收的仅存印花税、城市维护建设税、车辆购置税等几种，并处于继续深化改革之中。

第二节　印花税

一、印花税概述

（一）印花税的概念

印花税是对经济活动和经济交往中书立、使用、领受应税凭证的单位和个人征收的一种税。因其完税方法是在应税凭证上购买和粘贴一定数量的印花税票而得名。

印花税是世界各国普遍征收的税种，有着悠久的历史。印花税 1624 年始创于荷兰，后为许多国家所效法，现已有 90 多个国家和地区开征此税，范围遍及发达国家和发展中国家，有些国家的印花税收入在全部税收收入中还占有较大的比重。

我国的印花税是由北洋军阀政府于 1912 年首次开征的，1927 年国民党政府公布了印花税条例。中华人民共和国成立后，政务院于 1950 年公布了印花税条例，在全国范围内开征印花税。1953 年和 1956 年两次修订条例，缩小范围，减少税目。1958 年税制改革时，印花税并入了工商统一税，从此不再单独征收。改革开放后，我国恢复了印花税的征收。1988 年 8 月 6 日，国务院发布《中华人民共和国印花税暂行条例》，自 1988 年 10 月 1 日起施行。

（二）印花税的特点

1. 以应税凭证为课税对象，征税范围广

印花税的课税对象是税法列举的各种应税凭证，包括合同或者具有合同性质的凭证、产权转移书据、营业账簿及权利、许可证照五大类 13 个税目，涉及经济活动的方方面面，范围广泛，内容丰富，形式多样。这与其他税种以货物、财产或价值额为课税对象明显不同。

2. 采用粘贴印花税票的方式自行完税

印花税的应纳税额不采取直接向税务机关缴纳的办法，而是由纳税人根据自己书立、使用和领受应税凭证的情况，事先向税务机关购买印花税票，然后按应纳税额将其一次性粘贴在各种应税凭证上，并自行注销或画销。这种自行计算、自行完税的做法，与其他税种由纳税人直接向税务机关申报纳税的做法不同。

3. 轻税重罚

印花税根据应税凭证的不同性质和特点规定了高低不同的税率，其中按比例税率纳税的，最高税率为千分之四，最低税率为万分之零点五；按定额税率征税的，每件贴花 5 元。与其他税种相比，印花税税负非常轻，易于为纳税人所接受。但是，纳税人如果违反税法，未贴、少贴、不注销印花税票或把已贴用的税票揭下来重用等，税务机关将依法对其处以数倍的罚款，体现了轻税重罚的特点。

（三）开征印花税的意义

1. 有利于筹集稳定可靠的财政收入

经济生活中的应税凭证面广量大，使用频繁，凡税法列举的都必须纳税，这就给印花税提供了广泛的税源；印花税以应税凭证上记载的经济活动金额或账簿凭证数量为计税依据，随着经济活动规模的不断扩大，相应的应纳税额也会同步增长；印花税应纳税额的计算与纳税人经营成本和盈利水平的高低没有直接联系，计税简便，征纳成本低，收入稳定，不会出现大的起伏；印花税税负虽轻，但积少成多，取微用宏，可以为国家筹集稳定可靠的财政收入。

2. 有利于促进经济行为规范化

合同凭证是经济活动的真实记录和法定文书。随着经济活动规模和层次的不断发展，各类合同、凭证、证照会大量增加，通过粘贴印花和证照检查，可以督促纳税人正确使用各种经济合同、凭证，增强遵纪守法意识，提高履约率，从而有利于促进经济行为的规范化和市场经济秩序的建立。

3. 有利于增强纳税人的自觉纳税意识

印花税实行由纳税人自行计算、自行购买、自行贴花的“三自”纳税办法，有利于增强纳税人的自觉纳税意识。

二、征税对象

印花税的征税对象是税法列举的各种应税凭证，具体包括五大类 13 个应税项目。

（一）经济合同类

经济合同是指根据《中华人民共和国合同法》和其他有关法规订立的合同以及具有合同性质的凭证。其中，具有合同性质的凭证是指具有合同效力的协议、契约、单据、确认书以及其他各种名称的凭证。

税法列举的应税合同有：

（1）购销合同，包括供应、预购、采购、购销结合及协作、调剂、补偿、贸易等合同，此外还包括出版单位与发行单位之间订立的图书、报纸、期刊和音像制品的应税凭证，例如订购单、订数单等。

（2）加工承揽合同，包括加工、定做、修缮、印刷、广告、测绘、测试等合同。

（3）建设工程勘察设计合同，包括勘察、设计合同。

（4）建筑安装工程承包合同，包括建筑、安装工程承包合同。承包合同又分为总承包合同、分包合同和转包合同。

（5）财产租赁合同，包括租赁房屋、船舶、飞机、机动车辆、机械、器具、设备等合同，还包括企业、个人出租门店、柜台等签订的合同。

（6）货物运输合同，包括民用航空、铁路运输、海上运输、公路运输和联运合同，以及作为合同使用的单据。

（7）仓库保管合同，包括仓储、保管合同，以及作为合同使用的仓单、栈单等。

（8）借款合同，包括银行及其他金融组织与借款人（不包括银行同业拆借）所签订的合同，以及只签开借据并作为合同使用、取得银行借款的借据。银行及其他金融机构经营的融资租赁业务，是一种以融物方式达到融资目的的业务，实际上是分期偿还的固定资产借款，因此融资租赁合同也属于借款合同。

（9）财产保险合同，包括财产、责任、保证、信用保险合同，以及作为合同使用的单据。它具体分为企业财产保险、机动车辆保险、货物运输保险、家庭财产保险和农牧业保险五大类。家庭财产两全保险也属于家庭财产保险性质，应照章纳税。

（10）技术合同，包括技术开发、转让、咨询、服务等合同，以及作为合同使用的单据。

（二）产权转移书据类

产权转移书据是指单位和个人产权的买卖、继承、赠与、交换、分割等所立的书据，具体包括财产所有权和版权、商标专用权、专利权、专有技术使用权等转移书据。其中财产所有权转移书据的征税范围是指经政府管理机关登记注册的动产、不动产的所有权转移所书立的书据，以及企业股权转让所立的书据。

（三）营业账簿类

营业账簿是指单位或者个人记载生产经营活动的财务会计核算账簿。营业账簿按其反映内容的不同，可分为记载资金的账簿和其他账簿。记载资金的账簿，是指反映生产经营单位资本金数额增减变化的账簿；其他账簿是指除上述账簿以外的有关其他生产经营活动内容的账簿，包括日记账簿和各种明细分类账簿。

（四）权利、许可证照类

权利、许可证照包括政府部门发给的房屋产权证、工商营业执照、商标注册证、专利证和土地使用证。

（五）其他凭证类

指除上述四类凭证以外，经财政部确定征税的其他凭证。

三、纳税义务人

印花税的纳税人是指在我国境内书立、使用、领受上述应税凭证的单位和个人，包括国内各类企业、事业、机关、团体、部队以及中外合资企业、合作企业、外资企业、外国企业、其他经济组织及其在华机构等单位和个人。

根据书立、使用、领受应税凭证的不同，纳税人可具体划分为以下六种：

（1）立合同人，是指合同的当事人，即对凭证有直接权利义务的单位和个人，但不包括合同的担保人、证人、鉴定人。当事人的代理人有代理纳税义务。一份合同由两方或两方以上当事人共同签订的，签合同的各方均为纳税人。

（2）立据人，是指书立产权转移书据的单位和个人。

（3）立账簿人，是指开立并使用营业账簿的单位和个人。

（4）领受人，是指领取并持有权利、许可证照的单位和个人。

（5）使用人，是指在国外书立或领受，在国内使用应税凭证的单位和个人。

（6）各类电子应税凭证的签订人，是指以电子形式签订的各类应税凭证的单位和个人。

合同、书据等凡是由两方或两方以上当事人共同书立的，其当事人各方都为纳税人。政府部门发给的权利、许可证照，领受人为纳税人。

甲企业将货物卖给乙企业，双方订立了购销合同，丙企业作为该合同担保人，丁企业作为证人，戊企业作为鉴定人，请问：该购销合同印花税的纳税人有哪些？根据《印花税暂行条例》的规定，各类合同的纳税义务人是立合同人。立合同人指各类合同的当事人，即对应税合同有直接权利义务关系的单位和个人，不包括合同的担保人、证人、鉴定人。所以，故该合同的印花税的纳税义务人为甲企业和乙企业。

四、税率

印花税的税率有两种形式，即比例税率和定额税率。

（一）比例税率

在印花税的13个税目中，各类合同以及具有合同性质的凭证、产权转移书据、营业账簿中记载资金的账簿，适用比例税率。

印花税的比例税率分为4个档次，分别是0.05‰、0.3‰、0.5‰、1‰。

（1）适用0.05‰税率的为“借款合同”税目。

（2）适用0.3‰税率的为“购销合同”“建筑安装工程承包合同”“技术合同”税目。

（3）适用0.5‰税率的是“加工承揽合同”“建筑工程勘察设计合同”“货物运输合同”“产权转移书据”税目以及“营业账簿”税目中记载资金的账簿。

（4）适用1‰税率的为“财产租赁合同”“仓储保管合同”“财产保险合同”税目。

（二）定额税率

在印花税的13个税目中，“权利、许可证照”和“营业账簿”税目中的其他账簿，适用定额税率，均为按件贴花，税额为5元。

印花税税目税率表如表8－1所示。

表 8-1 **印花税税目税率表**

税目	范围	税率	纳税人	说明
1. 购销合同	包括供应、预购、采购、购销结合及协作、调剂、补偿、易货等合同	按购销金额 0.3‰贴花	立合同人	
2. 加工承揽合同	包括加工、定做、修缮、修理、印刷广告、测绘、测试等合同	按加工或承揽收入 0.5‰贴花	立合同人	
3. 建设工程勘察设计合同	包括勘察、设计合同	按收取费用 0.5‰贴花	立合同人	
4. 建筑安装工程承包合同	包括建筑、安装工程承包合同	按承包金额 0.3‰贴花	立合同人	
5. 财产租赁合同	包括租赁房、船舶、飞机、机动车辆、机械、器具、设备等合同	按租赁金额 1‰贴花，税额不足 1 元按 1 元贴花	立合同人	
6. 货物运输	包括民用航空运输、铁路运输、海上运输、内河运输、公路运输和联运合同	按运输收取的费用 0.5‰贴花	立合同人	单据作为合同使用的，按合同贴花
7. 仓储保管合同	包括仓储、保管合同	按仓储收取的保管费用 1‰贴花	立合同人	仓单或栈单作为合同使用的，按合同贴花
8. 借款合同	银行及其他金融组织和借款人（不包括银行同业拆借）所签订的借款合同	按借款金额 0.05‰贴花	立合同人	单据作为合同使用的，按合同贴花
9. 财产保险合同	包括财产、责任、保证、信用等保险合同	按收取的保险费收入 1‰贴花	立合同人	单据作为合同使用的，按合同贴花
10. 技术合同	包括技术开发、转让、咨询、用务等合同	按所记载金额 0.3‰贴花	立合同人	
11. 产权转移书据	包括财产所有权和版权、商标专用权、专利权、专有技术使用权等转移书据、土地使用权出让合同、土地使用权转让合同、商品房销售合同	按所记载金额 0.5‰贴花	立据人	
12. 营业账簿	生产、经营用账册	记载资金的账簿，按实收资本和资本公积的合计金额 0.5‰贴花；其他账簿按件贴花 5 元	立账簿人	
13. 权利、许可证照	包括政府部门发给的房屋产权证、工商营业执照、商标注册证、专利证、土地使用证	按件贴花 5 元	领受人	

（三）税率的其他规定

1. 证券交易印花税

我国对在证券市场上买卖股票的行为征收的印花税，通常称为“证券交易印花”，其适用的印花税税目是“产权转移书据”。自 2008 年 9 月 19 日起，证券交易印花税由双边征收改为单边征收，即只对出让方征税，税率为 1‰。

在上海证券交易所、深圳证券交易所和全国中小企业股份转让系统买卖、继承、赠与优先股所书立的股权转让书据，均依书立时实际成交金额，由出让方按 1‰的税率计算缴纳证券（股票）交易印花税。

2. “沪港通”证券交易印花税

香港市场投资者通过沪港通买卖、继承、赠与上海证券交易所上市 A 股，按照内地现行税制规定缴纳证券（股票）交易印花税。内地投资者通过沪港通买卖、继承、赠与联交所上市股票，按照香港特别行政区现行税法规定缴纳印花税。

五、计税依据

（一）计税依据的一般规定

印花税的计税依据为各种应税凭证上所记载的计税金额。具体规定为：

（1）购销合同的计税依据，为合同记载的购销金额，不得做任何扣除。

（2）加工承揽合同的计税依据是加工或承揽收入的金额。具体为：

1）对于由受托方提供原材料的加工、定做合同，凡在合同中分别记载加工费金额和原材料金额的，应分别按加工承揽合同、购销合同计税，两项税额相加数，即为合同应贴印花；若合同中未分别记载，则应就全部金额依照加工承揽合同计税贴花。

2）对于由委托方提供主要材料或原料，受托方只提供辅助材料的加工合同，无论加工费和辅助材料金额是否分别记载，均以辅助材料与加工费的合计数，依照加工承揽合同计税贴花。对委托方提供的主要材料或原料金额不计税贴花。

（3）建设工程勘察设计合同的计税依据为收取的费用。

（4）建筑安装工程承包合同的计税依据为承包金额。

（5）财产租赁合同的计税依据为租赁金额；经计算，税额不足 1 元的，按 1 元贴花。

（6）货物运输合同的计税依据为取得的运输费金额（即运费收入），不包括所运货物的金额、装卸费和保险费等。

（7）仓储保管合同的计税依据为收取的仓储保管费用。

（8）借款合同的计税依据为借款金额。针对实际借贷活动中不同的借款形式，税法规定了不同的计税方法：

1）凡是一项信贷业务既签订借款合同，又一次或分次填开借据的，只以借款合同所载金额为计税依据计税贴花；凡是只填开借据并作为合同使用的，应以借据所载金额为计税依据计税贴花。

2）借贷双方签订的流动资金周转性借款合同，一般按年（期）签订，规定最高限额，借款人在规定的期限和最高限额内随借随还。为避免加重借贷双方的负担，对这类合同只以其规定的最高额为计税依据，在签订时贴花一次，在限额内随借随还不签订新合同的，不再另贴印花。

3）对借款方以财产作抵押，从贷款方取得一定数量抵押贷款的合同，应按借款合同贴花；在借款方因无力偿还借款而将抵押财产转移给贷款方时，应再就双方书立的产权书据，按产权转移书据的有关规定计税贴花。

4）对银行及其他金融组织的融资租赁业务签订的融资租赁合同，应按合同所载租金总额，暂按借款合同计税。

5）在贷款业务中，如果贷方系由若干银行组成的银团，银团各方均承担一定的贷款数额。借款合同由借款方与银团各方共同书立，各执一份合同正本。对这类合同，借款方与贷款银团各方应分别在所执的合同正本上按各自的借款金额计税贴花。

6）在基本建设贷款中，如果按年度用款计划分年签订借款合同，在最后一年按总概算签订借款总合同，且总合同的借款金额包括各个分合同的借款金额的，对这类基建借款合同，应按分合同分别贴花，最后签订的总合同，只就借款总额扣除分合同借款金额后的余额计税贴花。

（9）财产保险合同的计税依据为支付（收取）的保险费，不包括所保财产的金额。

（10）技术合同的计税依据为合同所载的价款、报酬或使用费。为了鼓励技术研究开发，对技术开发合同只就合同所载的报酬金额计税。研究开发经费不作为计税依据，单对合同约定按研究开发经费一定比例作为报酬的，应按一定比例的报酬金额贴花。

（11）产权转移书据的计税依据为所载金额。

（12）“营业账簿”税目中记载资金的账簿的计税依据为“实收资本”与“资本公积”两项的合计金额。实收资本，包括现金、实物、无形资产和材料物资。现金按实际收到或存入纳税人开户银行的金额确定。实物指房屋、机器等，按评估确认的价值或者合同、协议约定的价格确定。无形资产和材料物资，按评估确认的价值确定。

资本公积，包括接受捐赠、法定财产重估增值、资本折算差额、资本溢价等。如果是实物捐赠，则按同类资产的市场价格或有关凭据确定。

其他账簿的计税依据为应税凭证件数。

（13）权利、许可证照的计税依据为应税凭证件数。

（二）计税依据的特殊规定

（1）上述凭证以“金额”“收入”“费用”作为计税依据的，应当全额计税，不得作任何扣除。

（2）同一凭证载有两个或两个以上经济事项而适用不同税目税率，如分别记载金额的，应分别计算应纳税额，相加后按合计税额贴花；未分别记载金额的，按税率高的计税贴花。

（3）按金额比例贴花的应税凭证，未标明金额的，应按照凭证所载数量及国家牌价计算金额；没有国家牌价的，按市场价格计算金额，然后按规定税率计算应纳税额。

（4）对股票交易征收印花税，始于深圳和上海两地证券交易的不断发展。现行《印花税暂行条例》规定，股份制试点企业向社会公开发行的股票，因购买、继承、赠与所书立的股权转让书据，均依书立时证券市场当日实际成交价格计算的金额，由立据双方当事人分别按 3‰的税率（2007 年 5 月 30 日起执行）缴纳印花税。

（5）有些合同在签订时无法确定计税金额，如技术转让合同中的转让收入，是按销售收入的一定比例收取或是按实现利润分成的；财产租赁合同，只是规定了月（天）租金标准而无租赁期限的。对这类合同可在签订时先按定额 5 元贴花，以后结算时再按实际金额计税，补贴印花。

（6）应纳税额不足 1 角的，免纳印花税；1 角以上的，其税额尾数不满 5 分的不计，满 5 分的按 1 角计算。

（7）应税合同在签订时纳税义务即已产生，应计算应纳税额并贴花。不论合同是否兑现或是否按期兑现，均应贴花。

对已履行并贴花的合同，所载金额与合同履行后实际结算金额不一致的，只要双方未修改合同金额，一般不再办理完税手续。

（8）商品购销活动中，采用以货换货方式进行商品交易签订的合同，是反映既购又销双重经济行为的合同。对此应按合同所载的购、销合计金额计税贴花。合同未列明金额的，应按合同所载购、销数量依照国家牌价或者市场价格计算应纳税额。

（9）对有经营收入的事业单位，凡属由国家财政拨付事业经费，实行差额预算管理的单位，其记载经营业务的账簿，按其他账簿定额贴花，不记载经营业务的账簿不贴花；凡属经费来源实行自收自支的单位，其营业账簿应对记载资金的账簿和其他账簿分别计算应纳税额。跨地区经营的分支机构使用的营业账簿，应由各分支机构于其所在地计算贴花。对上级单位核拨资金的分支机构，其记载资金的账簿按核拨的账面资金额计税贴花，其他账簿按定额贴花；对上级单位不核拨资金的分支机构，只就其他账簿按件定额贴花。为避免对同一资金重复计税贴花，上级单位记载资金的账簿应按扣除拨给下属机构资金数额后的其余部分计税贴花。

（10）施工单位将自己承包的建设项目分包或者转包给其他施工单位所签订的分包合同或者转包合同，应按新的分包合同或转包合同所载金额计算应纳税额。

（11）应税凭证所载金额为外国货币的，应按照凭证书立当日国家外汇管理局公布的外汇牌价折合成人民币再计算应纳税额。

（12）对国内各种形式的货物联运，凡在起运地统一结算全程运费的，应以全程运费作为计税依据，由起运地运费结算双方缴纳印花税；凡分程结算运费的，应以分程的运费作为计税依据，分别由办理运费结算的各方缴纳印花税。

对国际货运，凡由我国运输企业运输的，不论在我国境内、境外起运或中转分程运输，我国运输企业所持的一份运费结算凭证均按本程运费计算应纳税额；托运方所持的一份运费结算凭证按全程运费计算应纳税额。由外国运输企业运输进出口货物的，外国运输企业所持的一份运费结算凭证免纳印花税；托运方所持的一份运费结算凭证应缴纳印花税。国际货运运费结算凭证在国外办理的，应在凭证转回我国境内时按规定缴纳印花税。

A公司与B公司签订以货易货合同，合同约定A公司提供的货物价值为320万元，B公司提供的货物价值为380万元。请问：上述业务中，印花税的纳税人是谁？印花税的计税依据是多少？

A公司与B公司签订合同，印花税的纳税人是A公司和B公司，因为A、B公司是该合同的双方当事人，A、B公司应就各自持有的合同缴纳印花税。A、B公司各自缴纳印花税时其计税依据应该是合同所载的购、销合计金额，即700（320＋380）万元。

六、应纳税额的计算

印花税的应纳税额，根据应税凭证的性质，分别按比例税率或定额税率计算。

合同和具有合同性质的凭证以及产权转移书据的印花税应纳税额的计算公式如下：

应纳税额＝计税金额×适用税率

资金账簿的印花税应纳税额的计算公式如下：

应纳税额＝（实收资本＋资本公积）×适用税率

权利、许可证照和其他账簿的印花税应纳税额的计算公式如下：

应纳税额＝应税凭证件数×单位税额

【例8-1】某企业某年发生以下业务事项：

（1）实收资本比上一年增加100万元，其他营业账簿12本。

（2）与银行订立一年期借款合同一份，所载金额200万元。

（3）与A公司订立产品购销合同一份，所载金额120万元。

（4）与B公司签订受托加工合同一份，B公司提供价值100万元的原材料，本企业提供价值12万元的辅助材料并收加工费32万元。

（5）与运输公司订立货物运输合同一份，合同金额10万元（其中：装卸费用0.4万元，保险费0.2万元）。

（6）与C公司订立转让技术合同，所载金额80万元。

请计算该企业该年度应缴纳的印花税。

解答：

（1）记载资金账簿应纳税额＝1 000 000×0.5‰＝500（元）。

其他营业账簿应纳税额＝12×5＝60（元）

（2）订立借款合同应纳税额＝2 000 000×0.05‰＝100（元）。

（3）订立购销合同应纳税额＝1 200 000×0.3‰＝360（元）。

（4）订立加工承揽合同应纳税额＝（120 000＋320 000）×0.5‰＝220（元）。

（5）订立货物运输合同应纳税额＝（100 000－4 000－2 000）×0.5‰＝47（元）。

（6）订立技术转让合同应纳税额＝800 000×0.3‰＝240（元）。

该企业该年度应缴纳的印花税共计：

500＋60＋100＋360＋220＋47＋240＝1 527（元）

七、税收优惠

根据税法规定，下列凭证免纳印花税：

（1）已缴纳印花税凭证的副本或抄本。

（2）财产所有人将财产赠给政府、社会福利单位以及学校所立的书据。

（3）国家指定的收购部门与村民委员会、农民个人签订的农副产品收购合同。

（4）无息、贴息贷款合同。

（5）外国政府或国际金融组织向我国政府及国家金融机构提供优惠贷款所立的合同。

（6）房地产管理部门与个人签订的用于生活居住的租赁合同。

（7）农牧业保险合同。

（8）特殊货运凭证，包括军事物资运输凭证、抢险救灾物资运输凭证、新建铁路的工程临管线运输凭证。

（9）自 2006 年 1 月 1 日起至 2008 年 12 月 31 日，对与高校学生签订的学生公寓租赁合同，免征印花税。

（10）企业改制过程中有关印花税征免规定。

1）资金账簿的印花税。

a. 实行公司制改造的企业在改制过程中成立的新企业（重新办理法人登记的），其新启用的资金账簿记载的资金或因企业建立资本纽带关系而增加的资金，凡原已贴花的部分可不再贴花，未贴花的部分和以后新增加的资金按规定贴花。公司制改造包括国有企业依《公司法》整体改造成国有独资有限责任公司；企业通过增资扩股或者转让部分产权，实现他人对企业的参股，将企业改造成有限责任公司或股份有限公司；企业以其部分财产和相应债务与他人组建新公司；企业将债务留在原企业，而以其优质财产与他人组建的新公司。

b. 以合并或分立方式成立的新企业，其新启用的资金账簿记载的资金，凡原已贴花的部分可不再贴花，未贴花的部分和以后新增加的资金按规定贴花。合并包括吸收合并和新设合并。分立包括存续分立和新设分立。

c. 企业债权转股权新增加的资金按规定贴花。

d. 企业改制中经评估增加的资金按规定贴花。

e. 企业其他会计科目记载的资金转为实收资本或资本公积的，按规定贴花。

2）各类应税合同的印花税。企业改制前签订但尚未履行完的各类应税合同，改制后需要变更执行主体的，对仅改变执行主体、其余条款未作变动且改制前已贴花的，不再贴花。

3）产权转移书据的印花税。企业因改制签订的产权转移书据免予贴花。

4）股权分置试点改革转让的印花税。股权分置改革过程中因非流通股股东向流通股股东支付对价而发生的股权转让，暂免征收印花税。

（11）经财政部批准免税的其他凭证。

K 公司 2016 年共签订了以下四份合同：(1) 与银行签订无息贷款合同；(2) 购买原材料，与 S 公司签订了购销合同；(3) 将闲置厂房捐赠给社区小学，订立字据；(4) 与律师事务所签订法律咨询合同。请问：上述哪些合同和书据需要缴纳印花税？

无息贷款合同属于印花税应税凭证，但税法规定免纳印花税。购买原材料签订的合同属于购销合同，需要缴纳印花税。对财产所有人将财产赠给政府、社会福利单位、学校所立的书据，属于印花税应税凭证，但免纳印花税。法律咨询合同不属于技术咨询，所立合同不缴纳印花税。

八、征收管理

(一) 印花税票

印花税票为有价证券，由国家税务局负责监制。其票面金额以人民币为单位，分为 1 角、2 角、5 角、1 元、2 元、5 元、10 元、50 元、100 元九种。缴纳印花税时，按照规定的应纳税额，购贴相同金额的印花税票，凭以完税。

(二) 缴纳方法

根据税额大小、贴花次数以及税收征管的需要，印花税分别采用以下三种纳税办法：

(1) 自行贴花办法。该办法适用于应税凭证较少或同一种凭证缴纳税款次数较少的纳税人。

(2) 汇贴或汇缴办法。对于有些应纳税额较大，不便于在凭证上粘贴印花税票的，以及同一类应税凭证需频繁贴花的，为方便纳税人纳税和提高征管效率，可采取汇贴或汇缴办法。

(3) 委托代征办法。即税务机关委托权利、许可证照的发放单位和办理应纳税凭证的鉴证、公证及其他有关事项的单位代征印花税税款。上述单位在接受税务机关的委托代征任务并签订有关合作协议之后，应承担起监督纳税人依法履行纳税义务的责任。

(三) 纳税时间

印花税应当在书立、领受时贴花。即在合同签订时、账簿启用时和证照领受时贴花。

(四) 纳税地点

印花税实行就地纳税。对于全国性商品物质订货会（包括展销会、交易会等）上所签订合同应纳的印花税，由纳税人回其所在地后及时办理贴花完税手续；对地方主办及省际关系的订货会、展销会上所签合同的印花税，其纳税地点由各省、自治区、直辖市人民政府自行确定。

第三节　车辆购置税

一、车辆购置税概述

（一）车辆购置税的概念

车辆购置税是对在我国境内购置应税车辆的单位和个人征收的一种税。

车辆购置税的前身是车辆购置附加费。现行车辆购置税法的基本规范，是从 2001 年 1 月 1 日起实施的《中华人民共和国车辆购置税暂行条例》。

（二）开征车辆购置税的意义

1．开征车辆购置税是税费改革的一项重要举措

改革开放以来，随着“放权让利、搞活经济”政策的实施，我国的国民收入分配开始迅速向企业和居民个人倾斜，而政府预算收入在国民收入中的比重则出现了逐年加速下滑的趋势。到 20 世纪 80 年代末 90 年代初，政府预算收入的比重已降到了历史的最低点（大约在 10%），财政赤字大幅度增加，严重影响了政府公用经费的正常保障，也严重削弱了政府预算收入对宏观经济调控的能力。受财政经费不足和政府权力过度分散的影响，由各级政府和有关职能部门出台政策征收的税外收费及专门基金则出现了不断膨胀的趋势。到 1996 年，由政府预算内收费、预算外收费和制度外收费构成的非税收入已与预算内收入基本持平，有些地方预算外收费和制度外收费甚至超过了预算内收入，预算外收入比重的不断上升，严重扰乱了正常的财税分配秩序，侵蚀和冲击了税收收入在政府财政收入中的主渠道地位。从预算外资金的管理来看，预算外资金名目繁多，收费项目、收费范围和收费标准不统一，渠道多样，绝大部分未纳入预算管理，也不向上级和人民代表大会报告，成为地方或部门的“小金库”，自收自支，随意挪用，缺乏规范和约束，不仅资金使用效率低下，使用方向不合理，还成为滋生政府官员腐败的“温床”。同时，过多过滥的税外收费也加重了企业和居民的税收负担，恶化了政府与老百姓的关系，使放权让利的政策实惠变相地成为地方和部门的实惠。

为了解决这一突出的社会问题，规范税费征收体制，理顺分配关系，强化税收的主体地位，减轻纳税人的税外经济负担，构建和谐有序的征纳关系，促进经济健康发展，缓解政府尤其是中央政府的财政困难，有效遏制腐败现象蔓延的势头，我国从 20 世纪 90 年代开始启动了清费立税的改革，陆续将一些预算收费纳入预算管理，理清取消了一些加重老百姓负担、实际意义不大的收费，将一些确有必要保留的收费通过“费改税”纳入依法征税的规范化轨道，实行“收支两条线”管理。车辆购置税就是在这样的背景下出台的，它是税费改革的一项重要举措。

2．开征车辆购置税，有利于提高征管效率，降低征纳成本，遏制腐败现象的滋生和蔓延

将收费改为征税，由税务机关统一管理，使庞大的稽征机构和稽征人员得到了有效的

精减，有利于增强税收的主体地位，保护税基不被侵蚀，提高车辆购置税的征管效率和征缴率，大幅降低征纳成本，有效扭转税少费多的局面，也有利于从根本上铲除腐败现象滋生和蔓延的土壤。

3. 开征车辆购置税，有利于为城市维护建设和道路养护筹集稳定可靠的资金

将收费改为收税，强化了收入分配的法治性、规范性、强制性和权威性，能保证税款的及时、足额入库；随着应税车辆的不断增加，车辆购置税收入将稳步增长；税款纳入财政预算，实行“收支两条线”管理，可以从根本上杜绝地区、部门挤占、挪用、私分相关资金的现象，保证城市维护建设和道路养护资金的安全，提高其使用效益。

二、征税对象

车辆购置税的征税对象是购置税法列举的各种应税车辆的行为，具体征税范围包括：

（1）汽车，包括各类汽车。

（2）摩托车。包括：1）轻便摩托车。轻便摩托车是指最高设计时速不大于每小时50千米、发动机汽缸总排量不大于50立方厘米的两个或者三个车轮的机动车。2）两轮摩托车。两轮摩托车是指最高设计时速大于每小时50千米，或者发动机汽缸总排量大于50立方厘米的两个车轮的机动车。3）三轮摩托车。三轮摩托车是指最高设计时速大于每小时50千米，或者发动机汽缸总排量大于50立方厘米，空车重量不大于400千克的三个车轮的机动车。

（3）电车。包括：1）无轨电车。无轨电车是指以电能为动力，用专用输电电缆线供电的轮式公共车辆。2）有轨电车。有轨电车是指以电能为动力，在轨道上行驶的公共车辆。

（4）挂车。包括：1）全挂车。全挂车是指无动力设备，独立承载，由牵引车辆牵引行驶的车辆。2）半挂车。半挂车是指无动力设备，与牵引车辆共同承载，由牵引车辆牵引行驶的车辆。

（5）农用运输车。包括：1）三轮农用运输车。三轮农用运输车是指柴油发动机功率不大于7.4千瓦，载重量不大于500千克，最高车速不大于每小时40千米的三个车轮的机动车。2）四轮农用运输车。四轮农用运输车是指柴油发动机功率不大于28千瓦，载重量不大于1 500千克，最高车速不大于每小时50千米的四个车轮的机动车。

车辆购置税征收范围的调整，由国务院决定并发布。

三、纳税义务人

在中华人民共和国境内购置应税车辆的单位和个人，为车辆购置税的纳税人。单位包括国有企业、集体企业、私营企业、股份制企业、外商投资企业、外国企业以及其他企业和事业单位、社会团体、国家机关、部队以及其他单位；个人包括个体工商业户以及其他个人。

四、税率

车辆购置税的税率为10%。车辆购置税税率的调整，由国务院决定并公布。

自 2017 年 1 月 1 日起至 12 月 31 日止，对购置 1.6 升及以下排量的乘用车减按 7.5%的税率征收车辆购置税。自 2018 年 1 月 1 日起，恢复按 10%的法定税率征收车辆购置税。

五、计税依据

车辆购置税的计税价格根据不同情况，按照下列规定确定：

（1）纳税人购买自用的应税车辆，计税价格为纳税人购买应税车辆而支付给销售者的全部价款和价外费用，不包含增值税税款。

（2）纳税人进口自用的应税车辆，按下列公式确定计税价格：

计税价格＝关税完税价格＋关税＋消费税

（3）纳税人购买自用或者进口自用应税车辆，申报的计税价格低于同类型应税车辆的最低计税价格，又无正当理由的，计税价格为国家税务总局核定的最低计税价格。

（4）纳税人自产、受赠、获奖或者以其他方式取得并自用的应税车辆的计税价格，主管税务机关参照国家税务总局规定的最低计税价格核定。

（5）国家税务总局未核定最低计税价格的车辆，计税价格为纳税人提供的有效价格证明注明的价格。有效价格证明注明的价格明显偏低的，主管税务机关有权核定应税车辆的计税价格。

（6）进口旧车、因不可抗力因素导致受损的车辆、库存超过 3 年的车辆、行驶 8 万千米以上的试验车辆、国家税务总局规定的其他车辆，计税价格为纳税人提供的有效价格证明注明的价格。纳税人无法提供车辆有效价格证明的，主管税务机关有权核定应税车辆的计税价格。

（7）免税条件消失的车辆，自初次办理纳税申报之日起，使用年限未满 10 年的，计税价格以免税车辆初次办理纳税申报时确定的计税价格为基准，每满 1 年扣减 10%；未满 1 年的，计税价格为免税车辆的原计税价格；使用年限 10 年（含）以上的，计税价格为 0。

六、应纳税额的计算

车辆购置税实行从价定率办法计算应纳税额。应纳税额的计算公式为：

应纳税额＝计税依据×税率

【例 8-2】 A 公司从汽车进出口公司购买一辆进口轿车，支付价款 80 万元，进出口公司开展“一条龙”销售服务，收取新车登记费、牌照费和代办手续费等费用 6 万元。计算 A 公司应缴纳的车辆购置税税额。

解答：

应纳税额＝（80＋6）÷（1＋17%）×10%＝7.35（万元）

七、税收优惠

《车辆购置税暂行条例》规定的减免税车辆包括以下几种情况：

（1）外国驻华使馆、领事馆和国际组织驻华机构及其外交人员自用的车辆，免税。

（2）中国人民解放军和中国人民警察部队列入军队武器装备订货计划的车辆，免税。

(3) 设有固定装置的非运输车辆如挖掘机、平地机、叉车、装载车、推土机等，免税。

(4) 2014 年 1 月 1 日至 2017 年 12 月 31 日，对购置的新能源汽车免征车辆购置税。

免税、减税车辆因转让、改变用途等原因不再属于免税、减税范围的，应当在办理车辆过户手续前或者办理变更车辆登记注册手续前缴纳车辆购置税。

八、征收管理

(一) 纳税环节

车辆购置税实行一车一申报制度。

车辆购置税的纳税环节为销售环节，即最终消费环节。

车辆购置税实行一次课征制。购置已征车辆购置税的车辆，不再重复征收车辆购置税。

(二) 纳税期限

纳税人购买、进口、自产、受赠、获奖或者以其他方式取得自用应税车辆的，应当自取得之日起 60 日申报纳税。

免税车辆因转让、改变用途等原因，其免税条件消失的，纳税人应在免税条件消失之日起 60 日内到主管税务机关重新申报纳税。

纳税人应于办理车辆购置税纳税申报时，一次缴清税款。

(三) 纳税申报地点

(1) 需要办理车辆登记注册手续的纳税人，向车辆登记注册地的主管税务机关办理纳税申报。

(2) 不需要办理车辆登记注册手续的纳税人，向纳税人所在地的主管税务机关办理纳税申报。

复习思考题

1. 行为税制的特点和作用是什么?
2. 印花税的特点是什么?
3. 印花税的作用是什么?
4. 印花税的应税项目包括哪些?
5. 印花税的纳税方法有哪些?
6. 车辆购置税的税率是如何规定的?

第九章

附加税和烟叶税

● 城市维护建设税的概念
● 城市维护建设税的纳税义务人和税率
● 城市维护建设税计税依据的确定
● 教育费附加的征税对象、纳税义务人和税率
● 烟叶税的征税范围、纳税义务人和税率

第一节　城市维护建设税

一、城市维护建设税概述

城市维护建设税是对缴纳增值税和消费税的单位及个人，按其实际缴纳的增值税和消费税税额的一定比例征收，所筹资金专门用于城市维护建设的一种税。

城市维护建设税的前身是城市维护建设附加费，1985 年 2 月 8 日国务院发布了《中华人民共和国城市维护建设税暂行条例》，将城市维护建设附加费改为城市维护建设税，并从同年起在全国实施。

2010 年 10 月 18 日国务院颁发了《关于统一内外资企业和个人城市维护建设税和教育费附加制度的通知》，自 2010 年 12 月 1 日起，外商投资企业、外国企业及外籍个人适用国务院 1985 年发布的《中华人民共和国城市维护建设税暂行条例》和 1986 年发布的《征收教育费附加的暂行规定》。1985 年及 1986 年以来国务院及国务院财税主管部门发布的有关城市维护建设税和教育费附加的法规、规章、政策同时适用于外商投资企业、外国企业及外籍个人。

城市维护建设税的特点是：

（1）具有附加性质，城市维护建设税以纳税人实际缴纳的增值税、消费税税额为税基，附加于增值税、消费税税额之上，是税上加税，本身并没有特定的、独立的征税对象。

（2）具有明确的征税目的，所筹资金专门用于城市公用事业和公共设施的维护和建设。

征收城市维护建设税的意义在于：

（1）征收城市维护建设税，有利于扩大和稳定城市建设所需资金的来源，加速全国城市的维护建设。

（2）促进新兴城市的开发和老城市的扩展及改造，迅速改变我国城市市政设施陈旧落后的状况，改善城镇居民生活环境，使城市的维护建设随经济的发展而不断发展，从而更好地发展生产、繁荣经济。

二、征税对象

城市维护建设税的征税对象是纳税人所缴纳的增值税和消费税税额。海关对进口产品代征的增值税和消费税不征收城市维护建设税。

三、纳税义务人

城市维护建设税以缴纳增值税和消费税的单位及个人为纳税人。

四、税率

城市维护建设税实行地区差别比例税率。纳税人所在地不同，适用的税率档次不同。

具体规定如下：

（1）纳税人所在地为市区的，税率为7%。

（2）纳税人所在地为县城、建制镇的，税率为5%。

（3）纳税人所在地不在市区、县城或建制镇的，税率为1%。

五、计税依据

城市维护建设税的计税依据是纳税人实际缴纳的增值税和消费税税额。纳税人违反增值税和消费税有关税法规定而加收的滞纳金及罚金，不作为城市维护建设税的计税依据。纳税人在被查补增值税及消费税及被处以罚款时，应同时补征其偷漏的城市维护建设税，并征收滞纳金和罚金。

免征或减征增值税和消费税时，同时免征减征城市维护建设税。

出口货物需退还增值税和消费税的，不退还已缴纳的城市维护建设税。

六、应纳税额的计算

纳税人应缴纳城市维护建设税税额的多少，由纳税人实际缴纳的增值税和消费税税额决定。其计算公式为：

应纳税额＝纳税人实际缴纳的增值税、消费税税额×适用税率

【例9－1】某市区一企业10月份缴纳增值税24万元，缴纳消费税38万元。请计算该企业10月份应缴纳的城市维护建设税税额。

解答：

应纳税额＝（24＋38）×7%＝4.34（万元）

七、税收优惠

城市维护建设税以增值税和消费税的实缴税额为税基并同时征收，故不应另行规定减免税。但个别纳税人确有困难的，可由省、自治区、直辖市人民政府酌情予以减免税照顾。

对出口产品退还增值税和消费税的，不退还已纳的城市维护建设税。

对于减免增值税和消费税而发生的退税，同时退还已纳的城市维护建设税。

八、征收管理

（一）纳税环节

城市维护建设税的纳税环节，就是纳税人缴纳增值税和消费税的环节。纳税人只要发生增值税和消费税的纳税义务，就要在同样的环节计算缴纳城市维护建设税。

（二）纳税期限

由于城市维护建设税是由纳税人在缴纳增值税和消费税时同时缴纳的，所以其纳税期限分别与增值税和消费税的纳税期限一致。根据税法规定，增值税、消费税的纳税期限均

分别为1日、3日、5日、10日、15日或者1个月；营业税的纳税期限分别为5日、10日、15日或者1个月。增值税和消费税纳税人的具体纳税期限，由主管税务机关根据纳税人应纳税额的大小分别核定；不能按照固定期限纳税的，可以按次纳税。

（三）纳税地点

城市维护建设税的纳税地点是纳税人缴纳增值税和消费税的地点。

但属于下列情况的，纳税地点为：

（1）代扣代缴、代收代缴增值税和消费税的单位及个人，同时也是城市维护建设税的代扣代缴、代收代缴义务人，其城市维护建设税的纳税地点在代扣代收地。

（2）跨省开采的油田，下属生产单位与核算单位不在一个省内的，其生产的原油在油井所在地缴纳增值税，其应纳税款由核算单位按照各油井的产量和规定税率计算汇拨各油井缴纳。所以，各油井应纳的城市维护建设税，应由核算单位计算，随同增值税一并汇拨油井所在地，由油井在缴纳增值税的同时一并缴纳。

（3）对流动经营等无固定纳税地点的单位和个人，应随同增值税、消费税在经营地按适用税率缴纳。

第二节　教育费附加

教育费附加是对缴纳增值税和消费税的单位和个人，以其实际缴纳的税额为计征依据征收的一种附加费。

（一）教育费附加的征收范围及计征依据

教育费附加对缴纳增值税和消费税的单位及个人征收，以其实际缴纳的增值税和消费税税额为计征依据。

（二）教育费附加的计征比率

教育费附加的计征比率为3%。

（三）教育费附加的计算

教育费附加的计算公式为：

应纳税额＝实纳增值税和消费税税额×计征比率

（四）教育费附加的减免规定

（1）海关对进口产品代征的增值税和消费税，不征收教育费附加。

（2）由于减免增值税和消费税而发生退税的，可同时退还已征收的教育费附加。对出口产品退还增值税和消费税的，不退还已征的教育费附加。

第三节 烟叶税

一、烟叶税概述

（一）烟叶税概念

烟叶税是以纳税人收购烟叶的收购金额为依据征收的一种税。

我国的烟叶税是在不同的历史阶段，经历了多次变革后形成的一个税种。烟叶税的前身要追溯到我国开征的农业税。1958 年我国颁布实施了《中华人民共和国农业税条例》（以下简称《农业税条例》）。1983 年，国务院以《农业税条例》为依据，选择特定农业产品（如水果、苗木、木材、水生植物等）征收农林特产农业税。此时的农业特产农业税的征收范围并不包括烟叶，对烟叶征收产品税和工商统一税。在 1994 年的税制改革中，国务院决定取消产品税和工商统一税，将产品税和工商统一税中的农林牧水产品税目与农林特产农业税合并，统一征收农业特产农业税。1994 年 1 月 30 日国务院发布并实施的《国务院关于对农业特产收入征收农业税的规定》，将农业特产税税目定为烟叶产品、园艺产品、水产品、林木产品、牲畜产品、食用菌和贵重食品 7 个税目。2005 年 12 月 29 日，第十届全国人大常委会第十九次会议决定，自 2006 年 1 月 1 日起废止《农业税条例》。由此，对烟叶征收农业特产农业税也失去了法律依据。现行的烟叶税是 2006 年 4 月 28 日，国务院令第 464 号颁布施行的《中华人民共和国烟叶税暂行条例》（以下简称《烟叶税暂行条例》）。

（二）烟叶税的作用

《烟叶税暂行条例》的出台，解决了我国农业特产农业税停止征收，以及《农业税条例》废止后产生的一系列问题，其意义体现在以下两个方面。

1. 有利于国家对从烟叶种植到烟草经营的全过程实施宏观调控政策

烟叶作为一种特殊的产品，为此我国一直实行专卖政策，在税收上也实行较高的税收负担。目前我国对烟叶和烟草制品课征的税收包括增值税、消费税及烟叶税，这三个税种构成了一个完整的税收体系。对烟叶和烟草制品建立的税收体系，有利于国家对从烟叶种植，到烟草经营实施全方位的宏观调控。

2. 有利于国家取得财政收入

烟叶税在我国的税收体系中属于地方税。由于我国的烟叶种植地区主要集中在贫困的边远山区，当地经济较为落后。开征烟叶税可以为烟叶种植地区的地方政府贡献稳定的税收收入，进而促进当地经济的发展。

二、纳税人和征税范围

（一）纳税人

在中华人民共和国境内收购烟叶的单位为烟叶税的纳税人。纳税人应当依照本条例规定缴纳烟叶税。

（二）征税范围

烟叶税是对烟叶征收。烟叶是指晾晒烟叶和烤烟叶。

三、税率和应纳税额的计算

（一）税率

烟叶税实行比例税率，税率为 20%。

烟叶税税率的调整，由国务院决定。

（二）应纳税额的计算

烟叶税的应纳税额按照纳税人收购烟叶的收购金额和 20% 的税率计算。应纳税额的计算公式为：

应纳税额＝烟叶收购金额×税率

收购金额包括纳税人支付给烟叶销售者的烟叶收购价款和价外补贴。按照简化手续，方便征收的原则，对价外补贴统一暂按烟叶收购价款的 10%计入收购金额征税。收购金额的计算公式为：

收购金额＝收购价款×（1＋10%）

四、征收管理

烟叶税由地方税务机关征收。纳税人收购烟叶，应当向烟叶收购地的主管税务机关申报纳税。

烟叶税的纳税义务发生时间为纳税人收购烟叶的当天。纳税人应当自纳税义务发生之日起 30 日内申报纳税。具体纳税期限由主管税务机关核定。

烟叶税的纳税地点为烟叶收购地的主管税务机关。按照税法的有关规定，烟叶收购地的主管税务机关是指烟叶收购地的县级地方税务局或者其所制定的税务分局、所。

复习思考题

1. 城市维护建设税的纳税人是如何规定的?
2. 城市维护建设税的计税依据是如何规定的?

3. 教育费附加的税率是什么?
4. 为何我国在 2006 年废除农业税，还保留烟叶税?
5. 烟叶税的征税范围是如何规定的?

第十章

关税和船舶吨税

- 关税的概念
- 关税的作用
- 关税的征税对象
- 关税的纳税义务人
- 关税的税则、税目、税率
- 关税原产地规定
- 关税完税价格
- 行李和邮递物品进口税
- 关税税收优惠
- 关税征收管理

第一节 关税概述

一、关税的概念与作用

（一）关税的概念

关税是海关依法对进出关境的货物、物品征收的一种商品税。关境又称“海关境域”，是海关法全面实施的领域。在通常情况下，一国的关境与国境一致，但当不同国家组成关税同盟，形成统一的关境，实施统一的关税法令和对外税则，只对来自或运往其他国家的货物进出共同关境时征税，这些国家的关境大于国境，如欧盟。相反，当一国在境内设立自由贸易区或自由港时，其国境大于关境，如我国特别行政区香港和澳门，依据香港、澳门基本法的规定，保持香港、澳门自由港地位，属单独关税区。

（二）关税的作用

1. 筹集国家财政资金

尽管从大多数发达国家的税制结构来看，关税收入在整个财政收入中的比重不大，并呈下降趋势，但对于一些发展中国家，尤其是对进出口依赖性较强的发展中国家来说，征收进出口关税仍然是其取得财政收入的重要途径之一。新中国成立以来，关税收入作为国家财政收入的组成部分，为我国经济建设积累了可观的财政资金。我国加入WTO以后，根据“入世”承诺，开始分阶段削减关税，关税数额占财政收入比重将逐步下降，但随着我国对外贸易的不断扩大，关税在为国家筹集财政资金方面仍将发挥重要作用。

2. 调节产业结构和进出口贸易

关税是国家调节产业结构和进出口贸易的重要经济杠杆，国家通过设置高低不同的税率和减免关税，可以影响国内产业结构和进出口规模。一般对国内生产必需的先进技术和关键设备，以及人民生活必需且国内生产供应不足的产品，可免征关税或实行低税率以鼓励进口；对国内生产过剩的长线产品和奢侈品，则采取高税率以限制进口。对出口货物，大部分实行出口退税政策，以增强我国出口商品在国际市场上的竞争力；而对某些特殊出口货物则征收出口关税，以保护本国稀缺资源和满足国内需要。

3. 维护国家权益，促进对外经济贸易的发展

征税权本身就是一国主权的组成部分，对进出口货物征收关税，直接关系到国与国之间的主权和经济利益。在现代社会里，关税已成为各国政府维护本国政治、经济权益的重要武器之一。我国根据平等互利和对等原则，遵循世界贸易组织规则，通过关税复式税则的运用等方式，维护国家经济权益，促进对外经济贸易的进一步发展。

二、关税的分类

（一）按货物的流向划分

按货物的流向不同，关税可分为进口关税、出口关税和过境关税。

1. 进口关税

进口关税，是指对国外转入本国的货物和物品征收的一种关税。

2. 出口关税

出口关税，是指对从本国输往外国的货物和物品于出境时征收的一种关税。

3. 过境关税

过境关税，是指对进入本国港口停留转运他国的货物征收的一种关税。

（二）按征收目的划分

按征收目的不同，关税可分为保护性关税和财政性关税。

1. 保护性关税

保护性关税，是指以保护本国经济发展为首要目的而征收的关税。保护性关税主要体现在进口关税方面，一般设置较高的税率。

2. 财政性关税

财政性关税，是指以增加财政收入为主要目的而征收的关税。

（三）按对进口国的差别待遇划分

按对进口国的差别待遇不同，关税可分为加重关税和优惠关税。

1. 加重关税

加重关税是指对从某些输出国、生产国的进口货物，因某种原因（如歧视、报复、保护和经济方面的需要等），在征收一般进口关税之外又加征的一种临时进口附加税。它主要包括反倾销关税、反补贴关税、报复关税等。

（1）反倾销关税，是指针对倾销产品征收的进口附加税。倾销是指一国产品以低于正常价值的方式挤入另一国市场竞销，从而使该国已建立的某项工业遭受重大损失或重大威胁的行为。

（2）反补贴关税，是指进口国对直接或间接接受出口津贴或补贴的外国货物在进口到本国时所征收的一种进口附加税。

（3）报复关税，是指一国在认为本国出口商品受到不公正的歧视性待遇时，对实施该歧视性待遇的国家向本国出口的商品实施的歧视性关税。

2. 优惠关税

优惠关税是指对来自某些特定的受惠国的货物使用比普通税率低的优惠税率而给予的优惠待遇。它包括互惠关税、特惠关税、普惠关税和最惠国待遇。

（1）互惠关税，是指两国间相互给予对方比其他国家优惠的税率的一种协定关税，其目的在于发展双方之间的贸易关系。

（2）特惠关税，是指对有特殊关系的国家，单方面或相互间协定采用特别低的进口税率，甚至免税的一种关税。其优惠程度高于互惠关税。

（3）普惠关税，是指在国际贸易中发达国家给予自发展中国家出口的货物（包括制成品和半成品）普遍的、非歧视的、非互惠的一种关税优惠制度。所谓普遍是指对于包括制成品和半成品在内的源自发展中国家的进口产品实行关税优惠。非歧视则是指所有发展中国家都不受歧视，无例外地享受普惠制的待遇。非互惠是指发达国家在给予发展中国家关税优惠的同时，不能要求发展中国家给予同样的关税优惠，其他发达国家也不能援引最惠国待遇原则要求同样适用优惠关税。

（4）最惠国待遇，是指缔约国一方将现在和将来给予任何第三国的优惠待遇，无条件地给予其他各成员方。

（四）按计税标准划分

按计税标准不同，关税可分为从价关税、从量关税、复合关税和滑动关税。

1. 从价关税

从价关税，是指以货物的价格作为计税依据而计算征收的关税。我国对进口商品基本上都实行从价税。

2. 从量关税

从量关税，是指以货物的重量、长度、容量、面积等计量单位为计税依据而计算征收的关税。

3. 复合关税

复合关税，是指对同一种进口货物同时使用从价和从量计征的一种关税。

4. 滑动关税

滑动关税，或称滑准税，是指一种关税税率随进口货物价格的由高到低而由低到高设置计征关税的方法，它可以使进口货物价格越高，则进口关税率越低，进口货物价格越低，则进口关税税率越高。

三、我国的关税政策

关税政策是指国家在一定历史时期运用关税手段达到特定经济、政治目的的行为准则。不同国家在不同时期的关税政策是不一样的，这主要取决于该国政治、经济以及产业政策等多方面因素。一般而言，关税政策可分为财政关税和保护关税，但二者很难截然分开，因此，世界各国的关税政策通常是混合型关税政策。我国也不例外。我国的关税政策通过如下原则具体表现出来：对进口国家建设和人民生活必需的，而且国内不能生产或者供应不足的动植物良种、肥料、饲料、药剂、精密仪器、仪表、关键机械设备和粮食等，予以免税或低税率；原材料的进口税率一般比半成品、成品要低，特别是受自然条件制约、国内生产短期内不能迅速发展的原材料，其税率应更低；对于国内不能生产的机械设备和仪器、仪表的零件、部件，其税率应比整机低；对国内已能生产的非国计民生所必需的物品，应制定较高的税率；对国内需要进行保护的产品和国内外价差大的产品，应制定更高的税率；为了鼓励出口，对绝大多数出口商品不征出口关税，但对在国际市场上容量有限而又竞争性强的商品，以及需要限制出口的极少数原料、材料和半制成品，必要时可征收适当的出口关税。

第二节　关税的征税对象、纳税义务人

一、征税对象

我国关税的征税对象是我国准许进出口的货物和物品。货物是指贸易性商品；物品是指入境旅客随身携带的行李物品、个人邮递物品、各种运输工具上的服务人员携带进口的自用物品、馈赠物品以及其他方式进境的个人物品。

除国家另有规定的以外，进口的货物和物品应当由海关按照《中华人民共和国海关进出口税则》（以下简称《海关进出口税则》）征收进口税或者出口税。从境外采购进口的原产于中国境内的货物，海关依照《海关进出口税则》征收进口税。进境的旅客行李物品和个人邮递物品征税办法，由国务院关税税则委员会另行制定。

二、纳税义务人

（一）贸易性进出口货物的纳税人

贸易性进出口货物的纳税人是进口货物的收货人、出口货物的发货人。进出口货物的收货人、发货人是依法取得对外贸易经营权，并进口或者出口货物的法人或者其他社会团体。

（二）非贸易性进出口物品的纳税人

非贸易性进出境货物的纳税人是进出境物品的所有人，包括该物品的所有人和推定为所有人的人。推定原则如下：

（1）对于携带进境的物品，推定其携带人为所有人。

（2）对分离运输的行李，推定相应的进出境旅客为所有人。

（3）对以邮递方式进境的物品，推定其收件人为所有人。

（4）对以邮递或其他运输方式出境的物品，推定其寄件人或托运人为所有人。

第三节　关税税则、税率

一、进出口税则概况

进出口税则是根据国家的关税政策制定，通过一定的立法程序公布实施的进出口货物和物品应适用的关税税率表，海关凭此征收关税。进出口税则以税率表为主体，通常还包括实施税则的法令、使用税则的有关说明和附录等。我国现行进出口税则包括《中华人民共和国进出口关税条例》《税率适用说明》《中华人民共和国进出口税则》及《进口商品从量税、复合税、滑准税税目税率表》《进口商品关税配额税目税率表》《进口商品税则暂定税率表》《出口商品税则暂定税率表》《非全税目信息技术产品进口税率表》等附录。

税率表作为税则主体，包括税则商品分类目录和税率栏两大部分。税则商品分类目录又分为税则号列和商品名称。税则号列是商品在税则中分类的编号，税则商品分类目录将种类繁多的商品加以综合，按其不同特点分门别类简化成数量有限的商品类目，分别编号按序排列，形成税则号列，再逐号列出该号中应列入的商品名称。商品名称一般按自然属性和加工程度分类顺序排列。税率栏是按税则商品分类目录逐项定出的税率栏目。我国现行进口税则为四栏税率，出口税则为一栏。

我国是《商品名称及编码协调制度的国际公约》（以下简称《协调制度公约》）的缔约国，按《协调制度公约》的要求，缔约国的《进出口税则》均以《协调制度公约》所制定的《商品名称及编码协调制度》（以下简称《HS》）为基础进行编排和修订。中国海关于1992年1月1日起正式根据《HS》目录的分类原则和内容，实施海关进出口税则和统计商品目录。

我国目前实施的税则中对商品的分类，全部采用了《HS》目录中商品的分类原则、结构和全部商品名称。《HS》是一部完整、系统、通用、准确的国际贸易商品分类体系，主要是由品目和子目组成，即各种各样的商品、名称及其规格，共计7 000多个8位数商品号列，分布于22类、99章，章下再分为目和子目。商品编码前2位数代表“章”，前四位数代表“目”，第五、六位数代表“子目”。所列商品名称的分类和编排是有一定规律的。从类来看，它基本上是按生产部类来分类的，即将同一生产部类的产品归在同一类里。从章来看，它基本上是按商品的属性或功能、用途来分类的。而每章中各品目的排列次序一般也是按动、植、矿物质产品顺序排列，而且较为明显的是，原材料先于成品，加工程度低的产品先于加工程度高的产品，列名具体的品种先于列名一般的品种。

为了适应国际贸易及科学技术的发展，世界海关组织每4～6年对《HS》进行一次修订。《协调制度公约》各缔约方于2007年1月1日起开始执行最新修订的《HS》，我国作为缔约方也以《HS》为基础对2006年版《进出口税则》作了重大的调整。该次调整共涉及1 600个本国8位税号的变化，占全部8位税号的20%以上，主要涉及机电产品、化工产品、纺织品、木制品、钢材和钢铁制品等大类，是近十年来我国进出口税则最大的一次调整。由于我国从2006年4月1日起开始实施新的消费税税目税率，2007年版《进出口税则》中涉及的相关内容也相应作出了调整，即在海关税则8位编码的基础上加列了10

位编码，包括货品名称、进口税率（最惠国税率、中巴税率、普通税率）、增值税率、出口退税率、计量单位、监管条件，以及准确规范的英文商品名称各栏，并加列了《进口商品暂定税率表》《从量税和复合税税率表》《进口商品关税配额税率表》《非全税目信息技术产品进口税率表》《中国—东盟自由贸易区相关税率表》《进口商品消费税税率表》《特惠税目税率表》《内地与香港及澳门优惠关税安排税目税率表》等以及《2007 年出口税则和出口商品暂定税率表》。

二、关税税率及运用

（一）进口关税税率

1. 税率的设置与适用

在我国加入 WTO 之前，我国进口税则设有两栏税率，即普通税率和优惠税率。对原产于与我国未订有关税互惠协议的国家或者地区的进口货物，按照普通税率征税；对原产于与我国订有关税互惠协议的国家或者地区的进口货物，按照优惠税率征税。在我国加入 WTO 之后，为履行我国在加入 WTO 关税减让谈判中承诺的有关义务，自 2002 年 1 月 1 日起，我国进口税则设有最惠国税率、协定税率、特惠税率、普通税率、关税配额税率等税率，对进口货物在一定期限内可以实行暂定税率。

最惠国税率适用原产于与我国共同适用最惠国待遇条款的 WTO 成员国或地区的进口货物，或原产于与我国签订有相互给予最惠国待遇条款的双边贸易协定的国家或地区的进口货物，以及原产于我国境内的进口货物。

协定税率适用原产于我国参加的含有关税优惠条款的区域性贸易协定有关缔约方的进口货物，目前对原产于韩国、斯里兰卡和孟加拉三个曼谷协定成员的 739 个税目进口商品实行协定税率（即曼谷协定税率）。

特惠税率适用原产于与我国签订有特殊优惠关税协定的国家或地区的进口货物，目前对原产于孟加拉的 18 个税目进口商品实行特惠税率（即曼谷协定特惠税率）。

适用最惠国税率的进口货物有暂定税率的，应当适用暂定税率；适用协定税率、特惠税率的进口货物有暂定税率的，应当从低适用税率；适用普通税率的进口货物，不适用暂定税率。按照国家规定实行关税配额管理的进口货物，关税配额内的，适用关税配额税率；关税配额外的，按其适用税率的规定执行。

普通税率适用于原产于上述国家或地区以外的其他国家或地区的进口货物。按照普通税率征税的进口货物，经国务院关税税则委员会特别批准，可以适用最惠国税率。适用最惠国税率、协定税率、特惠税率的国家或者地区名单，由国务院关税税则委员会决定。

2. 税率水平与结构

1992 年我国关税总水平（优惠税率的算术平均水平）约为 42%，普通税率平均水平为 56%。之后我国对关税总水平进行了几次较大幅度的调整：1992 年 12 月，降低为 40%；1994 年 1 月，降低至 36%；1996 年 4 月，降低至 23%；1997 年 10 月，降低至 17%。2002 年，我国关税总水平（最惠国税率的算术平均水平）由 15.3%降低到 12%，平均降幅 21.6%。在 7 316 个税目中，有 5 332 个税目的税率有不同程度的降低，降幅面达 73%。其中，工业品平均税率为 11.6%，农产品（包括水产品）的平均税率为 15.6%，比 2001 年分别降低了 23%和 17.5%。降税后，农产品（不包括水产品）的平均税率为 15.8%；水产品的为 14.3%；原油及成品油的为 6.1%；木材、纸及其制品的为 8.9%；纺织品和服装的为 17.6%；化工产品的为 7.9%；交通工具的为 17.4%；机械产品的为 9.6%；电子产品的为 10.7%。普通税率总体平均约为 57%。2004 年，我国关税总水平（算术平均税率）进一步降为 10.4%。2017 年我国最惠国税率保持不变，关税总水平为 9.8%。

进口商品的税率结构主要体现为产品加工程度越深，关税税率越高，即在不可再生性资源、一般资源性产品及原材料、半成品、制成品中，不可再生性资源税率较低，制成品税率较高。

为完善进境物品进口税收政策，经国务院批准，自 2016 年 4 月 8 日起进境物品进口税税目税率进行调整。调整后的《中华人民共和国进境物品进口税率表》如表 10－1 所示。

表 10－1　　中华人民共和国进境物品进口税率表

税号	物品名称	税率/%
1	书报、刊物、教育用影视资料；计算机、视频摄录一体机、数字照相机等信息技术产品；食品、饮料；金银；家具；玩具，游戏品、节日或其他娱乐用品	15
2	运动用品（不含高尔夫球及球具）、钓鱼用品；纺织品及其制成品；电视摄像机及其他电器用具；自行车；税目 1、3 中未包含的其他商品	60
3	烟、酒；贵重首饰及珠宝玉石；高尔夫球及球具；高档手表；高档化妆品	60

注：税目 3 所列商品的具体范围与消费税征收范围一致。

（二）出口关税税率

我国的出口税则为一栏税率，即出口税率。我国一般鼓励商品出口，对大多数出口商品实行出口退税，仅对少数资源性产品以及易于竞相杀价、盲目出口和需要规范出口秩序的半制成品等征收出口关税。

根据我国《2013 年关税实施方案》的规定，对木浆等部分出库出口实施暂定税率，对鳗鱼苗等商品实行出口税率。

（三）特别关税税率

特别关税包括报复性关税、反倾销税与反补贴税、保障性关税三类。征收特别关税的货物、适用国别、税率、期限和征收办法，由国务院关税税则委员会决定，海关总署负责实施。

报复性关税是指针对于某一国家对本国出口商品的不公正、不平等待遇，对该国输入本国的商品加重征收的关税。任何国家和地区对原产于我国的货物征收歧视性关税或给予其他歧视性待遇的，我国对原产于该国家或地区的进口货物征收报复性关税。目前，报复关税是“贸易战”的手段之一。

反倾销税与反补贴税是指对外国的倾销商品，在征收正常进口关税的同时附加征收的一种关税，其目的在于抵消他国的补贴。如果某国将产品以低于生产成本的价格向其他国家推销，就有可能构成倾销，进口国就可以对倾销产品征收数量不超过倾销差价的反倾销税。

保障性关税是指当某类商品进口量激增，对我国相关产业带来巨大威胁或损害时，按照 WTO 有关规则，可以启动一般保障措施，即在与有实质利益的国家或地区进行磋商后，在一定时期内提高该项商品的进口关税或采取数量限制等措施，以保护国内相关产业不受损害。

第四节 关税的原产地规定

在国际贸易不发达的时代，关税并未作为国与国之间进行经济斗争乃至政治斗争的工具。因此，各国并不重视本国进口的商品原产于哪个国家。但随着国际贸易的不断发展和壮大，关税成为一些国家对产自另一些国家的商品进行控制的经济手段。20 世纪 70 年代初，历经长期斗争，发展中国家迫使发达国家对产于发展中国家的货物普遍给予优惠的关税待遇。为此，发达国家开始重视货物的原产地问题。许多国家在制定本国的原产地规则时，都参考了海关合作理事会于 1973 年制定的国际公约——《关于简化和协调海关业务制度的国际公约》。

原产地标准是指一国（或地区）用来衡量某种产品本国（或地区）生产或制造的标准或尺度，是签发原产地证明的依据。凡符合原产地标准的产品即视为本国（或地区）的产品。原产地标准是原产地规则的核心。目前，各国（或地区）将货物原产地标准分为完全原产产品标准和实质性改变标准两类。由于对产自不同国家或地区的进口货物适用不同的关税税率，因而正确确定进境货物原产国是正确运用进口税则的各栏税率、计算关税应纳税额的基础。

我国原产地规定基本上采用了“全部产地生产标准”和“实质性加工标准”两种国际上通用的原产地标准。两个以上国家（或地区）参与生产的货物，以最后完成实质性改变的国家（或地区）为原产地。

一、全部产地生产标准

全部产地生产标准适用于进口货物完全在一个国家（地区）内生产或制造，生产或制造国即为该货物的原产地。完全在一个国家（地区）内生产或制造的进口货物包括：

（1）在该国领土或领海内开采的矿产品。

（2）在该国领土上收获或采集的植物产品。

（3）在该国领土上出生或该国饲养的活动物及从其所得产品。

（4）在该国领土上狩猎或捕捞所得的产品。

（5）在该国的船只上卸下的海洋捕捞物，以及由该国船只在海上取得的其他产品。

（6）在该国加工船加工上述第（5）项所列物品所得的产品。

（7）在该国收集的只适用于再加工制造的废碎料和废旧物品。

（8）在该国完全使用上述（1）～（7）项所列产品加工成的制成品。

二、实质性加工标准

实质性加工标准适用于确定有两个或两个以上国家参与生产的原产国的标准，即经过几个国家加工、制造的进口货物，以最后一个对货物进行经济上可以视为实质性加工的国家作为有关货物的原产国。“实质性加工”是指产品加工后，在进出口税则中四位数税号一级的税则归类已经有了改变，或者加工增值部分所占新产品总值的比例已经超过30%及以上的。

三、其他规定

对机器、仪器、器材或车辆所用零件、部件、配件、备件及工具，如与主件同时进口且数量合理的，其原产地按主件的原产地确定，分别进口的则按各自的原产地确定。

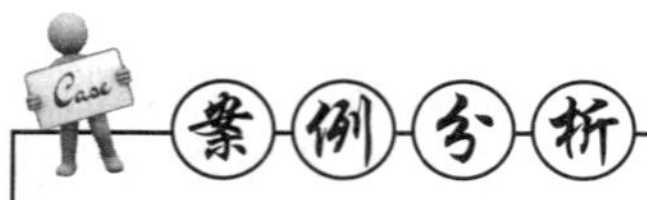

H进出口公司进口挪威产的三文鱼一批，关税完税价格为300美元。请问：该批三文鱼在申报进口确定适用税率时，按什么标准确定进口国？

根据关税法的有关规定，我国原产地规定基本上采用了“全部产地生产标准”“实质性加工标准”两种国际上通用的原产地标准。其中“全部产地生产标准”是指全部产地生产标准适用于完全在一个国家（地区）获得的货物。该批进口的三文鱼属于在挪威领海上捕捞的海产品。所以，该批进口的三文鱼按“全部产地生产标准”确定进口国，进口国为挪威。

第五节　关税完税价格和应纳税额的计算

关税完税价格是海关计征关税所依据的价格，是关税的税基。关税的应纳税额是关税完税价格乘以关税税率。可见，在关税税率确定的前提下，关税完税价格的高低，直接决定了一国组织的关税的税额的多少和关税职能作用的发挥。

一、进口货物的完税价格

我国现行实施的《中华人民共和国海关审定进出口货物完税价格办法》中规定，进口货物的完税价格由海关以该货物的成交价格为基础审查确定，并应当包括该货物运抵我国境内输入地点起卸前的运输及其相关费用、保险费。

（一）进口货物的成交价格

1. 进口货物的成交价格

进口货物的成交价格，是指卖方向中华人民共和国境内销售该货物时，买方为进口该货物向卖方实付、应付的并按照规定调整后的价款总额，包括直接支付的价款和间接支付的价款。

2. 进口货物的成交价格应当符合的条件

（1）对买方处置或者使用进口货物不予限制，但是法律、行政法规规定实施的限制、对货物销售地域的限制和对货物价格无实质性影响的限制除外。有下列情形之一的，应当视为对买方处置或者使用进口货物进行了限制。

1）进口货物只能用于展示或者免费赠送的。

2）进口货物只能销售给指定第三方的。

3）进口货物加工为成品后只能销售给卖方或者指定第三方的。

4）其他经海关审查，认定买方对进口货物的处置或者使用受到限制的。

（2）进口货物的价格不得受到使该货物成交价格无法确定的条件或者因素的影响。有下列情形之一的，应当视为进口货物的价格受到了使该货物成交价格无法确定的条件或者因素的影响：

1）进口货物的价格是以买方向卖方购买一定数量的其他货物为条件而确定的。

2）进口货物的价格是以买方向卖方销售其他货物为条件而确定的。

3）其他经海关审查，认定货物的价格受到使该货物成交价格无法确定的条件或者因素影响的。

4）卖方不得直接或者间接获得因买方销售、处置或者使用进口货物而产生的任何收益，或者虽然有收益但是能够按照《中华人民共和国海关审定进出口货物完税价格办法》第十一条第一款第四项的规定作出调整。

（3）买卖双方之间没有特殊关系，或者虽然有特殊关系但未对成交价格产生影响。有下列情形之一的，应当认为买卖双方存在特殊关系：

1）买卖双方为同一家族成员的。

2）买卖双方互为商业上的高级职员或者董事的。

3）一方直接或者间接地受另一方控制的。

4）买卖双方都直接或者间接地受第三方控制的。

5）买卖双方共同直接或者间接地控制第三方的。

6）一方直接或者间接地拥有、控制或者持有对方5%以上（含5%）公开发行的有表决权的股票或者股份的。

7）一方是另一方的雇员、高级职员或者董事的。

8）买卖双方是同一合伙的成员的。

买卖双方在经营上相互有联系，一方是另一方的独家代理、独家经销或者独家受让人，如果符合前款的规定，也应当视为存在特殊关系。

（二）进口货物完税价格确定的其他方法

海关在进行估价时，首先要使用进口货物的成交价格，但并不是所有进口货物都有成交价格。为此，海关在充分了解进口货物的实际情况和与纳税人进行价格磋商后，依次以下列价格估定该货物的完税价格。

1. 相同货物成交价格估价方法

相同货物成交价格估价方法，是指海关以与进口货物同时或者大约同时向中华人民共和国境内销售的相同货物的成交价格为基础，审查确定进口货物的完税价格的估价方法。

2. 类似货物成交价格估价方法

类似货物成交价格估价方法，是指海关以与进口货物同时或者大约同时向中华人民共和国境内销售的类似货物的成交价格为基础，审查确定进口货物的完税价格的估价方法。

3. 倒扣价格估价方法

倒扣价格估价方法是指海关以进口货物、相同或者类似进口货物在境内的销售价格为基础，扣除境内发生的有关费用后，审查确定进口货物完税价格的估价方法。

4. 计算价格估价方法

计算价格估价方法是指海关以下列各项的总和为基础，审查确定进口货物完税价格的估价方法：

（1）生产该货物所使用的料件成本和加工费用。

（2）向境内销售同等级或者同种类货物通常的利润和一般费用（包括直接费用和间接费用）。

（3）该货物运抵境内输入地点起卸前的运输及相关费用、保险费。

5. 其他合理方法

其他合理方法是指当海关不能根据成交价格估价方法、相同货物成交价格估价方法、类似货物成交价格估价方法、倒扣价格估价方法和计算价格估价方法确定完税价格时，海关根据规定的原则，以客观量化的数据资料为基础审查确定进口货物完税价格的估价方法。

（三）成交价格的调整项目

1. 未包括在该货物实付、应付价格中的下列费用或者价值应当计入完税价格

（1）由买方负担的下列费用：

1）除购货佣金以外的佣金和经纪费。

2）与该货物视为一体的容器费用。

3）包装材料费用和包装劳务费用。

（2）与进口货物的生产和向中华人民共和国境内销售有关的，由买方以免费或者以低

于成本的方式提供，并且可以按适当比例分摊的下列货物或者服务的价值：

1）进口货物包含的材料、部件、零件和类似货物。

2）在生产进口货物过程中使用的工具、模具和类似货物。

3）在生产进口货物过程中消耗的材料。

4）在境外进行的为生产进口货物所需的工程设计、技术研发、工艺及制图等相关服务。

（3）买方需向卖方或者有关方直接或者间接支付的特许权使用费，但是符合下列情形之一的除外：

1）特许权使用费与该货物无关。

2）特许权使用费的支付不构成该货物向中华人民共和国境内销售的条件。

（4）卖方直接或者间接从买方对该货物进口后销售、处置或者使用所得中获得的收益。

2. 进口货物完税价格的计价方法

确定应当计入进口货物完税价格的货物价值时，应当按照下列方法计算有关费用：

（1）由买方从与其无特殊关系的第三方购买的，应当计入的价值为购入价格。

（2）由买方自行生产或者从有特殊关系的第三方获得的，应当计入的价值为生产成本。

（3）由买方租赁获得的，应当计入的价值为买方承担的租赁成本。

（4）生产进口货物过程中使用的工具、模具和类似货物的价值，应当包括其工程设计、技术研发、工艺及制图等费用。

如果货物在被提供给卖方前已经被买方使用过，应当计入的价值为根据国内公认的会计原则对其进行折旧后的价值。

3. 进口货物的价款中单独列明的下列税收、费用，不计入该货物的完税价格

（1）厂房、机械或者设备等货物进口后发生的建设、安装、装配、维修或者技术援助费用，但是保修费用除外。

（2）进口货物运抵中华人民共和国境内输入地点起卸后发生的运输及其相关费用、保险费。

（3）进口关税、进口环节海关代征税及其他国内税。

（4）为在境内复制进口货物而支付的费用。

（5）境内外技术培训及境外考察费用。

（6）同时符合下列条件的利息费用：利息费用是买方为购买进口货物而融资所产生的；有书面的融资协议的；利息费用单独列明的；纳税义务人可以证明有关利率不高于在融资当时当地此类交易通常应当具有的利率水平，且没有融资安排的相同或者类似进口货物的价格与进口货物的实付、应付价格非常接近的。

二、出口货物的完税价格

出口货物的完税价格由海关以该货物的成交价格为基础审查确定，并且应当包括货物运至中华人民共和国境内输出地点装载前的运输及其相关费用、保险费。

（一）以成交价格为基础的完税价格

出口货物的成交价格，是指该货物出口销售时，卖方为出口该货物应当向买方直接收取和间接收取的价款总额。

下列税收、费用不计入出口货物的完税价格：

（1）出口关税。

（2）在货物价款中单独列明的货物运至中华人民共和国境内输出地点装载后的运输及其相关费用、保险费。

（二）出口货物海关估定方法

出口货物的成交价格不能确定的，海关经了解有关情况，并且与纳税义务人进行价格磋商后，依次以下列价格审查确定该货物的完税价格：

（1）同时或者大约同时向同一国家或者地区出口的相同货物的成交价格。

（2）同时或者大约同时向同一国家或者地区出口的类似货物的成交价格。

（3）根据境内生产相同或者类似货物的成本、利润和一般费用（包括直接费用和间接费用）、境内发生的运输及其相关费用、保险费计算所得的价格。

（4）按照合理方法估定的价格。

三、关税应纳税额的计算

（1）从价税应纳税额的计算公式如下：

从价计征的应纳税额＝关税完税价格×适用税率

（2）从量税应纳税额的计算公式如下：

从量计征的应纳税额＝应税货物数量×单位税额

（3）复合税应纳税额的计算公式如下：

关税税额＝应税货物数量×单位税额＋关税完税价格×适用税率

（4）滑准税应纳税额的计算公式如下：

关税税额＝关税完税价格×滑准税税率

【例 10－1】某公司从德国进口一批钢材，以到岸价格（CIF）成交，成交价格折合人民币 1 800 万元，关税税率为 12%。经海关审核申报价格，符合“成交价格”条件。请计算其应纳的关税税额。

解答：

应纳关税税额＝1 800×12%＝216（万元）

第六节　关税税收优惠和征收管理

一、减免税优惠

关税减免是对某些纳税人和征税对象给予鼓励和照顾的一种特殊调节手段。我国的关税减免共有三种类型：法定减免、特定减免和临时减免。根据《海关法》的规定，除法定减免税外的其他减免税均由国务院决定。

(一) 法定减免

税法中明确列出减税或免税，且符合税法规定可予减免税的进出口货物，纳税人无须提出申请，海关按规定直接予以减免税。海关对法定减免税项目一般不进行后续管理。

1. 免征关税

以下项目免征关税：

(1) 关税税额在人民币 50 元以下的。

(2) 无商业价值的广告品和货样。

(3) 外国政府、国际组织无偿赠送的物资。

(4) 在海关放行前遭受损坏或者损失的货物。

(5) 进出境运输工具装载的途中必需的燃料、物料和饮食用品。

2. 暂不缴纳关税

以下项目暂不缴纳关税：

(1) 在展览会、交易会、会议及类似活动中展示或者使用的货物。

(2) 文化、体育交流活动中使用的表演、比赛用品。

(3) 进行新闻报道或者摄制电影、电视节目使用的仪器、设备及用品。

(4) 开展科研、教学、医疗活动使用的仪器、设备及用品。

(5) 在第 (1) 项至第 (4) 项所列活动中使用的交通工具及特种车辆。

(6) 货样。

(7) 供安装、调试、检测设备时使用的仪器、工具。

(8) 盛装货物的容器。

(9) 其他用于非商业目的的货物。

(二) 特定减免

特定减免是指在海关法和进出口关税条例所确定的法定减免以外，由国务院或由国务院授权的机关发布法规、规章特别规定的减免，又称为政策性减免税。特定减免税货物一般有地区、企业和用途的限制，如对进口科技教育用品和残疾人专用物品、扶贫捐赠物资减免关税等，海关需要进行后续管理和减免税统计。

1. 扶贫、慈善性捐赠物资

为促进公益事业的健康发展，经国务院批准，财政部、国家税务总局、海关总署发布了《扶贫、慈善性捐赠物资免征进口税收的暂行办法》。对境外自然人、法人或者其他组织等境外捐赠人，无偿向经国务院主管部门依法批准成立的，以人道救助和发展扶贫、慈善事业为宗旨的社会团体以及国务院有关部门和各省、自治区、直辖市人民政府捐赠的，直接用于扶贫、慈善事业的物资，免征进口关税和进口环节增值税。所称扶贫、慈善事业是指非营利的扶贫济困、慈善救助等社会慈善和福利事业。该办法对可以免税的捐赠物资种类和品名作了明确规定。

2. 残疾人专用品

为支持残疾人的康复工作，国务院制定了《残疾人专用品免征进口税收暂行规定》，对规定的残疾人个人专用品，免征进口关税和进口环节增值税、消费税；对康复、福利机构、假肢厂和荣誉军人康复医院进口国内不能生产的、由该规定明确的残疾人专用品，免征进口关税和进口环节增值税。该规定对可以免税的残疾人专用品种类和品名作了明确规定。

3. 科教用品

为有利于我国科研、教育事业发展，国务院制定了《科学研究和教学用品免征进口税收暂行规定》，对科学研究机构和学校，不以营利为目的，在合理数量范围内进口国内不能生产的科学研究和教学用品，直接用于科学研究或者教学的，免征进口关税和进口环节增值税、消费税。该规定对享受该优惠的科研机构和学校资格、类别以及可以免税的物品都作了明确规定。

4. 加工贸易产品

（1）加工装配和补偿贸易。加工装配即来料加工、来样加工及来件装配，是指由境外客商提供全部或部分原辅料、零配件和包装物料，必要时提供设备，由我方按客商要求进行加工装配，成品交外商销售，我方收取工缴费。客商提供的作价设备价款，我方用工缴费偿还。补偿贸易是指由境外客商提供或国内单位利用国外出口信贷进口生产技术或设备，由我方生产，以返销产品方式分期偿还对方技术、设备价款或贷款本息的交易方式。因有利于较快地提高出口产品生产技术，改善我国产品质量和品种，扩大出口，增加我国外汇收入，国家对加工装配和补偿贸易给予一定的关税优惠，即进境料件不予征税，准许在境内保税加工为成品后返销出口；进口外商的不作价设备和作价设备，分别比照外商投资项目和国内投资项目的免税规定执行；剩余料件或增产的产品，经批准转内销时，价值在进口料件总值2%以内，且总价值在3 000元以下的，可予免税。

（2）进料加工。经批准有权经营进出口业务的企业使用进料加工专项外汇进口料件，并在一年内加工或装配成品外销出口的业务，称为进料加工业务。对其关税优惠为：对专为加工出口商品而进口的料件，海关按实际加工复出口的数量，免征进口税；加工的成品出口，免征出口税，但内销料件及成品照章征税；对加工过程中产生的副产品、次品、边角料，海关根据其使用价值分别估价征税或者酌情减免税；剩余料件或增产的产品，经批准转内销时，价值在进口料件总值2%以内，且总价值在5 000元以下的，可予免税。

5. 出口加工区进出口货物

为加强与完善加工贸易管理，严格控制加工贸易产品内销，保护国内相关产业，并为出口加工企业提供更宽松的经营环境，带动国产原材料、零配件的出口，国家设立了出口加工区。出口加工区的主要关税优惠政策有：

（1）从境外进入区内的生产性的基础设施建设项目所需的机器、设备和建设生产厂房、仓储设施所需的基建物资，区内企业生产所需的机器、设备、模具及其维修用零配件，区内企业和行政管理机构自用合理数量的办公用品，予以免征进口关税和进口环节税。

（2）区内企业为加工出口产品所需的原材料、零部件、元器件、包装物料及消耗性材料，予以保税。

（3）对加工区运往区外的货物，海关按照对进口货物的有关规定办理报关手续，并按照制成品征税。

（4）对从区外进入加工区的货物视同出口，可按规定办理出口退税。

6. 保税区进出口货物

为了创造完善的投资、运营环境，开展为出口贸易服务的加工整理、包装、运输、仓储、商品展出和转口贸易，国家在境内设立了保税区，即与外界隔离的、全封闭的、在海关监控管理下进行存放和加工保税货物的特定区域。保税区的主要关税优惠政策有：

（1）进口供保税区使用的机器、设备、基建物资、生产用车辆，为加工出口产品进口的原材料、零部件、元器件、包装物料，供储存的转口货物以及在保税区内加工运输出境的产品，免征进口关税和进口环节税。

（2）保税区内企业进口专为生产加工出口产品所需的原材料、零部件、包装物料，以及转口货物，予以保税。

（3）从保税区运往境外的货物，一般免征出口关税等。

7. 边境贸易进口物资

为了鼓励我国边境地区积极与我国毗邻国家发展边境贸易与经济合作，国家制定了有关扶持、鼓励边境贸易和边境地区发展对外经济合作的政策措施。边境贸易有边民互市贸易和边境小额贸易两种形式。边民互市贸易指边境地区边民在边境线20千米以内、经政府批准的开放点或指定的集市上进行的商品交换活动。边民通过互市贸易进口的商品，每人每日价值在3 000元以下的，免征进口关税和进口环节增值税。边境小额贸易指沿陆地边境线经国家批准对外开放的边境县（旗）、边境城市辖区内经批准有边境小额贸易经营权的企业，通过国家指定的陆地边境口岸，与毗邻国家边境地区的企业或其他贸易机构之间进行的贸易活动。边境小额贸易企业通过指定边境口岸进口原产于毗邻国家的商品，除烟、酒、化妆品以及国家规定必须照章征税的其他商品外，进口关税和进口环节增值税均减半征收。

（三）临时减免

临时减免是指除法定减免和特定减免税以外，对某些纳税人由于特殊原因临时给予的减免，它是一案一批、专文下达的减免税，一般有单位、品种、数量、期限等限制，不能比照执行。为了统一税法、公平税负，我国目前已基本取消了临时减免税。

（四）个人邮寄物品的减免税

自2010年9月1日起，个人邮寄物品应征税额在50元（含50元）以下的，免征关税。

二、关税的征收管理

（一）关税的申报与缴纳

进口货物的纳税人应当自运输工具申报进境之日起 14 日内，出口货物的纳税人应当在货物运抵海关监管区后装货的 24 小时以前，向货物的进出境地海关申报。海关根据税则归类和完税价格计算应缴纳的关税和进口环节代征税款，并填发税款缴款书。纳税义务人应当自海关填发税款缴款书之日起 15 日内，向指定银行缴纳税款。关税义务人因不可抗力或在国家税收政策调整的情形下，不能按期缴纳税款的，经海关总署批准，可以延期缴纳税款，但最长不能超过 6 个月。

未按规定期限缴纳税款的，由海关征收滞纳金。滞纳金自关税缴纳期限届满之日的次日起，至缴清税款之日止，按日征收所欠税款的 0.5‰。计算公式为：

关税滞纳金＝应纳而未纳税款额×0.5‰×滞纳天数

（二）关税的强制执行

纳税义务人、担保人超过三个月仍未缴纳关税的，经直属海关关长或者其授权的隶属海关关长批准，海关可以采取下列强制措施：

（1）书面通知其开户银行或者其他金融机构从其存款中扣缴税款。

（2）将应税货物依法变卖，以变卖所得抵缴税款。

（3）扣留并依法变卖其价值相当于应纳税款的货物或者其他财产，以变卖所得抵缴税款。

（4）海关采取强制措施时，对前述所列的纳税义务人、担保人未缴纳的滞纳金同时强制执行。

（三）关税的补征、追征和退还

对于在关税征收过程中出现的补征、追征、退还三种情况，《海关法》分别作出了规定。

（1）在进出口货物、进出境物品放行后，海关发现少征或者漏征税款，应当自缴纳税款或者货物、物品放行之日起一年内，向纳税义务人补征。

（2）因纳税义务人违反规定而造成的少征或者漏征税款，海关可以在三年内进行追征，征回这部分税款。

（3）多征退还是指海关多征了税款，如果海关发现后则应当立即退还原纳税人；纳税义务人如果知道有多征情况的，则从缴纳税款之日起一年内可以要求海关退还多征的税款。按《货物进出口管理条例》规定，有下列情形之一的，进出口货物的收发货人或他们的代理人，可以自缴纳税款之日起一年内，书面申明理由，连同原纳税收据向海关申请退税，逾期不予受理：1）因海关误征而多纳的关税；2）海关核准免验的进口货物，在完税后，发现有短缺情况，经海关审查认可的；3）已经缴纳出口关税货物，因故未装运出口，申报退关，经海关审查认可的。海关应当自受理退税申请之日起 30 日内作出书面答复并通知退税申请人。

（四）纳税争议的解决

《海关法》规定：在关税的征收和缴纳过程中，纳税义务人同海关发生纳税争议时，应当缴纳税款，并可以申请行政复议；对复议决定仍不服的，可以依法向人民法院提起诉讼。这项法律规定中所明确的行政复议，是一种海关行政复议。纳税义务人对海关的具体行政行为提出复查的申请，要求复议机关对其合法性和适当性进行审查并作出裁决，如果对这个复议决定不服的，纳税义务人有权提起诉讼。有关这方面的法律根据，主要为《中华人民共和国行政诉讼法》《中华人民共和国行政复议法》，以及有关的行政复议的实施办法。在有关关税征收管理的行政复议、行政诉讼中，应坚持的原则是依法征收关税，制止和纠正征收管理中的违法行为、不当行为，维护纳税义务人的合法权益，维护国家的利益。

第七节　船舶吨税

一、船舶吨税的概念

船舶吨税是我国海关代为对进出中国港口的国际航行船舶征收的一种税。

船舶吨税是一国船舶使用了另一国家的助航设施而向该国缴纳的一种税费，专项用于海上航标的维护、建设和管理。根据《中华人民共和国海关船舶吨税暂行办法》和《船舶吨税征收管理作业规程》，船舶吨税由海关代交通部征收，海关征收后就地上缴中央国库，税款主要用于港口建设维护及海上干线公用航标的建设维护。

开征船舶吨税的基本法律依据是 1952 年 9 月 29 日中国海关总署发布的《中华人民共和国海关船舶吨税暂行办法》。2011 年 11 月 23 日国务院第 182 次常务会议审议并通过《中华人民共和国船舶吨税暂行条例》，自 2012 年 1 月 1 日起施行。

二、征收范围和税率

（一）征收范围

自中华人民共和国境外港口进入境内港口的船舶（以下称应税船舶），应当缴纳船舶吨税。应税船舶具体包括非机动船舶；非机动驳船；捕捞、养殖渔船和拖船。

其中，非机动船舶，是指自身没有动力装置，依靠外力驱动的船舶。非机动驳船，是指在船舶管理部门登记为驳船的非机动船舶。捕捞、养殖渔船，是指在中华人民共和国渔业船舶管理部门登记为捕捞船或者养殖船的船舶。拖船，是指专门用于拖（推）动运输船舶的专业作业船舶。拖船按照发动机功率每 1 千瓦折合净吨位 0.67 吨。

（二）税率

船舶吨税税率设置为优惠税率和普通税率两种。中华人民共和国籍的应税船舶，船籍国（地区）与中华人民共和国签订含有相互给予船舶税费最惠国待遇条款的条约或者协定的应税船舶，适用优惠税率。其他应税船舶，适用普通税率。

船舶吨税的税率表，如表 10－2 所示。《船舶吨税税目、税率表》的调整，由国务院决定。

表 10－2　　船舶吨税税目税率表

税目 （按船舶净吨位划分）	税率（元/净吨）						备注
	普通税率 （按执照期限划分）			优惠税率 （按执照期限划分）			
	1 年	90 日	30 日	1 年	90 日	30 日	
不超过 2 000 净吨	12.6	4.2	2.1	9.0	3.0	1.5	拖船和非机动驳船分别按相同净吨位船舶税率的 50%计征税款
超过 2 000 净吨，但不超过 10 000 净吨	24.0	8.0	4.0	17.4	5.8	2.9	
超过 10 000 净吨，但不超过 50 000 净吨	27.6	9.2	4.6	19.8	6.6	3.3	
超过 50 000 净吨	31.8	10.6	5.3	22.8	7.0	3.8	

三、应纳税额的计算

吨税按照船舶净吨位和吨税执照期限征收。应纳税额按照船舶净吨位乘以适用税率计算。净吨位是指由船籍国（地区）政府颁发的船舶吨位证明书上标明的净吨位。计算公式为：

应纳税额＝船舶净吨位×定额税率

应税船舶在进入港口办理入境手续时，应当向海关申报纳税领取吨税执照，或者交验吨税执照。应税船舶负责人在每次申报纳税时，可以按照《船舶吨税税目、税率表》选择申领一种期限的吨税执照。应税船舶负责人缴纳吨税或者提供担保后，海关按照其申领的执照期限填发吨税执照。

应税船舶负责人申领吨税执照时，应当向海关提供下列文件：船舶国籍证书或者海事部门签发的船舶国籍证书收存证明；船舶吨位证明。

应税船舶在吨税执照期限内，因税目税率调整或者船籍改变而导致适用税率变化的，吨税执照继续有效。应税船舶在吨税执照期限内，因修理导致净吨位变化的，吨税执照继续有效。

四、税收优惠

（一）直接优惠

下列船舶免征吨税：

（1）应纳税额在人民币 50 元以下的船舶。

（2）自境外以购买、受赠、继承等方式取得船舶所有权的初次进口到港的空载船舶。

（3）吨税执照期满后 24 小时内不上下客货的船舶。

（4）非机动船舶（不包括非机动驳船）。

（5）捕捞、养殖渔船。

（6）避难、防疫隔离、修理、终止运营或者拆解，并不上下客货的船舶。

（7）军队、武装警察部队专用或者征用的船舶。

（8）依照法律规定应当予以免税的外国驻华使领馆、国际组织驻华代表机构及其有关人员的船舶。

（9）国务院规定的其他船舶。

（二）延期优惠

在吨税执照期限内，应税船舶发生下列情形之一的，海关按照实际发生的天数批注延长吨税执照期限：

（1）避难、防疫隔离、修理，并不上下客货。

（2）军队、武装警察部队征用。

（3）应税船舶因不可抗力在未设立海关地点停泊的，船舶负责人应当立即向附近海关报告，并在不可抗力原因消除后，依照本条例规定向海关申报纳税。

五、征收管理

（一）征收机构

吨税由海关负责征收。海关征收吨税应当制发缴款凭证。

（二）纳税义务发生时间

吨税纳税义务发生时间为应税船舶进入港口的当日。

（三）纳税期限

应税船舶负责人应当自海关填发吨税缴款凭证之日起 15 日内向指定银行缴清税款。未按期缴清税款的，自滞纳税款之日起，按日加收滞纳税款 0.5‰的滞纳金。

（四）税款的征收

应税船舶在吨税执照期满后尚未离开港口的，应当申领新的吨税执照，自上一次执照期满的次日起续缴吨税。

应税船舶到达港口前，经海关核准先行申报并办结出入境手续的，应税船舶负责人应当向海关提供与其依法履行吨税缴纳义务相适应的担保；应税船舶到达港口后，向海关申报纳税。

下列财产、权利可以用于担保：（1）人民币、可自由兑换货币；（2）汇票、本票、支票、债券、存单；（3）银行、非银行金融机构的保函；（4）海关依法认可的其他财产、权利。

因船籍改变而导致适用税率变化的，应税船舶在办理出入境手续时，应当提供船籍改变的证明文件。

吨税执照在期满前毁损或者遗失的，应当向原发照海关书面申请核发吨税执照副本，不再补税。

船舶吨税的补征和追征。海关发现少征或者漏征税款的，应当自应税船舶应当缴纳税款之日起1年内，补征税款。但因应税船舶违反规定造成少征或者漏征税款的，海关可以自应当缴纳税款之日起3年内追征税款，并自应当缴纳税款之日起按日加征少征或者漏征税款0.5‰的滞纳金。

船舶吨税的退还。海关发现多征税款的，应当立即通知应税船舶办理退还手续，并加算银行同期活期存款利息。应税船舶发现多缴税款的，可以自缴纳税款之日起1年内以书面形式要求海关退还多缴的税款并加算银行同期活期存款利息；海关应当自受理退税申请之日起30日内查实并通知应税船舶办理退还手续。

船舶吨税的处罚。应税船舶有下列行为之一的，由海关责令限期改正，处2 000元以上3万元以下罚款；不缴或者少缴应纳税款的，处不缴或者少缴税款50%以上5倍以下的罚款，但罚款不得低于2 000元：(1) 未按照规定申报纳税、领取吨税执照的；(2) 未按照规定交验吨税执照及其他证明文件的。

1. 什么是关税？关税的主要作用是什么？
2. 我国的关税政策是通过哪些原则具体体现出来的？
3. 关税有哪些分类方式？
4. 我国关税采用何种原产地标准？
5. 关税如何确定进口货物的成交价格？
6. 进口货物的成交价格不符合税法规定，或成交价格不能确定的，海关应如何估定完税价格？
7. 计算出口关税时，如何确定出口货物的成交价格？成交价格不能确定的，海关如何估定完税价格？
8. 什么是船舶吨税？
9. 船舶吨税的征税范围是如何规定的？

参考文献

1. 中国注册会计师协会．税法．北京：经济科学出版社，2015.

2. 全国注册税务师职业资格考试教材编写组．税法（1）—（2）．北京：中国税务出版社，2015.

3. 孙瑞标，缪慧频，刘丽坚．《〈中华人民共和国企业所得税法〉实施条例》操作指南．北京：中国商业出版社，2007.

4. 刘剑文．税法学（第 4 版）．北京：人民出版社，2010.

5. 张守文．税法原理（第 5 版）．北京：北京大学出版社，2009.

6. 汤贡亮．税法．北京：经济科学出版社，2009.

新编 21 世纪远程教育精品教材

公共基础课系列

书名	作者
大学语文（第二版）	黄鹤
应用写作（第四版）（“十一五”国家级规划教材）	孙秀秋
计算机应用基础	李刚
马克思主义哲学原理（第二版）	霍福广
“毛泽东思想和中国特色社会主义理论体系概论”教学专题研究	王向明
全国高校网络教育大学英语词汇必备手册	王建华
全国高校网络教育大学英语学习与考试辅导	王建华
高等数学“学习包”（第二版）	张家琦　曹承宾
北京地区成人本科学士学位英语统一考试历年试题解析	常红梅
北京地区成人本科学士学位英语统一考试辅导（第三版）	常红梅
大学英语学习与考试辅导	常红梅
数据库基础教程	苏俊
毛泽东思想概论	江长仁

经济与管理系列

书名	作者
西方经济学	缪代文
西方经济学（第二版）（微观经济学部分）	刘凤良
西方经济学（第二版）（宏观经济学部分）	刘凤良
经济法概论（第三版）	宋立成
互联网金融的法律与政策	邢会强
国际金融（第二版）	刘震
税务管理	王秀芝
邮政储汇实务	周艳海
中国税制（第三版）	杨虹
投资银行学教程（第二版）	胡海峰　等
金融学概论（第三版）	宋玮
国际贸易实务（第二版）	王晓明
财政管理	王秀芝
保险学	戴稳胜
证券投资学（第三版）	赵锡军　李向科
统计学教程（第三版）	金勇进
财政学（第二版）	安秀梅
中国政治制度史	侯力
经济学原理	韦曙林

续前表

书名	作者
商务英语	王学文
国际贸易理论与政策	王亚星
国际投资	胡曙光
人力资源开发与管理（第五版）	姚裕群
项目管理（第三版）（“十一五”国家级规划教材）	李涛
物流管理（第三版）（“十一五”国家级规划教材）	刘刚
组织行为学（第二版）	徐建平
公共政策原理	谢明
公共政策案例分析	谢明
公共管理伦理学	李传军
公共政策导论（第二版）	谢明
公共经济学导论	代鹏
公共关系学（第二版）	李兴国
领导力	祁凡骅
企业战略管理	邹昭晞
管理学原理	安维
公务员管理	王甫银
秘书工作实务	张大成
人员选拔与聘用管理	苏进　刘建华
绩效管理（第二版）	徐斌
质量管理学	李晓光
营销渠道决策与管理	吕一林
高级会计学（第三版）	张志凤　谢瑞峰
公司财务管理（第二版）	肖万
财务管理学（第四版）	孙茂竹　范歆
基础会计学（第三版）	徐泓
管理会计（第二版）	孙茂竹
审计学（第三版）	杨闻萍
财务会计学（第三版）	郭建华
成本会计	曹伟
纳税筹划教程	张中秀
会计制度设计（第二版）	阎至刚
计算机会计理论与实务（第二版）	蔡立新
税务筹划教程	张中秀
国际税收（第二版）	杨志清

法学系列

书名	作者
刑事诉讼法（第三版）	王新清　李蓉
民事诉讼法（第二版）	汤维建　等
行政法与行政诉讼法（第三版）	胡锦光　罗杰
宪法学（第三版）	胡锦光　任端平
劳动法和社会保障法（第三版）	黎建飞
保险法（第三版）	贾林青
刑法学（第二版）	黄京平
中国法制史（第二版）	赵晓耕
企业和公司法学（第二版）	王欣新
税法（第三版）	朱大旗
海商法（第三版）	贾林青
刑法学	徐松林
继承法（第二版）	孙若军
破产法学（第二版）	王欣新
经济法（第二版）	吴宏伟
国际法（第二版）	白桂梅　朱利江
法理学（第二版）	张曙光
法律文书写作（第二版）	陈卫东　刘计划
民法学（第二版）	龙翼飞

汉语言文学系列

书名	作者
中国古代文学史（一）（先秦至魏晋南北朝）（第二版）	叶君远
中国古代文学史（二）（隋唐五代宋辽金）（第二版）	冷成金
中国古代文学史（三）（元明清及近代）（第二版）	张国风
古代汉语（第二版）	殷国光
现代汉语（第二版）	吴永焕
外国文学作品导读（第二版）	刘洪涛
中国民间文学概论（第二版）	黄涛
美学概论（第二版）	牛宏宝
文学概论（第二版）	许鹏
中国古代文学作品选读（一）	诸葛忆兵

续前表

中国古代文学作品选读（二）	王燕
中国文学理论史简编	成复旺
中国现当代文学作品导读	姚丹
影视文学教程	邹红
电视剧批评与欣赏	刘晔原
中国现当代文学	刘勇
语言学概论（第二版）	岑运强
西方文论概要	杨慧林
新时期文学思潮（第二版）	张永清
文艺心理学	金元浦

新闻与传播系列

书名	作者
新闻理论教程	陈力丹　张建中
中国新闻传播史	赵云泽　孙萍
外国新闻传播史	陈力丹　钱婕
新媒体实务	黄河
广告学概论	王菲
新闻采访与写作	张征

图书在版编目（CIP）数据

中国税制/杨虹主编. —3 版. —北京：中国人民大学出版社，2018.1
ISBN 978-7-300-25144-8

Ⅰ.①中… Ⅱ.①杨… Ⅲ.①税收制度-中国-成人高等教育-教材 Ⅳ.①F812.422

中国版本图书馆 CIP 数据核字（2017）第 285619 号

新编 21 世纪远程教育精品教材·经济与管理系列
中国税制（第三版）
主 编 杨 虹
Zhongguo Shuizhi

出版发行	中国人民大学出版社		
社 址	北京中关村大街 31 号	**邮政编码**	100080
电 话	010－62511242（总编室）		010－62511770（质管部）
	010－82501766（邮购部）		010－62514148（门市部）
	010－62515195（发行公司）		010－62515275（盗版举报）
网 址	http://www.crup.com.cn		
	http://www.ttrnet.com（人大教研网）		
经 销	新华书店		
印 刷	北京市鑫霸印务有限公司	**版 次**	2006 年 11 月第 1 版
规 格	185 mm×260 mm 16 开本		2018 年 1 月第 3 版
印 张	17.25	**印 次**	2018 年 1 月第 1 次印刷
字 数	405 000	**定 价**	39.00 元